AF500060

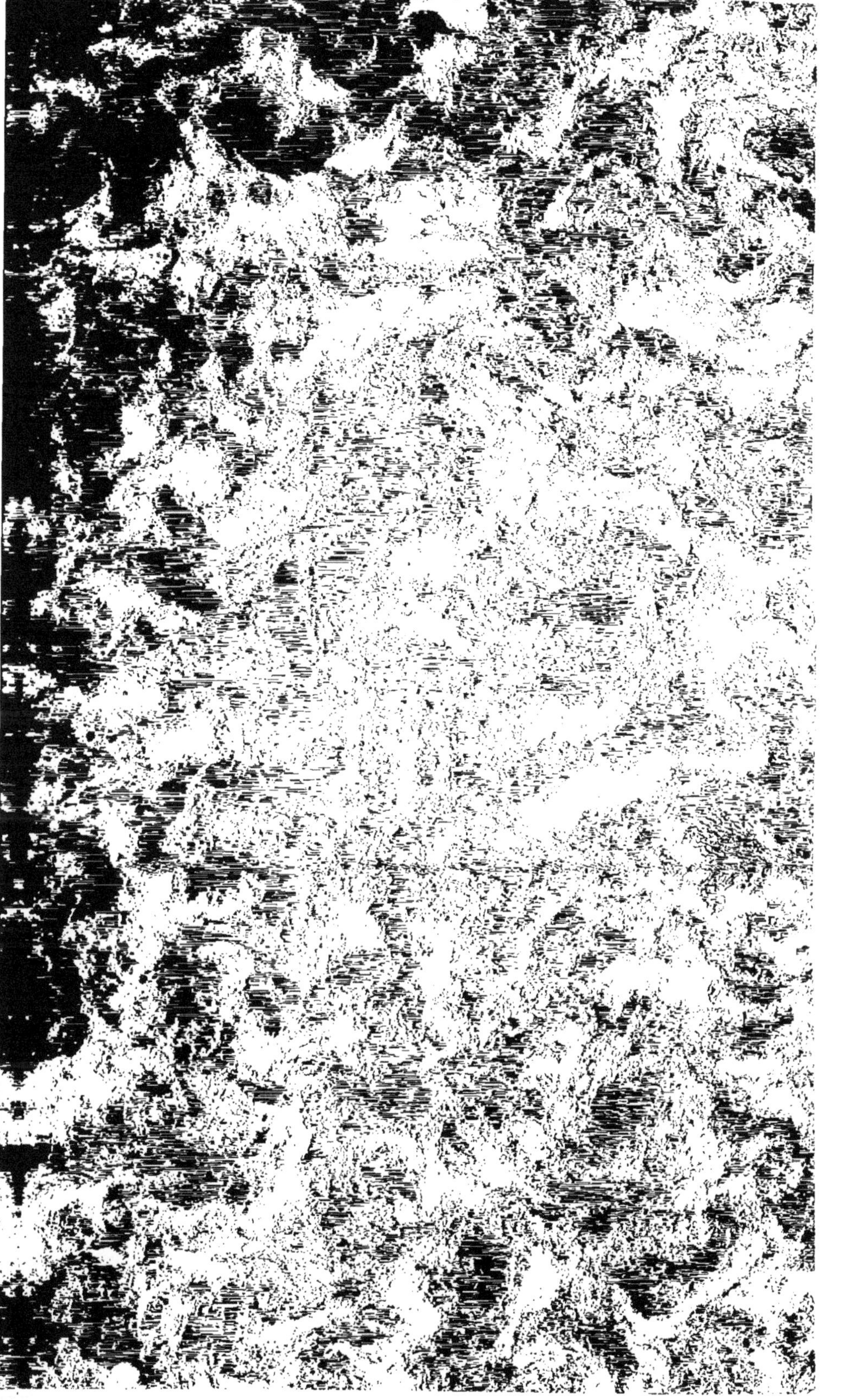

ÉTUDES

SUR

VINCENT DE BEAUVAIS

THÉOLOGIEN, PHILOSOPHE, ENCYCLOPÉDISTE,

OU

SPÉCIMEN DES ÉTUDES

THÉOLOGIQUES, PHILOSOPHIQUES ET SCIENTIFIQUES

AU MOYEN AGE, XIIIe SIÈCLE; 1210-1270.

PARIS, IMPRIMERIE DE DUBUISSON ET Ce, RUE COQ-HÉRON, 5.

ÉTUDES

SUR

VINCENT DE BEAUVAIS

THÉOLOGIEN, PHILOSOPHE, ENCYCLOPÉDISTE,

OU

SPÉCIMEN DES ÉTUDES

THÉOLOGIQUES, PHILOSOPHIQUES ET SCIENTIFIQUES

AU MOYEN AGE, XIIIe SIÈCLE; 1210-1270;

THÈSE POUR LE DOCTORAT

Présentée à la Faculté de Théologie de Paris, le 28 juin 1856,

Par M. L'ABBÉ J.-B. BOURGEAT,

CHANOINE HONORAIRE DE VERDUN, ANCIEN PROFESSEUR DE THÉOLOGIE ET DE PHILOSOPHIE, ANCIEN DIRECTEUR-CHEF D'INSTITUTION DE PLEIN EXERCICE, MEMBRE DE LA SOCIÉTÉ ASIATIQUE DE PARIS ET DES ACADÉMIES D'AIX ET DE GRENOBLE.

PARIS,

AUGUSTE DURAND, LIBRAIRE,

RUE DES GRÈS, 7.

1856

A SA GRANDEUR

MONSEIGNEUR

Louis ROSSAT, Évêque de Verdun,

HOMMAGE RESPECTUEUX.

L'abbé J.-B. Bourgeat.

Paris, le 20 juin 1856.

INTRODUCTION.

Par la *révélation positive*, le christianisme a rendu deux services éminents à l'esprit humain :

D'abord, il a porté, à toutes les grandes erreurs qui le corrompaient, un coup mortel dont elles ne se relèveront jamais. L'idolâtrie, le polythéisme, le panthéisme, le dualisme, l'athéisme, le matérialisme et le fatalisme, ne sauraient désormais redevenir, comme autrefois, le fondement de la religion, de la législation, de toute une civilisation chez un grand peuple; nulle part elles n'ont pu tenir contre les lumières éclatantes de la religion chrétienne.

Pour peu que l'on se représente la multitude infinie des conséquences funestes qui découlaient de ces systèmes erronés en religion, en morale et en politique, il faudra bien, de toute nécessité, reconnaître qu'en les combattant, la religion chrétienne a bien mérité de l'humanité.

En second lieu, le christianisme, par cette même *révélation positive*, a donné une nouvelle promulgation et une certitude plus grande aux croyances religieuses, à toutes les vérités de l'ordre moral, aux notions les plus fondamentales de l'esprit humain dans tous les ordres de nos connaissances; promulgation et certitude que n'avaient pu leur donner les anciens systèmes de religion, de philosophie et de civilisation, tous basés sur le système des castes ou de l'esclavage, et qui n'avaient pas, comme l'Église, en fait et en principe, un enseignement organisé pour éclairer toutes les classes de la société sans exception : aussi ces systèmes ne purent-ils jamais produire l'unité des doctrines les plus nécessaires en religion et en morale, dans aucun sacerdoce, dans aucune école, ni chez aucun peuple.

Tous les peuples anciens avaient pour condition d'existence l'idolâtrie, l'esclavage, le prolétariat, le régime des castes, l'obscurantisme politique, la distinction des races humaines en deux classes principales : en supérieures, qui avaient pour priviléges la richesse, la puissance, la science et même la vertu ; et en inférieures, qui n'avaient en partage que la pauvreté, l'esclavage, l'ignorance, le pur brutisme et même le vice. Au christianisme seul appartient l'honneur d'avoir effacé aux yeux de la religion et de la conscience toute distinction essentielle entre les hommes, entre le maître et l'esclave, le riche et le pauvre, le fort et le faible, le noble et le roturier, le barbare et l'homme civilisé, excepté celles qui résultent naturellement de leurs qualités personnelles, de leurs vertus, de leurs talents, de leurs droits acquis ou de leurs devoirs.

C'est la religion chrétienne qui, la première, a lutté de front, avec un courage sans égal, et surtout avec une patience inimitable, contre toutes les anciennes aberrations de l'esprit humain ; c'est elle seule qui, la première, a posé d'une main ferme les fondements de l'unité de la race humaine, de la fraternité universelle, de l'égalité de tous les hommes, sauf les différences naturelles des talents, et surtout de la vertu ; c'est elle enfin qui, la première et la seule dans tout l'univers, en principe et en fait, a voulu que la doctrine religieuse et morale, les lettres et l'instruction, la science et tous les autres biens de l'âme fussent regardés comme des dons divins et spirituels, destinés à toutes les classes de la société, et ne pussent redevenir désormais un privilége héréditaire et exclusif.

Les auteurs sacrés donnaient pour signes de la venue de Jésus-Christ la connaissance et l'adoration du seul Dieu véritable dans tout l'univers; l'abolition de l'esclavage et de l'idolâtrie, de la barbarie et de l'ignorance, partout où l'Évangile serait prêché; la prédication de l'Évangile à tous les hommes sans exception, aux pauvres, aux esclaves, aux barbares, aux ignorants, à tous ceux qui sont dans les ténèbres ou qui ont le cœur brisé : et depuis l'établissement du christianisme, conformément aux divins oracles, l'Évangile devient peu à peu la charte de tous les peuples chrétiens, le défenseur des lumières, de la morale, de la dignité humaine, de toutes nos libertés civiles et politiques.

Jésus-Christ, le maître par excellence, avait en effet établi que sa doctrine serait prêchée publiquement et dans les maisons, dans les rues et sur les places publiques, dans les villes et les campagnes, chez les Juifs, chez les Gentils, dans l'univers entier, tous les jours, jusqu'à la fin du monde; afin que tous les hommes sans exception pussent entendre l'Évangile, la bonne nouvelle, la vérité libératrice, qu'il apportait du ciel sur la terre. Conformément à cette disposition divine, les Apôtres et les hommes apostoliques, favorisés d'une science extraordinaire, se répandirent dans tout l'univers, combattant les erreurs, disputant avec les philosophes, convertissant les Gentils, prêchant l'Évangile, Dieu les aidant et confirmant leurs doctrines par des miracles éclatants et des prodiges sans nombre.

Les Pères de l'Église, soit qu'ils fussent nés de parents chrétiens, soit qu'ils se fussent convertis à la religion chrétienne, étaient très versés dans la sagesse antique en tout ce qui regarde l'histoire, la poésie, les belles-lettres, la religion, la philosophie, les arts et les sciences, et ils firent servir leurs connaissances à la prédication, à la défense et à la propagation de la religion chrétienne. Ce n'est point par l'effet d'une fantaisie ou d'une nécessité passagère, mais c'est avec une intention systématique qu'ils en usèrent ainsi. Ils pensaient avec raison qu'il y avait beaucoup de choses vraies, bonnes et utiles dans cette antique sagesse des Latins, des Grecs et des Orientaux, et que leur devoir était de les faire servir au bien de la religion et au salut des âmes, comme ils avaient fait servir à la même fin les langues grecque et latine elles-mêmes, qu'ils sauvèrent ainsi d'une décadence plus rapide et plus complète. Leur intention à cet égard n'est point douteuse ; tout le monde sait qu'ils regardaient comme une des persécutions les plus perfides et les plus funestes cet édit de Julien l'Apostat, qui interdisait aux chrétiens l'étude des lettres, des sciences et des arts profanes.

Les théologiens du moyen-âge, au milieu des désastres qui suivirent la chute de l'Empire romain, l'invasion des barbares du Nord et du Midi, les mauvais succès des croisades, eurent, à cet égard, les mêmes pensées que les Pères de l'Église. Ils ne songèrent qu'à sauver les précieux débris de la civilisation antique et à faire servir au progrès de la religion, des mœurs, de l'esprit humain et de la civilisation, toutes les lumières qu'ils pouvaient tirer de l'Orient et de la Grèce, des Latins et des Arabes. C'est au XIIIe siècle, à l'apogée du moyen-âge, qu'eut lieu le suprême effort des savants chrétiens pour sauver les lettres, les arts et les sciences, de la ruine complète à laquelle, sans eux, ils ne pouvaient échapper. C'est désormais un fait acquis à l'histoire.

Là ne se bornaient pas les efforts de l'Église catholique ; elle poursuivait dans ses conciles l'ignorance comme l'institutrice de tous les vices, et elle encourageait de toutes ses forces l'établissement des écoles, des collégiales et des hautes études cultivées dans les facultés. Aussi continua-t-elle d'exercer la plus heureuse et la plus grande influence sur toutes les branches de notre civilisation pendant les siècles suivants, même à l'époque de la renaissance, de la réforme protestante et de l'incrédulité soi-disant philosophique.

Les Pères de l'Église et les théologiens du moyen-âge ne croyaient donc pas à cette prétendue opposition naturelle ou nécessaire entre la science sacrée et la science profane; ils ne pensaient pas non plus que l'une dût demeurer étrangère à l'autre, ni qu'elles pussent demeurer séparées; ils croyaient, au contraire, qu'elles devaient s'allier, s'unir et s'aider mutuellement, comme la grâce et la nature, comme la foi et la raison, comme la religion et la civilisation. Leur doctrine a été constatée par les PP. Pétaw et Thomassin, l'un jésuite, l'autre de l'Oratoire, dans leur *Dogmata theologica*. Ces savants célèbres ont établi, par des témoignages nombreux et irrécusables, combien, d'après la doctrine constante des Pères de l'Église et des théologiens du moyen-âge, les belles-lettres, la philosophie, les arts libéraux et les sciences sont utiles et nécessaires à la théologie, non seulement pour lui servir d'ornements et d'auxiliaires, mais encore pour la constituer comme science, et la défendre avec succès contre les attaques de l'hérésie et de la fausse philosophie.

Comment accuser encore l'Eglise en général, et le moyen-âge en particulier, d'ignorance et d'obscurantisme? Comment des philosophes, et même des chrétiens, peuvent-ils soutenir encore actuellement que l'Eglise, par sa nature même, repousse systématiquement les belles-lettres, les sciences, et tous les progrès des lumières et de la civilisation? Comment a-t-il pu leur venir dans l'esprit qu'il y avait une opposition naturelle et nécessaire entre la foi et la raison, entre la théologie et la philosophie, entre la religion et la civilisation, entre l'ordre naturel et l'ordre surnaturel?

Quel qu'en soit le principe, ces assertions erronées ont été soutenues jusque dans ces derniers temps : c'est notre devoir de les combattre et de les réfuter.

Nous offrons aujourd'hui au public, dans Vincent de Beauvais, un spécimen des études théologiques, philosophiques et scientifiques, au moyen-âge, qui peut, avec les travaux d'Albert le Grand, de saint Thomas d'Aquin, de saint Bonaventure et de tant d'autres savants chrétiens, nous faire mieux connaître les véritables dispositions de l'Eglise à l'égard de l'esprit humain et de toutes les admirables facultés dont Dieu nous a doués. Vincent de Beauvais a, en effet, traité, dans ses ouvrages, tous les arts et toutes les sciences, la théologie et la philosophie, la morale et la politique, les arts libéraux et les arts pratiques.

Nous rapporterons à trois objets principaux tout ce que Vincent de Beauvais a écrit sur ces divers sujets : 1° les pincipes de nos connaissances et des sciences; 2° les grands objets de nos connaissances, savoir : Dieu, l'univers et l'homme; 3° les conséquences des doctrines précédentes relativement à la religion, à la morale, à la société, à la philosophie et à notre fin dernière.

1° Vincent de Beauvais trouva les vrais principes de toutes nos connaissances très développés dans le mouvement intellectuel imprimé par l'Eglise à son siècle, qui fut, selon Cuvier, grâce au zèle et aux efforts des papes, des rois et des empereurs, une époque de véritable renaissance pour les lettres, la philosophie, les sciences et les beaux-arts.

D'abord, il n'y a aucun doute que Vincent de Beauvais regardait la *révélation* primitive, ainsi que la création de l'homme par Dieu, comme le principe primordial de son existence même, de toute science et de toute intelligence parmi les hommes. Les *révélations* subséquentes ont été nécessaires, à cause de l'affaiblissement de toutes nos facultés natives, par suite de la chute originelle et de la dégradation du genre humain.

Secondement, Vincent de Beauvais pensait aussi que la *raison* était le caractère distinctif de l'homme et son principal trait de ressemblance avec la Divinité; par conséquent, tout homme qui n'est pas placé tout à fait en dehors des conditions naturelles de son existence trouve en lui-même, dans sa raison et ses facultés convenablement cultivées, les idées, les notions et les vérités-principes les plus nécessaires; et c'est une obligation rigoureuse pour un homme et un chrétien de cultiver sa *raison* aussi bien que ses autres facultés mentales.

Troisièmement enfin, Vincent de Beauvais étudia la théologie, la philosophie et les autres branches de nos connaissances, dans tous les livres antérieurs à lui; et, conformément aux besoins de son siècle, il s'efforça de renouer sur tous les points le fil souvent rompu des *traditions* scientifiques. La *tradition* est une loi naturelle aussi bien qu'une loi ecclésiastique; puisque rien n'existe, rien ne se fait, dans aucun ordre, qui n'ait sa cause, sa raison d'être et ses principes essentiels dans ce qui précède, et qui ne se rattache d'une infinité de manières aux causes secondes comme à la cause première de toute existence.

2° Les œuvres de Vincent de Beauvais embrassent tout ce que l'on pouvait savoir de son temps sur *Dieu*, *l'univers* et *l'homme*, d'après les enseignements de la théologie, de la philosophie et des sciences, d'après la révélation, la raison et la tradition.

Dans cette connaissance consiste la vraie sagesse, que, de tout temps, on a toujours définie : la science des choses divines, humaines et naturelles, de leurs causes, de leurs lois, de leurs effets et de leurs rapports. On l'appelle aussi philosophie, métaphysique, théologie; nous examinerons avec notre philosophe la convenance de ces diverses appellations, par lesquelles on a toujours voulu désigner cette disposition particulière de notre esprit pour la science universelle, cet amour qu'ont tous les hommes pour le vrai, le bien et le beau, ainsi que la volonté qu'ils ont aussi généralement de réaliser dans leurs œuvres tout ce qui nous est représenté comme tel par ces notions, par les sciences et par notre sens intime ou notre conscience.

3° Vincent de Beauvais déduit des doctrines précédentes une triple série d'instructions relatives à la *religion*, à la *morale* et à la *société*. Elles regardent surtout la chute de l'homme et sa dégradation; son état de faiblesse et d'impuissance à l'égard de ses devoirs moraux et religieux; la faiblesse de sa raison et de sa volonté, même en tout ce qui concerne la philosophie et la science; la fin dernière de l'homme et sa régénération en Jésus-Christ dans l'Eglise catholique; et enfin les moyens que Dieu lui a donnés pour se régénérer et se réhabiliter, savoir : la religion, la grâce, l'éducation, la société, l'étude, la philosophie, les belles-lettres, les arts, les sciences, la civilisation.

Tout se termine naturellement aux fins dernières de l'homme, savoir la vertu, la science, le bonheur, la félicité suprême.

Trois sortes de maux, dit Vincent de Beauvais, affligent le genre humain, l'ignorance, le vice et les maux physiques. Dieu nous a donné trois remèdes à ces trois maux : la philosophie et la théologie, la morale et la grâce, les arts et les sciences.

Paris, le 14 juin 1856.

ÉTUDES

SUR

VINCENT DE BEAUVAIS

THÉOLOGIEN, PHILOSOPHE, ENCYCLOPÉDISTE

AU XIIIe SIÈCLE. — 1220-1260.

CHAPITRE I.

CONSIDÉRATIONS GÉNÉRALES SUR LE MOYEN-AGE ET LA RENAISSANCE. — INFLUENCE DE L'ÉGLISE CATHOLIQUE SUR LA THÉOLOGIE, LA PHILOSOPHIE, LES MOEURS, LES ARTS ET LES SCIENCES, DANS CES DEUX PÉRIODES HISTORIQUES.

La philosophie moderne fut d'abord, à son origine et dans son ensemble, une vive réaction contre le péripatétisme du moyen-âge, contre la philosophie de l'École, contre la scholastique. Dans son criticisme outré, elle confondit la forme avec le fond, les hommes et les doctrines, les institutions humaines avec les institutions divines, les explications des dogmes avec les dogmes eux-mêmes révélés et divins. De là, une critique aveugle, passionnée, injuste et souvent sceptique, de tout le passé de la religion, de la philosophie et de la civilisation, considérées surtout chez les peuples chrétiens.

L'origine de toutes ces attaques remonte jusqu'aux hérétiques du moyen-âge, que les premiers protestants prenaient pour leurs ancêtres, afin d'établir l'apostolicité de leur Église. Le protestantisme, cette grande hérésie aux cent têtes sans cesse renaissantes, ne fut que la continuation de l'hostilité de ces hérétiques contre l'Église catholique, dont il a attaqué successivement toutes les institutions et tous les dogmes.

Mais les hérétiques, les protestants et les philosophes n'avaient pas un système de doctrines tout fait, pour remplacer le système catholique que l'on voulait anéantir à tout prix. Au lieu de doctrines positives, on n'avait que des dénégations et des maximes anarchiques à mettre en place du catholicisme. C'était la liberté absolue et illimitée, la souveraineté de la raison et de la volonté individuelles, les attaques et les déclamations les plus violentes, non-seulement contre les croyances et les institutions de l'Église catholique, mais encore contre les institutions et les lois civiles et politiques, contre l'ordre public, contre les droits et les devoirs généralement établis et reconnus.

Après un siècle de destructions, de guerres civiles et de ruines de toutes sortes, l'impuissance du protestantisme à rien fonder en religion, en morale et en politique, fut palpable. Cependant, il s'était établi partout, à force de séductions et de violences, et à cause d'une multitude de réformes importantes, devenues nécessaires dans l'Église et dans l'État; mais il n'avait nulle part de valeur positive que comme institution politique, particulière et variable selon les différents États; et, comme religion, il ne subsistait que de dénégations, de haines et de déclamations contre les catholiques, et de quelques débris de vérités chrétiennes qui avaient survécu, dans les différents pays protestants, aux attaques des premiers fondateurs du protestantisme.

Mais le petit nombre de vérités restées debout, après les attaques des protestants et des philosophes, allait s'affaiblissant toujours davantage dans les croyances et les pensées des peuples. Car, ne reposant plus sur la divine autorité de l'Église, récusée par les protestants, ni sur la divinité du christianisme, rejetée par les philosophes, ces vérités ne pouvaient plus avoir d'autre fondement que la raison humaine ou une autorité humaine : autorité, raison toujours faillibles et contestables pour la souveraineté de la raison individuelle, proclamée par le protestantisme à l'égard de la parole de Dieu, et par les philosophes à l'égard de toutes les croyances et de toutes les doctrines, même révélées.

Toutefois, par un penchant naturel à l'homme, des protestants et des philosophes cherchèrent dans les traditions du genre humain, et particulièrement dans celles de l'Église, le fondement du petit nombre de vérités échappées aux ravages du protestantisme et de la philosophie incrédule. Ce n'est pas ici le lieu d'apprécier la nature et les résultats de ces travaux.

Nous ferons seulement observer : 1° qu'étant faits pour la plupart au point de vue de l'éclectisme rationaliste, la comparaison et le rapprochement des doctrines ne reposent le plus souvent que sur des ressemblances superficielles ou des analogies éloignées; 2° que ce point de vue individuel changeant d'un philosophe à un autre, les idées préconçues et les vues particulières ont la plus grande part dans cette étude et ce choix des doctrines; 3° que, ne s'appuyant pas sur un critérium supérieur et divinement établi, tout ce travail d'éclectisme, de traditionalisme et d'exégèse biblique, ne pouvait aboutir qu'à une plus grande divergence dans les idées, à un abaissement plus profond de la foi, au discrédit complet des vérités fondamentales de la religion et de la philosophie.

La nécessité de la révélation chrétienne comme principe et fondement de tout notre ordre social, religieux et philosophique, devenait par là même de plus en plus évidente. Mais, malgré la place donnée, dans ces recherches, à la philosophie des Pères de l'Église et des théologiens du moyen-âge, dédaignée auparavant, les protestants et les philosophes sont loin de leur rendre complète justice : et ils ne le peuvent pas, à cause du point de vue du rationalisme individuel où ils se placent constamment, et d'où résulte généralement un manque presque continuel du sens des vérités chrétiennes. De là un amoindrissement sacrilége des dogmes chrétiens, pour les faire entrer dans je ne sais quel système de christianisme humanitaire, rationnel, universel.

C'est pourquoi les catholiques ont, de tout temps, senti la nécessité d'étudier les doctrines du christianisme dans leurs sources authentiques et dans leurs monuments traditionnels les plus recommandables, soit pour se bien pénétrer du vrai sens de ces doctrines, soit pour les défendre contre les attaques de l'hérésie, soit pour faire une apologie intelligente de cet enseignement supérieur et surnaturel, par lequel le catholicisme travaille seul efficacement à régénérer le monde, à élever les hommes au-dessus d'eux-mêmes, depuis bientôt dix-neuf siècles.

Ainsi, nous pénétrer nous-mêmes plus profondément de cette divine sagesse consignée dans les théologiens du moyen-âge; réfuter les accusations d'ignorance et d'obscurantisme dirigées contre ces mêmes théologiens; montrer que la théologie catholique, bien loin de repousser la philosophie et les sciences, était elle-même, humainement parlant, un vaste système de philosophie, qui avait pour principes les vérités révélées; déterminer enfin la place importante que la philosophie, les arts et les sciences occupaient dans ce vaste système théologico-philosophique : tel est le but que nous devons nous proposer dans nos études et nos recherches sur le moyen-âge chrétien.

Toutefois, notre intention ne saurait être de louer tout le moyen-âge sans restriction ni réserve. Cette époque eut, comme toutes les autres, ses qualités et ses défauts; cela est incontestable : l'œuvre régénératrice du christianisme, quoique très persévérante et très énergique, ne put alors être complète, ni conduire le monde à la perfection absolue. Mais il ne faut pas, pour cela, méconnaître le bien qui s'y est accompli réellement, ni surtout croire qu'il faille imputer au christianisme catholique, qui était alors la religion dominante, tout le mal qui s'y faisait et tout le bien qui ne s'y faisait pas.

Les critiques que l'on a faites du moyen-âge catholique, quoique très différentes dans leur origine, leur but, leurs principes, peuvent néanmoins être ramenées à trois objets principaux : 1° les doctrines; 2° les institutions; 3° les tendances. Nous nous bornons au premier objet, à la justification des doctrines, cette justification comprenant implicitement l'apologie des institutions et des tendances de cette époque ; car il est impossible qu'un établissement aussi considérable que l'Eglise catholique au moyen-âge, avec des doctrines si homogènes et une hiérarchie si régulière, n'ait pas eu des institutions et des tendances conformes à ces mêmes doctrines.

Or, que reproche-t-on au moyen-âge sous le rapport doctrinal? On lui reproche ses ténèbres, son ignorance, son obscurantisme : on l'accuse de n'avoir pas connu Platon, Aristote, Cicéron, les savants et les philosophes de l'École d'Alexandrie, les classiques grecs et latins; quant à sa philosophie, c'est une pitié, dit-on; sans l'avoir examinée, on la condamne avec mépris à l'oubli ou au dédain. Et nos impitoyables censeurs ne trouvent dans leur cœur ni dans les circonstances, aucune excuse, aucun motif honnête et louable, pour atténuer ces graves accusations dirigées contre nos ancêtres, qui sont aussi les leurs.

Il y avait cependant de ces circonstances atténuantes dont on peut honorablement revendiquer le bénéfice : la chute de l'Empire romain et l'invasion des barbares du Nord et du Midi; les guerres civiles et politiques, résultats funestes du partage héréditaire et de la délimitation continuelle des seigneuries et des souverainetés, par suite de la mort des princes ou du mariage de leurs enfants ; l'absence de tout établissement d'instruction publique, excepté ceux qui étaient fondés avec tant de peines par l'Eglise, les couvents, la piété des fidèles et la munificence privée des princes, des seigneurs ou des simples particuliers; et enfin l'absence de l'imprimerie et le seul secours des copistes pour multiplier les livres ; ce qui était cause qu'il fallait souvent autant de temps et d'argent pour se procurer un seul ouvrage, qu'il en faut aujourd'hui pour l'imprimer à plusieurs milliers d'exemplaires.

Sans égard pour ces circonstances, et ne tenant compte que de l'apparition presque simultanée du protestantisme avec la renaissance, l'invention de l'imprimerie et les premiers essais de progrès dans la philosophie et les sciences, plusieurs ont fait honneur à la réforme de toutes les améliorations qui ont été obtenues dans les trois ou quatre derniers siècles.

Dans cette manière de se représenter l'histoire, il y a trois erreurs principales que nous devons faire remarquer.

1° Le grand mouvement de la *renaissance*, en Europe, avait été préparé par bien des événements antérieurs : la diffusion des lumières et de l'instruction par l'Eglise ; la connaissance de plus en plus répandue des Grecs, des Latins, des Arabes ; les travaux de Vincent de Beauvais, d'Albert le Grand, de saint Thomas d'Aquin, de saint Bonaventure ; les œuvres littéraires et poétiques de Dante, de Tasse, de Pétrarque, de Boccace, etc.

2° La renaissance elle-même avait commencé bien avant la réforme et le protestantisme; et pendant près d'un siècle, les protestants se bornèrent à des controverses purement théologiques, quant au fond et à la forme, sans aucun rapport avec les belles-lettres et les sciences : que si les questions soulevées touchaient à la philosophie, c'était, pour ainsi dire, d'elles-mêmes ou par hasard, sans intention ou contre l'intention de ceux qui les agitaient, et qui, pour les débattre, ne s'en référaient qu'aux textes de la Bible, sans entrer dans le domaine de la philosophie ou des sciences.

3° Pendant tout ce temps-là, avant les commencements de la réforme et bien longtemps après, les grands travaux, dits de la renaissance, furent accomplis principalement par des écrivains catholiques, ou nés et développés au sein du catholicisme, ou du moins sans que le protestantisme ait eu sur eux, comme tel, une influence directe ou spéciale. Quelle part eut, en effet, le protestantisme à la découverte de la boussole, de l'imprimerie, de l'Amérique et de notre système du monde, dont on est redevable à des catholiques? En quoi peut-on dire que nous devons au protestantisme et aux protestants l'étude du latin, du grec, de l'arabe, de la philosophie et des sciences, cultivés bien longtemps avant eux, et sans que, pendant plus d'un siècle après leurs commencements, ils aient contribué en rien à leur culture ni à leurs progrès (1)?

Il est même notoire que, pendant toute cette période de temps, partout où le protestantisme parvint à s'établir sur les ruines du catholicisme, un des résultats les plus fâcheux de ce changement fut la décadence des études et de l'instruction publique, par suite de l'anéantissement des écoles, des couvents, des universités et des collèges catholiques, que les protestants ne purent réorganiser, à grand'peine, qu'un siècle après les avoir exterminés (2).

Malgré ces observations si bien fondées sur les faits, on n'en continuera pas moins, contre toute vraisemblance, de regarder Luther comme le restaurateur de la raison, du libre examen et de la philosophie, dans les temps modernes; le protestantisme, comme la véritable expression de ce progrès, et la philosophie des XVIIe et XVIIIe siècles, comme en étant le couronnement légitime et glorieux.

Remarquons en effet, d'abord, que les prérogatives de la raison, de la liberté et de la philosophie, sont encore une de ces questions sur lesquelles Luther, les protestants et les philosophes ont eu le privilége de se contredire mille fois et d'enseigner les choses les plus contradictoires. Nous ne voulons pas parler ici du rationalisme, du sensualisme, du scepticisme, du matérialisme, du panthéisme, de l'idéalisme, du nihilisme, et de tant d'autres systèmes professés par les philosophes modernes, ni de la multitude innombrable de sectes issues de la réforme protestante, sur les sujets les plus graves de la religion, de la morale chrétienne et de la philosophie sociale.

Plaçons-nous seulement au point d'intersection qui sépare les

(1) Voyez l'*Hist. de la phil. et de la littérat.* pendant les XIIIe, XIVe, XVe, XVIe, XVIIe siècles.

(2) Voyez les preuves nombreuses de ce que nous avançons ici, dans *la Réforme, son développement et ses résultats*, par Dollinger, traduit par Perrot, t. I, passim.

protestants des catholiques : non seulement, pendant plus d'un siècle, le protestantisme fut stérile en œuvres de haute raison et d'un mérite remarquable par la sagesse, le talent, le génie ou la science ; mais la réforme luthérienne, principe de tout le mouvement protestant, fut elle-même, par la volonté de son auteur, pendant cette même période de temps, une protestation continuelle contre la raison, la philosophie et la liberté, au profit de ce qu'il appelait la foi, la vraie doctrine, la souveraineté toute puissante des mérites de Jésus-Christ.

Ainsi, d'après ce que l'on dit communément, on pourrait croire que Luther se plaignait de l'absence de la raison et de la philosophie dans les doctrines du moyen-âge : eh bien! c'est justement le contraire qui est vrai. C'est Luther qui foule aux pieds la raison, la liberté, la philosophie ; c'est lui qui prétend y substituer la foi pure, l'irresponsabilité ou le fatalisme de la volonté, et ce qu'il lui plaisait d'appeler la vraie doctrine, c'est-à-dire la sienne propre ; c'est lui qu'il n'était permis à personne de contredire, sans être accusé d'impiété, attendu qu'il se disait envoyé de Dieu. C'est encore Luther qui prodigue les injures les plus grossières aux Pères de l'Eglise, aux théologiens du moyen-âge, à saint Thomas d'Aquin, à tous les docteurs catholiques qui se sont fait remarquer par leur science et leurs écrits, unissant, dans une juste mesure, la science sacrée et les sciences profanes; c'est lui enfin qui a proscrit toute intervention de la raison dans la foi chrétienne, qui a outragé les théologiens du moyen-âge comme les docteurs de l'Eglise, pour avoir fait usage des lumières naturelles de la raison, dans le but de fonder la science théologique par l'union de la théologie et de la philosophie.

Luther devait être disposé à ce mépris systématique de la raison philosophique, par deux circonstances :

1° Ses adversaires lui faisaient remarquer combien il choquait les lumières de la raison et du plus pur bon sens par sa doctrine sur le fatalisme et le serf-arbitre, sur la justification et la prédestination, sur l'inutilité des bonnes œuvres pour le salut, sur l'imputabilité des mérites de Jésus-Christ à salut ou à damnation, indépendamment du concours de notre volonté et de nos propres mérites, et sur plusieurs autres points.

2° Ce mépris absolu de tous les droits de la raison était un complément nécessaire des doctrines précédentes ; car, de même que les mérites de Jésus-Christ devaient, selon Luther, suffire à tout, sans le concours de notre volonté et de nos bonnes œuvres; ainsi la foi en la vraie doctrine, selon qu'il plaît à Dieu de nous la donner ou de nous la refuser, devait, selon lui, suffire à notre intelligence, sans le concours de notre raison et indépendamment de ses efforts, pour arriver à la connaissance de la vérité.

Et, pour confondre d'un seul coup cette double prétention de la volonté et de la raison à s'approprier les mérites de Jésus-Christ et à arriver, par leurs propres efforts, à la foi ou à une foi éclairée, Luther dit : les bonnes œuvres sont inutiles au salut éternel et ne servent qu'à rendre l'homme plus coupable; la raison n'est que ténèbres, aveuglement, folie, extravagance; le meilleur parti à prendre avec elle, c'est de l'anéantir entièrement, ou de l'ensevelir au fond de son âme : il n'ose pas dire, comme les sceptiques, au fond d'un puits; mais c'était ce qu'il voulait donner à entendre.

D'autres fois il compare les bonnes œuvres, ce que tous les chrétiens entendent par œuvres méritoires pour le salut, aux souillures et aux ordures les plus dégoûtantes; et il traite aussi ignominieusement la raison en tant qu'elle s'applique aux choses divines. On peut en juger par le passage cité au bas de la page, et que nous prenons au hasard entre plusieurs autres (1).

Ce serait donc une erreur de croire que Luther et les premiers protestants ont parlé des ténèbres du moyen-âge autrement que par déclamation, qu'ils l'aient fait avec une intention sérieuse et systématique d'y substituer un plus large emploi de la raison et de la philosophie. La souveraineté de la raison individuelle, assistée de la grâce de l'Esprit-Saint, n'a été invoquée pendant longtemps que pour interpréter d'une manière arbitraire les divers textes de l'Ecriture sainte, et opposer cette interprétation aux enseignements de l'Eglise; mais non dans un but philosophique et scientifique, ni même dans le but de fonder une nouvelle science théologique sur des bases plus larges et plus profondes, en donnant

(1) « La raison, dit-il dans le dernier sermon qu'il fit à Vittenberg, la raison, c'est la fiancée du diable; c'est une prostituée, une abominable g...., la p..... en titre du diable; une galeuse, une sale et dégoûtante p..... qu'on devrait fouler aux pieds et détruire, elle et sa sagesse, à laquelle on ferait bien, pour la rendre haïssable, de jeter de la m.... au visage; et qui mériterait enfin, l'abominable g...., qu'on la reléguât dans le plus sale lieu de la maison, dans les la...nes.» *Œuvres de Luther*, édition de Leipsick, p. 373.

une nouvelle excitation à la culture de la philosophie et des sciences, pour les faire servir ensuite à épurer ou à orner la théologie chrétienne. De là, chez les protestants, pendant plus d'un siècle, la décadence complète des universités et des écoles, et l'absence à peu près absolue d'œuvres remarquables en philosophie, en théologie et dans les sciences.

Cependant on s'y est mépris généralement : le dénigrement du moyen-âge chrétien et catholique et de tout le passé du christianisme était tellement l'âme de tout le protestantisme, que plusieurs ont fini par croire sincèrement que la réforme protestante était une protestation sérieuse contre ce que l'on appelle encore aujourd'hui l'ignorance, les ténèbres et la barbarie du moyen-âge; et l'apparition du protestantisme en pleine renaissance a confirmé cette erreur, bien qu'il n'eût été lui-même qu'une immense perturbation dans ce beau mouvement régénérateur des belles-lettres, de la philosophie, des arts et des sciences.

La philosophie incrédule des XVIIe et XVIIIe siècles adopta sans peine cette manie de dénigrement contre tout le passé de la religion chrétienne. Sa devise était, comme celle de Calvin à Genève : ***Post tenebras lux;*** la lumière a succédé aux ténèbres : mais avec cette différence qu'à l'antique christianisme catholique, les protestants prétendaient substituer un christianisme plus épuré; tandis que les philosophes voulaient remplacer tout le christianisme, tant catholique que protestant, par une sorte de religion naturelle et philosophique, ou même, tout simplement, par l'absence de toute religion.

Mais la critique est aisée et l'art est difficile; et, comme on l'a dit de Luther, les protestants et les philosophes ont bien critiqué, mais pauvrement doctriné. Il ne reste plus de leurs prétendues réformes que la partie négative, les ruines qu'ils ont faites, l'affaiblissement de la foi chrétienne, l'anarchie des intelligences, le discrédit qu'ils ont répandu sur l'esprit général des institutions et des doctrines qui tendaient à prévaloir au moyen-âge chrétien et catholique.

S'il y a quelque mauvaise grâce à s'occuper encore de cette période de temps qui paraissait condamnée sans appel, nous y sommes encouragé par deux considérations principales : 1° l'exemple de ceux qui nous ont précédé dans cette voie, et que ne saurait atteindre l'accusation de fanatisme et de superstition ; 2° notre ferme conviction que toutes les pièces de cette condamnation n'ont pas encore été produites ni suffisamment examinées.

Vincent de Beauvais forme, avec saint Anselme, Hugues, Richard et Gauthier de Saint-Victor, Albert le Grand, saint Thomas d'Aquin, saint Bonaventure et quelques autres, une sorte de pléiade philosophique bien capable de réfuter tout ce que l'on a dit sur les ténèbres du moyen-âge, son ignorance, son obscurantisme, sa barbarie.

Si les philosophes de cette époque n'eurent pas toute notre science moderne, ils eurent toute la science des anciens, ils la cultivèrent pour nous la conserver, ils eurent toute la science possible dans les circonstances difficiles où ils se trouvaient placés. Cela est vrai non seulement des sciences morales, religieuses et politiques, qui sont l'âme et la base de toute civilisation, mais encore des sciences naturelles et mathématiques, de la littérature grecque et latine, des arts libéraux et des arts pratiques, d'une infinité d'éléments civilisateurs qu'ils nous ont transmis, et sans lesquels toute notre civilisation moderne aurait dû recommencer par les premiers éléments. Ce sont eux qui ont fait de la langue latine la langue savante dans toute l'Europe et presque dans tout l'univers, qui ont traduit en cette langue les livres grecs et arabes ou leurs doctrines, et qui nous ont conservé, au moyen des manuscrits, les textes originaux des ouvrages composés dans ces trois langues.

Montucla, dans son *Histoire des sciences mathématiques*, quoique imbu des idées philosophiques du XVIIIe siècle contre les couvents et les monastères, reconnaît toutefois les services qu'ils ont rendus à la science et à la philosophie; et il blâme hautement l'extermination barbare et pleine d'ingratitude qui en a été faite.

Après avoir fait le récit des travaux ou essais qui furent faits sur les sciences mathématiques dans l'Empire romain et dans les siècles qui suivirent sa chute jusqu'au XIIIe, Montucla ajoute:

« On ne peut se refuser ici à une réflexion; c'est que tous ces savants, qui, s'ils n'augmentèrent pas le trésor des sciences, du moins servirent à nous le transmettre, étaient des religieux, ou l'avaient été avant d'être élevés aux honneurs ecclésiastiques. Les couvents furent, dans ces temps de barbarie où une valeur féroce était presque l'unique mérite, l'asile des sciences et des lettres. Sans ces moines qui, dans le silence des cloîtres, s'occupèrent à transcrire, étudier ou imiter, tant bien que mal, les ouvrages anciens, c'en était fait entièrement d'eux : aucun peut-être ne nous fût parvenu. Le fil entre nous, les Romains et les Grecs, était coupé; ces productions précieuses de la littérature ancienne n'existeraient pas plus pour nous que les ouvrages, s'il y en eut, qui précédèrent le déluge, ou le cataclysme quelconque, qui a anéanti à notre égard tout ce que savaient ces hommes si instruits, qu'on place dans la Tartarie ou aux environs du Caucase. A l'égard des sciences, il eût fallu tout créer; et, au moment où l'esprit humain, sortant de son assoupissement, commença à se réveiller, on ne se serait guère trouvé plus avancé que les Grecs après la prise de Troie. Ces motifs ne devraient-ils pas engager à traiter avec plus de modération ces hommes sur qui aujourd'hui on se plaît à verser la coupe de l'humiliation et de l'opprobre; comme si, dans ce siècle même, il n'y avait pas eu, et en grand nombre, des religieux également recommandables par leur science et par leurs mœurs?

» Il est vrai que quelques parties de ces connaissances nous sont venues par les Arabes; certaines notions sur la médecine, les sciences naturelles et les mathématiques, et surtout la philosophie d'Aristote, dont il nous serait parvenu quelques lambeaux bien défigurés, au moyen des traductions qu'en firent les Arabes, et qui nous les firent connaître pour la première fois. Mais à qui devons-nous la transmission des originaux précieux de ces anciens écrivains? C'est sans doute aux religieux tant grecs que latins. Aurions-nous d'ailleurs, sans eux, toutes les productions précieuses de la littérature grecque et latine? Sont-ce les Arabes qui nous ont transmis les poëmes d'Homère et de tant d'autres parmi les Grecs; ceux de Virgile, Horace, Ovide, etc.? Les orateurs, les historiens grecs et latins, les a-t-on jamais trouvés parmi les manuscrits arabes? Donc rien ne peut atténuer les obligations que nous avons aux religieux; et d'autant moins que ce sont encore des religieux, pour la plupart, à qui nous devons ces richesses transplantées de la langue arabe en latin, tels que Gerbert, Athélard, Roger Bacon, Paccioli, etc., etc.

» Je ne dis rien de tous nos historiens de l'Europe moderne, depuis le IVe, V^e^ ou VIe siècle de notre ère, jusqu'au XIIIe ou XIVe. Presque tous furent des religieux; témoin Grégoire de Tours, Sigebert de Gemblours, Hermoald, Aimoin, nombre d'anonymes, Vincent de Beauvais, Guillaume de Malmesbury, et une immense foule d'autres. Sans eux, oui, sans eux, à peine saurions-nous les événements d'avant-hier. Et que ne devons-nous pas surtout en ce genre aux bénédictins, cet ordre toujours distingué par ses mœurs et son application à de grands travaux impossibles à exécuter que par le concours d'un grand nombre de membres animés du même esprit? Il est tombé comme les autres, au regret même des protestants, et le moule de ces grands et immenses ouvrages, qui ont jeté tant de jour sur notre histoire et sur l'histoire générale, est brisé à jamais. »

Châteaubriand, dans son *Génie du Christianisme*, expose longuement les services rendus à la société par la religion chrétienne en général, et en particulier par le clergé, les couvents, les corporations religieuses, au point de vue de la conservation et de la culture des belles-lettres, des beaux-arts et des sciences, comme sous le rapport de la religion, de la morale et de la civilisation.

L'illustre auteur fait aussi, dans le même ouvrage, une sorte de philosophie du christianisme, dans le but de mettre en évidence l'aspect moral et poétique de la religion chrétienne, de ses dogmes, de ses institutions, de ses tendances surnaturelles; en un mot, de tout ce que les protestants et les philosophes avaient le plus décrié et calomnié.

Remarquez que toute cette apologie de l'action civilisatrice de la religion chrétienne regarde surtout la période historique de l'Eglise la plus méconnue, c'est-à-dire son existence depuis la chute de l'Empire romain sous les coups des barbares victorieux; période durant laquelle, dit Châteaubriand, la seule classe des vaincus respectée par les barbares fut celle des prêtres et des religieux, et où les monastères devinrent autant de foyers où le feu sacré des arts se conserva avec la langue grecque et la langue latine (1).

Cuvier, dans son *Cours sur l'histoire des sciences naturelles*, reconnaît aussi les services rendus à la civilisation par l'Eglise catholique. Après avoir fait remarquer que l'abaissement des lumières, vers le xe siècle de notre ère, avait pour cause la décadence intellectuelle, morale et politique de l'Empire romain et l'invasion des barbares, il en vient aux croisades, qui produisirent une grande excitation intellectuelle et un commencement de renaissance.

« Deux sortes d'établissements, dit-il, recueillirent les fruits du

(1) Châteaubriand, *Génie du Christianisme*, liv. VI, chap. XIII.

mouvement que les croisades imprimèrent aux esprits en faveur des lettres et des sciences : les universités et les couvents... Ici, Cuvier cite les ordonnances que firent les rois et les empéreurs pour l'établissement des universités, et pour leur extension et leurs priviléges... Ces ordonnances furent très utiles aux sciences...

» Les papes contribuèrent, en ce qui les regardait, à l'établissement des universités ; ils leur accordèrent partout les priviléges apostoliques qui étaient indispensables pour que les gradués pussent prétendre aux bénéfices ecclésiastiques... Tous les bénéfices qui n'emportaient pas charge d'âme pouvaient leur être concédés... Cuvier cite l'université d'Oxford, fondée en 1229; celle de Salerne, en 1238 ; celle de Pise, en 1336 ; celle de Prague, en 1347; celle de Cologne, en 1389... L'Europe latine formait pour ainsi dire alors une seule nation...

» L'établissement des universités scientifiques et littéraires produisit celui des ordres mendiants. Le clergé, remarquant que les anciens ordres monastiques, devenus excessivement riches, négligeaient l'étude, craignit que l'instruction ne lui échappât tout à fait, et il imagina l'établissement de nouveaux ordres destinés à maintenir la supériorité qu'il avait eue jusque-là dans les lettres et les sciences... Cuvier rattache à cette pensée la fondation de l'ordre mendiant de saint François-d'Assise, en 1208 ; celle des frères cordeliers, d'où plus tard les capucins ; celle de l'ordre mendiant de Saint-Dominique, en 1216, dite des frères prêcheurs ; d'où plus tard l'inquisition...

» Une foule d'hommes qui avaient le goût de la science s'empressèrent d'entrer dans les ordres mendiants, et les ordres riches furent presque négligés. Les franciscains se distinguèrent les premiers ; plusieurs d'entre eux entreprirent des voyages qui eurent une très heureuse influence sur le progrès des sciences... Après eux vinrent les dominicains, qui eurent aussi un grand nombre de moines savants...

» Les conquêtes des Mongols et des Tartares en Orient donnèrent lieu aussi à des voyages fort instructifs... Les chrétiens crurent pouvoir considérer comme des alliés les Tartares ennemis de leurs ennemis. Les papes surtout firent tous leurs efforts pour établir des relations avec eux et les convertir ensuite. Un cordelier fit, en 1246, le premier, un voyage qui nous donna les premières connaissances sur les régions inconnues situées au delà de la mer Caspienne. Ce voyage est raconté par Vincent de Beauvais; *Speculum historiale*, liv. XXXVII. Voyez aussi le voyage de Marco Paolo, Vénitien fameux, en 1252, dont les récits sont de jour en jour reconnus plus véridiques...

» Saint Louis voulut aussi avoir des rapports avec les Tartares et les convertir... (Ses relations avec l'Orient furent très nombreuses dans la première moitié du XIIIe siècle...) Frédéric, empereur d'Allemagne dans la même période de temps, était lui-même très lettré. Il fit traduire Aristote en latin, et ordonna qu'on l'enseignât dans tous ses États : c'est à lui que l'on est redevable de la renaissance de l'anatomie comme partie essentielle des études médicales...

» Saint Louis, comme Frédéric, protégea beaucoup les lettres et les sciences. Il fit des lois pleines de sagesse, qui préparèrent le retour à l'ordre indispensable au progrès des sciences... C'est à son règne que remontent l'établissement de la Sorbonne..., l'introduction de la chirurgie comme partie essentielle de l'art de guérir..., l'institution de la faculté de médecine dans l'université...

» Ainsi, dans le XIIIe siècle, les sciences obtinrent divers moyens de développement... Il y eut à cette époque comme une espèce de renaissance des lettres et des sciences, et l'esprit humain y suivit une marche toute semblable à celle que nous remarquons dans la Grèce... Cuvier cite Albert le Grand et saint Thomas d'Aquin; comment ne cite-t-il pas Vincent de Beauvais, leur contemporain, qui leur était supérieur pour les sciences naturelles?...

» Tous les écrivains distingués du XIIIe siècle ont appartenu aux ordres mendiants, et on ne dut pas s'en étonner : car c'était seulement dans les monastères que les hommes qui avaient le goût de l'étude pouvaient s'y livrer tranquillement, et trouver toutes les facilités dont ils avaient besoin. Souvent le chef d'un couvent avait sous ses ordres plusieurs centaines de jeunes moines qui travaillaient pour lui... Ici, Cuvier cite : 1° les travaux faits par le dominicain Albert le Grand sur l'histoire naturelle et la métallurgie alchimique, à l'aide de connaissances tirées d'Aristote, des Arabes, des alchimistes de la Russie et de la Tartarie... 2° les travaux du moine franciscain Roger Bacon, qui préluda à tant de découvertes modernes... 3° le moine bénédictin Berthold Schwartz, inventeur du papier, moins cher que le parchemin... 4° le moine Guttemberg, inventeur de l'imprimerie à caractères mobiles (1)...

(1) On voit avec étonnement que Cuvier ne cite pas, parmi les monu-

» A la fin du XIIIe siècle, tout paraissait disposé pour une heureuse révolution dans les sciences... (Les hommes les plus éminents de la renaissance étaient catholiques...) Les troubles politiques qui agitèrent les cours des princes vers cette époque furent, selon Cuvier, les principaux obstacles aux bons résultats que promettaient ces heureuses dispositions (1)... »

Qu'il y a loin de ce récit honnête et impartial à ces déclamations surannées, où l'on nous représente les sciences retenues injustement captives dans les sanctuaires du moyen-âge, et dans lesquelles toutes les institutions du catholicisme sont regardées comme autant d'instruments d'un obscurantisme systématique!

Disons, au contraire, avec l'illustre Cuvier (2), que le XIIIe siècle, le siècle de saint Louis, roi de France, fut une vraie *renaissance* des lettres, des arts, des sciences, de la philosophie, au même titre que celle qui eut lieu en Grèce, à Rome, sous Charlemagne, et en Europe au XVe ou au XVIe siècle; et que cette dernière *renaissance* fut préparée ou commencée véritablement par celle qui s'accomplit dans le siècle de saint Louis. C'est à cette période si glorieuse pour l'Église catholique qu'appartient Vincent de Beauvais, que l'on nomme encore quelquefois en compagnie d'Albert le Grand, de saint Thomas d'Aquin et de saint Bonaventure, mais dont on n'a tiré jusqu'à présent aucun parti pour faire l'histoire des sciences et des arts à cette époque.

ments scientifiques du moyen-âge, le *Speculum majus* de Vincent de Beauvais.

(1) Cuvier, *Cours sur l'hist. des sciences naturelles*.

(2) Cuvier, dans le passage déjà cité.

CHAPITRE II.

VIE DE VINCENT DE BEAUVAIS, THÉOLOGIEN, PHILOSOPHE, ENCYCLOPÉDISTE. SA VIE, SES TRAVAUX, SES ÉCRITS.

Vincent de Beauvais est un de ces hommes dont l'histoire, malgré leur grande célébrité, a été écrite avec le plus de négligence. Les souvenirs que l'on en a conservés sont obscurs et incertains pour la plupart. On ignore jusqu'à la date de sa naissance et de sa mort, et l'on est dans la même ignorance sur son origine et sa véritable patrie.

Comment expliquer cette négligence dans les contemporains de ce grand homme, pour lequel ils avaient cependant une admiration si grande, si sincère, si bien justifiée par ses ouvrages, et qui dura pendant plusieurs siècles? Est-ce de propos délibéré et avec réflexion qu'ils ont omis d'écrire l'histoire d'un personnage si éminent, qui, dans leur enthousiasme, leur paraissait devoir vivre éternellement dans la mémoire de tous les hommes? Quelle est la cause ou le motif de ce manque presque absolu de renseignements authentiques sur sa naissance, sa vie et sa mort?

Les écrivains qui nous parlent le plus de Vincent de Beauvais sont venus longtemps après lui, et paraissent s'appuyer sur les dires incertains de la renommée ou sur des inductions mal fondées, plutôt que sur des documents précis et positifs. De là les assertions hasardées et contradictoires, comme cela arrive toujours quand on fait l'histoire d'un illustre personnage que tout le monde croit connaître, sans recourir aux sources authentiques de tout ce qu'en dit la renommée.

Ces difficultés ont embarrassé les plus grands historiens; le P. Touron, les PP. Quétif et Echard, Moreri, Daunou, et les autres, et nous n'entreprendrons pas de les discuter ni de les résoudre. Nous ne rapporterons de la vie de Vincent de Beauvais que ce qui nous paraîtra certain ou vraisemblable, en nous efforçant de discerner avec soin ce qui repose sur des témoignages ou des monuments authentiques, d'avec ce qui n'est appuyé que sur des inductions ou des conjectures plus ou moins vraisemblables.

Vincent de Beauvais a dû naître dans les premières années du règne de Philippe-Auguste, et probablement entre 1184 et 1194, vers la fin du XIIe siècle.

Le surnom *de Beauvais* (*Bellovacensis, Belvacensis*), qu'il se donne lui-même et par lequel on le désigne constamment, nous autorise à croire qu'il naquit à Beauvais ou dans les environs; à moins que l'on n'aime mieux dire que ce surnom lui vient de ce qu'il eut sa principale résidence dans un couvent de son ordre situé dans cette ville.

Saint Antonin donne à Vincent les surnoms de *Bellovacensis, Burgundus, Gallicus.* Ces dernières qualifications, répétées ensuite par d'autres écrivains, sont sans importance : d'abord, parce qu'elles sont simplement ajoutées à la première, seule usitée pendant près de deux siècles; secondement, parce qu'elles n'étaient, dans la bouche de saint Antonin, que des désignations géographiques, basées sur ce que Beauvais, capitale de la Picardie, était située dans les Gaules ou en France, et se trouvait, du temps de saint Antonin, soumise à la domination des ducs de Bourgogne. Saint Antonin pouvait se tromper sur cette qualité de *Burgundus*, ajoutée sans raison à celles de *Gallicus* et de *Bellovacensis.*

Quant à la tradition qui conclut de ce surnom *Bellovacensis* que Vincent avait été évêque de Beauvais, elle ne remonte qu'au XVe siècle, environ 250 ans après sa mort. Les contemporains de Vincent de Beauvais et ceux qui viennent immédiatement après eux, ne disent rien de ce prétendu épiscopat, dont on ne trouve du reste ni trace ni place, soit dans le *Gallia Christiana*, soit dans le catalogue dominicain des évêques qui ont appartenu à l'ordre des frères prêcheurs.

Ce qu'il y a de certain, c'est que Vincent était lui-même de l'ordre des frères prêcheurs de Saint-Dominique.

Cet ordre, fondé en 1215, avait à Paris, en 1218, une maison professe, dans la rue Saint-Jacques; d'où leur vint plus tard le surnom de Jacobins. Il est probable, d'après du Boulay, que Vincent fut d'abord un des moines de ce couvent, d'où il passa ensuite dans celui de Beauvais (1).

(1) Du Boulay, *Hist. Univers. parisiens*, t. III, p. 713.

C'est de cette dernière ville que le roi saint Louis le fit venir souvent en sa résidence royale de Royaumont, où il avait fondé l'abbaye de ce nom pour des moines cisterciens. Le titre de *lecteur* que Vincent se donne ne prouve pas que saint Louis l'ait fait venir à Royaumont pour y enseigner la théologie dans la nouvelle abbaye, comme l'ont imaginé quelques-uns : ce qui serait contraire à toute vraisemblance, et n'est confirmé par aucun témoignage positif.

Vincent de Beauvais était lecteur du roi et de sa famille, comme il s'en glorifiait avec raison; et, à ce titre, non seulement il faisait des lectures, mais il les commentait et les expliquait; il répondait aux questions qu'elles avaient provoquées, et il prêchait, ou faisait d'autres instructions, sous la direction et le bon plaisir du roi (1). Il nous apprend lui-même que le roi et sa famille l'écoutaient respectueusement, soit qu'il fît des lectures, soit qu'il prêchât, soit qu'il instruisît de quelque autre manière.

Il ne faut pas conclure de là que Vincent de Beauvais ait été *professeur*, ou *instituteur*, ou *précepteur des enfants de France* : c'est à peine si nous pouvons admettre qu'il fut *inspecteur* de leurs études, selon l'expression plus réservée de Fleury (*Hist. Eccles.*, *loc. prop.*). Rien ne nous autorise à lui donner ces titres ni ces fonctions, qui sont du reste incompatibles avec ce que nous savons de plus positif sur ses occupations à la cour et sur ses grands travaux intellectuels et scientifiques.

En effet, d'après ce que Vincent nous apprend lui-même, le roi Louis IX, la reine Marguerite, leur fils Philippe, Thiebaud, comte de Champagne et roi de Navarre, l'excitaient à composer lui-même des ouvrages sur divers sujets. Sa principale occupation était de faire des extraits et des abrégés tirés des auteurs anciens, pour l'instruction des princes, des conseillers et des hommes de la cour du roi. Il tenait à leur disposition les livres

(1) Regiæ majestati vestræ scribendi fiduciam et ausum mihi præbet sublimitatis vestræ dignatio, quâ plerumque, cùm juxtà beneplacitum vestrum in monasterio regalis montis, ad exercendum lectoris officium, habitarem, ex ore meo divinum eloquium humiliter cum Dei reverentiâ suscepistis, necnon et de scriptis nostris, prout mihi vestra benignitas retulit, cum diligentiâ perlegistis : insuper etiam in sumptibus ad eadem scripta conficienda liberaliter interdùm mihi subsidia præbuistis. *Tractatus consolatorius*. Prologue.

qu'il était chargé de choisir ou d'acheter, et les livres qu'il avait lui-même composés sur leur demande.

De son côté, le roi subvenait à ses dépenses d'auteur, et lui fournissait des sommes considérables pour acquérir à la bibliothèque du palais les livres les plus précieux, dont plusieurs ont passé probablement dans la bibliothèque nationale (1).

Il est impossible de ne pas reconnaître dans ces traits le *bibliothécaire* de la famille royale.

Ajoutez à ces titres de *lecteur* et de *bibliothécaire* celui d'homme de la maison du roi, reçu dans l'intimité de sa famille, *domesticus*, *familiaris*, comme Vincent disait lui-même, il sera facile de reconnaître encore en lui le conseiller intime du roi, de sa famille et de sa maison.

Ainsi, Vincent de Beauvais était lecteur, bibliothécaire, conseiller intime dans la famille et la maison du roi Louis IX, et, à ces divers titres, il pouvait avoir à donner des conseils sur l'éducation et l'instruction des jeunes princes, sans pour cela avoir été leur professeur, ni leur précepteur, ni même l'inspecteur de leurs études, qu'il dirigeait seulement par ses conseils.

Cette conclusion est confirmée par la préface du *Traité de l'éducation et de l'instruction des enfants de la famille royale*, dédié à *Marguerite*, *reine des Français*, et femme de saint Louis.

Dans cette préface, Vincent de Beauvais nous apprend que cet ouvrage est une partie détachée d'un autre plus étendu, dans lequel il traite généralement de tout ce qui regarde le prince, la cour du roi, sa famille, l'administration des affaires publiques et le gouvernement de tout l'Empire, non seulement d'après les maximes des saintes Écritures et des docteurs catholiques, mais encore d'après celles des philosophes et des poètes.

Cet ouvrage plus étendu, sur les diverses branches de la politique et du gouvernement, est-il le même que le *Speculum doctrinale*, dans lequel ces matières, comme plusieurs autres, sont traitées *in extenso et ex professo*, autant que le comportaient les lumières

(1) Les croisades firent venir beaucoup de livres originaux ou traduits d'Orient en Occident. Saint Louis favorisa ce mouvement si utile aux progrès des lettres, des arts, des sciences et de la philosophie. Voy. *Biograph. universelle*, v° *Vincent de Beauv.* et *saint Louis* (*Louis IX*). Voy. le passage cité dans la note précédente, dans lequel Vincent de Beauvais rappelle avec reconnaissance à saint Louis les dépenses faites par ce roi pour l'aider à composer ses ouvrages.

de ces temps-là? Cela nous paraît probable. Il n'est pas vraisemblable, en effet, que Vincent de Beauvais ait composé deux ouvrages différents d'une aussi grande étendue sur une même matière : d'autant que nous avons trouvé, dans le livre *De Eruditione filior. regal.*, plusieurs chapitres tirés intégralement, quant au texte ou quant au sens, du *Speculum doctrinale.*

Sur la demande de son auguste reine, Vincent de Beauvais détacha du susdit grand ouvrage ce traité spécial de l'éducation et de l'instruction des enfants de la famille royale, et le lui envoya par l'entremise d'un abbé de la cour, dont la fonction était de les instruire (*eruditoris*), et qui avait pour collègues plusieurs autres maîtres et instituteurs (*didascali, magistri*).

Les enfants du roi avaient donc des maîtres de plus d'une sorte, parmi lesquels ne figurait pas Vincent de Beauvais, qui avait été seulement chargé de rédiger par écrit les conseils d'après lesquels on devait diriger leur éducation et leur instruction (1).

Outre ce livre sur l'éducation des princes, Vincent de Beauvais s'occupait encore d'un autre grand ouvrage sur toutes les parties de la *politique*, et, selon toute apparence, d'un autre ouvrage encore plus universel, le *Speculum majus*, ou le grand spectacle de la nature, de l'histoire, des arts et des sciences. Car cet ouvrage l'a occupé toute sa vie; il l'a recomposé en l'abrégeant; il a dû faire bien des études et bien des recherches pour en venir à bout; on comprend à peine comment, avec tant d'autres ouvrages et

(1) *Tractatus de Eruditione filiorum regalium....* Par la teneur de l'ouvrage, il est certain que Vincent de Beauvais comprenait sous ce titre *l'éducation* et *l'instruction*. Il dit que ce traité est une partie détachée d'un *Opus quoddam universale de Statu principis, ac de totius regalis curiæ, sive familiæ, necnon et de Reipublicæ administratione ac totius regni gubernatione;* non solùm ex divinis Scripturis, verùm etiam ex doctorum catholicorum sententiis, insuper etiam philosophicis et poeticis confectum. Vincent envoie cette partie détachée à la reine Marguerite, *per manum Simonis clerici, videlicet eruditoris.* Puis, indiquant l'usage que l'on en pourra faire pour l'éducation des enfants du roi, il ajoute : Licet iidem pueri... nondum apti sint ad legendum et intelligendum, interim tamen ipsorum didascali sive magistri poterunt ex diversis ejus capitulis, prout eorum discretioni visum fuerit, accipere et dare materiam litterarum ac versuum; et ipsi quoque pueri, cùm aliquantulùm in doctrinâ profecerint, per semetipsos indè poterunt addiscendi ac benè vivendi materiæ accipere documentum. Vincentius Bellovacensis. Prologus ad *Tract. de Erud. filior. regal.*

d'autres occupations, il ait pu trouver le temps de le composer et de l'écrire deux fois.

Vincent de Beauvais a donc dû commencer, à la cour du roi, à en rassembler les matériaux, et même à le composer : ce qui aurait été impossible si son temps avait été absorbé par les soins assidus qu'exigeaient l'éducation et l'instruction des jeunes princes ; d'autant que, dans la même période de temps, il composa encore plusieurs autres ouvrages. Mais il est impossible d'assigner une date précise à la composition ou à la publication de ses ouvrages les plus importants, et particulièrement des diverses parties du *Speculum majus*, qu'il entreprit de recomposer, en l'abrégeant, dans un ordre meilleur, sans pouvoir terminer complétement cette œuvre de recomposition et d'arrangement (1).

L'époque de la mort de Vincent de Beauvais est aussi très incertaine. On peut dire qu'elle arriva plus tard que l'an 1260, puisque c'est l'année de la mort du jeune prince royal, fils de saint Louis, pour lequel Vincent composa à cette occasion son *Epître consolatoire*. D'après une épitaphe découverte à Valenciennes, et qui lui était probablement destinée par ses contemporains, on pourrait peut-être fixer la mort de Vincent de Beauvais à l'année 1264. Mais cela est encore contesté et peut paraître douteux, même aux yeux d'une critique raisonnable.

N'est-ce pas une chose vraiment étonnante, dit Echard, que la grande célébrité de Vincent de Beauvais et l'extrême obscurité qui enveloppe sa vie chez les écrivains pendant plus de deux siècles, où l'on trouve, dit-il encore, beaucoup de choses fausses et peu qui soient vraies sur un si grand homme?

Ceux qui sont venus ensuite en ont parlé aussi d'une manière vague et d'après des traditions incertaines, sans chercher à préciser les faits, étant déjà probablement dans l'impossibilité de les raconter avec exactitude. De là les obscurités et les incertitudes qui enveloppent la mémoire de Vincent de Beauvais, et que n'ont pu dissiper les travaux plus récents de Echard (2), de Touron (3) de Daunou (4).

(1) Prologue du *Speculum majus*, cap. XVIII.

(2) Échard et Quétif, *De Scriptoribus ordinis prædicatorum*.

(3) Touron, *Vies des dominicains illustres*.

(4) Daunou, dans la *Continuation de l'histoire littéraire de la France*, t. XVIII.

Mais ce qui n'a jamais été révoqué en doute, ce qui a toujours été rappelé avec bonheur par tous les écrivains qui ont parlé de Vincent de Beauvais, c'est sa piété sincère, l'austérité irréprochable de ses vertus, les qualités aimables de son caractère, une sainteté de vie édifiante, sa vaste capacité pour les sciences, ses occupations continuelles, son ardeur infatigable pour les travaux de l'esprit, et enfin l'immense utilité de ses ouvrages, et particulièrement du *Speculum majus*, à l'époque où il vivait et longtemps encore après lui.

« Vincent de Beauvais, dit Trithemius, avait acquis d'immenses richesses intellectuelles dans la lecture des anciens; c'était un esprit subtil, ingénieux, et son langage était toujours correct et bien composé; il s'appliquait à l'étude des lettres et des sciences avec tant de persévérance, qu'il ne put jamais être détourné de leur culture par ses travaux, ses occupations, ses veilles et ses austérités; bien plus, toujours il était occupé à lire, à écrire, à prêcher. Enfin, c'était un si grand homme, qu'après lui il n'y a pas encore eu son pareil; et l'on s'en convaincra aisément si l'on veut comparer avec impartialité les ouvrages difficiles qu'il a composés après tant de travaux et de lectures, avec les ouvrages composés par les autres écrivains qui vivaient de son temps ou qui sont venus après lui (1). »

« Cet homme, dit Possevin, que les plus grands travaux ne pouvaient rebuter, que les veilles continuelles ne fatiguaient point, qui ne se lassait jamais d'apprendre et d'enseigner, de lire ou d'écrire; cet homme, dis-je, après avoir longtemps examiné presque tous les livres, entreprit de faire un précis de tout ce qu'il avait remarqué de bon, d'utile et d'intéressant dans cette multitude de volumes (2). »

Qui pourrait calculer l'influence que Vincent de Beauvais, avec sa vaste érudition et son éloquence persuasive, par ses rapports intimes avec saint Louis, sa famille et la noblesse, a dû exercer sur les destinées de la France et de toute l'Europe? Les *établisse-*

(1) Trithême ou Tritheim, célèbre historien et théologien, né à Trittenheim, dans l'électorat de Trèves, en 1462, abbé du couvent bénédictin de Spanheim.

(2) Possevin, jésuite, célèbre par ses travaux littéraires comme par son habileté dans les négociations des grandes affaires; né à Mantoue, en 1534 : un de ceux qui contribuèrent le plus à l'extension de son institut naissant.

ments de saint Louis, ses lois, ses ordonnances, ses actes civils, politiques et administratifs, dont la sagesse est admirée de tous et n'est contestée par personne, ne durent-ils pas se ressentir de l'intimité de ce roi avec l'homme le plus savant de son époque, qui alliait l'humilité et la sainteté du moine avec une haute intelligence sur toutes choses?

Nous nous bornons à provoquer l'attention des lecteurs sur ces intéressants problèmes.

CHAPITRE III.

BIBLIOGRAPHIE DE VINCENT DE BEAUVAIS, THÉOLOGIEN, PHILOSOPHE, ENCYCLOPÉDISTE.

Vincent de Beauvais embrassait dans ses immenses travaux, non seulement la théologie, la morale, l'Église et sa divine hiérarchie, tout l'ordre surnaturel et divin; mais encore le droit canon, le droit civil et politique, la philosophie, les beaux-arts, les arts libéraux et les arts pratiques, l'histoire naturelle, les mathématiques et les autres sciences relatives au monde physique.

C'était un philosophe encyclopédiste, doué d'une science universelle sur tous les objets de nos connaissances; c'est ce qui sera démontré par le catalogue et une rapide analyse de ceux de ses ouvrages qui sont arrivés jusqu'à nous, et dont l'authenticité est certaine.

I. De Sancta Trinitate, *communiter ex dictis sanctorum et catholicorum doctorum.* (Cet ouvrage existe peut-être dans les manuscrits de l'abbaye de Saint-Victor.) L'existence de cet ouvrage est mentionnée par Vincent de Beauvais lui-même, qui nous en donne un abrégé au commencement de son *Speculum majus* (1).

Dans ce livre *De Sanctâ Trinitate*, Vincent de Beauvais traitait de Dieu, de sa nature, des propriétés de l'essence divine, de ses attributs et de ses perfections; puis de la Trinité, de l'unité de nature et de la trinité des persônnes, de la raison philosophique de ce dogme, de la création et du concours des trois personnes divines dans la création; du monde archétype, de la création idéale et intellectuelle; de la connaissance que les philosophes ont eue de Dieu, de la Trinité et de la création du monde.

Telle est l'idée générale que nous pouvons avoir du livre *De Trinitate*, d'après l'abrégé que Vincent de Beauvais en a fait lui-même au commencement de son *Speculum naturale.*

(1) *Speculum naturale,* lib. I, cap. I.....

II. De Dei Filio, mundi Redemptore; seu : *De Redemptione generis humani*; seu: *De Gratiâ Dei*. C'est Vincent de Beauvais qui nous avertit lui-même de l'existence de cet ouvrage et des divers titres qu'il lui avait donnés. Ce livre est, selon lui, le complément du précédent (1), parce qu'il traite de la divinité de Jésus-Christ, Fils de Dieu, de la divinité du Saint-Esprit, troisième personne de la sainte Trinité, et du concours des trois personnes divines dans l'œuvre de la régénération, de la sanctification et de la glorification du genre humain (2).

Vincent de Beauvais traite spécialement du mode et de l'ordre de l'incarnation du Verbe et de la rédemption du genre humain; de la naissance, de la vie, de la passion, de la mort, de la résurrection et de l'ascension de Jésus-Christ; puis enfin de la descente du Saint-Esprit, de la mission des Apôtres et de l'établissement de l'Église.

Nous pouvons résumer ainsi en deux lignes cet important ouvrage de Vincent de Beauvais; c'est, comme on dirait aujourd'hui, en langage scolastique : 1° un traité de l'incarnation, de la divinité de Jésus-Christ et de la divinité de la religion chrétienne; 2° une triple exposition, historique, dogmatique et édifiante de la vie de Jésus-Christ avant son incarnation, pendant qu'il était sur la terre, et dans tous les siècles de l'éternité. *Christus hodie, heri et in secula.*

III. Laudes Virginis Mariæ. Cet ouvrage, en un seul livre de 113 chapitres, que l'on pourrait intituler : *Grandeurs de Marie*, va avec le précédent. Il y a tant de rapports entre Jésus-Christ et sa divine Mère! Elle a été prédestinée, préfigurée, prophétisée comme Jésus-Christ avant sa naissance. On pourrait faire un très gros livre de l'histoire de sa vie, des mystères divins accomplis en elle, de ses vertus et de ses mérites; elle a été élevée au ciel en corps et en âme, et, après la propagation de l'Évangile, elle aura ses autels partout à côté de ceux de son divin Fils; enfin, toutes les nations l'invoqueront avec Jésus-Christ, et la proclameront toute puissante et bien heureuse.

IV. Tractatus de sancto Joanne Evangelista. Ce traité, qui est en un seul livre de 26 chapitres, est aussi un complément de la vie

(1) *De Dei Filio, mundi Redemptore*, liv. I, cap. I-XVII; liv. IV, cap. XLVIII...

(2) *Speculum naturale*, l. I, cap. I.

de Jésus-Christ. On le comprend sans peine, quand on se rappelle que saint Jean était le disciple bien aimé du Sauveur, le confident le plus intime de ses plus augustes mystères, l'apôtre de la charité, le prophète de l'avenir.

V. De Eruditione filiorum regalium. Cet ouvrage, composé à la demande de la reine Marguerite de Provence, épouse de saint Louis, ne forme qu'un seul livre en 51 chapitres. C'est un excellent traité sur l'éducation et l'instruction de la jeunesse, et en général sur l'étude et l'enseignement de la philosophie et des sciences. On peut y voir combien l'homme, abandonné à lui-même, est naturellement mal disposé à l'égard de la religion, de la science, de la sagesse et de la vertu. Vincent de Beauvais y traite des quinze ou vingt obstacles qui nous empêchent d'y parvenir, et qui sont les vices les plus profonds et les plus rebelles de notre nature; puis des moyens nécessaires ou utiles pour y arriver, et qui consistent dans la correction de nos vices et dans l'acquisition des vertus et de toutes les bonnes qualités de l'esprit, du cœur et du caractère.

Vincent de Beauvais démontre ensuite la nécessité de l'éducation et de l'instruction, et de divers sujets qui y ont rapport, comme l'usage de la douceur et de la sévérité, l'ordre des études que l'on doit faire, les devoirs particuliers des enfants, leur tenue morale, la vie en société, la discipline et la direction propres aux divers âges et aux différents caractères, et enfin les choses dont on doit particulièrement instruire les jeunes gens et les adolescents de l'un et de l'autre sexe.

VI. Tractatus consolatorius de morte amici. C'est, comme on l'a intitulé quelquefois, une *Épitre consolatoire*, adressée à saint Louis, roi de France, sur la mort de l'un de ses enfants; c'est, quant à l'étendue et à la teneur, un vrai livre en 16 chapitres, un vrai *traité* de consolation, comme l'appelle Vincent de Beauvais, composé, comme tous les autres ouvrages de cet auteur, d'un certain nombre de considérations, d'exemples et de sentences tirés des auteurs sacrés et profanes (1). La fragilité de la vie présente, le mépris des biens temporels, la sainteté de la mort du fils de Louis, la glorification des justes en corps et en âme, et la félicité suprême

(1) Tractatus consolatorius..... collectis paucis rationibus et exemplis atque sententiis, tàm ex divinis quam etiam ex humanis scripturis. Prologue du livre.

des anges et des saints dans le ciel, font nécessairement la principale partie de cet ouvrage.

Ces cinq ouvrages, *De Filio Dei*, *De Laudibus Mariæ*, *De sancto Johanne evangelistâ*, *De Eruditione filiorum regalium*, *Tractatus consolatorius*, n'ont été imprimés qu'une fois, en un fort volume in-folio, à Bâle, par Hammerbach, sous ce titre collectif : *Opuscula Vincentii Bellovacensis*, *Basileæ*, *idibus decembris*, *anno* 1481, *à Johanne de Hammerbach.*

VII. De Pœnitentia, *totus ex dictis sanctorum doctorum collectus.* Ce livre existe en 195 chapitres, distribués sous une quinzaine de titres plus étendus. C'est, en général, bien plus et bien mieux que le titre ne paraît l'indiquer ; c'est ce que l'on pourrait appeler un traité de la vie chrétienne et de l'ascétisme chrétien, entièrement basé sur la nécessité de la pénitence, de la prière, de la méditation, des bonnes œuvres. La confession, la componction, la satisfaction, les aumônes, les jeûnes, les mortifications de tout genre, la garde des sens, un réglement de vie, la privation des plaisirs même permis, les vertus les plus austères, occupent nécessairement dans ce livre une très grande place. L'auteur y encourage par la considération des plus puissants motifs.

Cet ouvrage n'a jamais été imprimé : il forme la moitié d'un volume in-folio, manuscrit, à la *Bibliothèque Nationale*, sous le nº 3214 ; il contient 85 feuillets ou 170 pages à deux colonnes, de 41 lignes ; il est bien lisible et bien conservé.

Au livre *de Pœnitentiâ* se rattache le suivant : *Sur l'Oraison dominicale et la Salutation angélique*, que l'on trouve à la suite, dans le même volume manuscrit.

VIII. Expositio Orationis dominicæ et Salutationis beatæ Mariæ Virginis. Cet ouvrage ne se trouve aussi que manuscrit, dans le volume dont nous venons de parler ; il a surtout pour objet l'intelligence des deux principales prières du chrétien et l'édification de ceux qui liront ou entendront cette exposition, faite, comme les autres ouvrages théologiques de Vincent de Beauvais, avec les maximes et les sentences des plus saints docteurs de l'Église. Cette exposition est à la fois dogmatique et morale, une instruction et une exhortation.

IX. Vincent de Beauvais composa encore les ouvrages suivants :

1º *Liber epistolarum ad diversos ;*

2º *Statuts pour la réforme des frères et des sœurs de l'hospice de Beauvais ;*

3° Un grand ouvrage dont l'auteur a extrait lui-même son *Traité de l'éducation des enfants du roi*, et qu'il désigne ainsi : *Opus quoddam universale de Statu principis, ac de totius regalis curiæ, sive familiæ, necnon et de Reipublicæ administratione, ac totius regni gubernatione; non solùm ex divinis Scripturis, verum etiam ex doctorum catholicorum sententiis; insuper etiam ex philosophicis et poeticis confectum* (1).

Ce grand ouvrage universel, sur toutes les branches du gouvernement d'un État, tout composé de passages de l'Écriture et de la tradition catholique, et des maximes des poètes et des philosophes; cet ouvrage, dis-je, n'existe plus, ou du moins ne se retrouve plus ni imprimé, ni manuscrit. Vincent de Beauvais ne l'a peut-être jamais publié; plusieurs parties de cet ouvrage ont dû passer dans le *Speculum majus*, dans lequel l'auteur traite plusieurs fois de lois, de gouvernement, d'administration.

Après les extraits aussi considérables que le livre *De Eruditione filiorum regalium*, et que ceux que l'on trouve dans le *Speculum majus*, sur ces matières, il ne devait pas rester beaucoup de choses de cet ouvrage universel sur l'art du gouvernement. Voilà pourquoi il est vraisemblable, comme nous l'avons déjà dit, que ce grand ouvrage a été fondu dans le *Speculum majus*, dans la partie intitulée : *Speculum doctrinale.*

Vincent de Beauvais composa encore d'autres ouvrages également perdus pour nous. Sa grande réputation fut cause que l'on publia sous son nom un grand nombre d'ouvrages qui n'étaient qu'un extrait, ou une imitation, ou une contrefaçon de ceux qu'il avait composés, ou de quelques-unes de leurs parties. Nous nous contentons d'énoncer ce fait en général, sans nous arrêter à citer les ouvrages ainsi publiés, et qui sont reconnus apocryphes, ou dont l'authenticité est tout à fait douteuse.

Un de ces ouvrages, intitulé *Speculum morale*, formant un fort volume in-folio, a été publié comme faisant partie du *Speculum majus* de Vincent de Beauvais, par les bénédictins de Douai, en 1624; et avant, en 1473, à Strasbourg, par Mentellus; son authenticité a été pendant longtemps discutée : d'après Daunou, il paraît certain qu'on ne peut l'attribuer à notre philosophe.

X. Mais le principal ouvrage de Vincent de Beauvais, celui auquel il est principalement redevable de son immense réputation,

(1) *De Eruditione filiorum regalium*. Prologus.

et dans lequel ses autres œuvres ont été plus ou moins condensées ou refondues, c'est celui qui est connu sous les noms de *Image du monde*, de *Grand Miroir*, de *Spectacle de l'univers*, de *Bibliothèque du monde*. Outre les matières traitées dans les livres que nous avons déjà cités, l'auteur de ce grand ouvrage encyclopédique traite encore d'une infinité d'autres sujets relatifs aux arts et aux sciences, à la philosophie théorique et à la sagesse pratique.

Ainsi, dans la première partie, intitulée *Speculum naturale*, *Spectacle de la nature*, Vincent de Beauvais nous fait connaître Dieu, l'univers, l'homme; il traite de l'œuvre des six jours, et il fait, à cette occasion, un traité universel de toutes les sciences physiques et naturelles : théologie, anthropologie, cosmographie, physique; histoire naturelle, avec ses diverses parties, la zoologie, la botanique, la minéralogie, la géognosie, la météorologie; physiologie, psychologie morale, agriculture et industrie agricole : tels sont, bien réduits sans doute, les principaux sujets traités dans le *Speculum naturale*.

Dans la seconde partie, intitulée *Speculum doctrinale*, Vincent de Beauvais fait une sorte de cosmographie générale des arts et des sciences, comme dans la première il avait fait une cosmographie générale de la nature ou de l'univers. Il traite de la science et de la philosophie considérées en général et dans leurs rapports avec le perfectionnement de l'homme; puis de la logique, de la dialectique, de la sophistique, de la rhétorique, de la poétique; ensuite de la morale, des mœurs, des vertus, des instincts, des passions, des inclinations, de l'éducation, des qualités et des défauts propres aux divers âges; des arts industriels et mécaniques, de la chirurgie et de la médecine, des mathématiques et de la métaphysique; du droit civil et politique, de la jurisprudence, des tribunaux, de l'administration de la justice; et enfin de la théologie et de l'histoire.

L'histoire, avec ses principales divisions, forme à elle seule la troisième grande partie de l'ouvrage, et s'intitule *Speculum historiale*.

Voilà bien des mots, bien des titres, bien des noms de sciences; et cependant ils n'y sont pas tous. Cette nomenclature était nécessaire pour justifier le titre du grand ouvrage de Vincent de Beauvais, et démontrer que c'était une œuvre vraiment encyclopédique.

Tout le monde s'accorde à regarder cet ouvrage comme le monument scientifique le plus complet qui eût paru jusque-là, comme une sorte de statistique ou d'inventaire de toutes les sciences, à cette époque, que les historiens ne sauraient se dispenser de consulter : car sa valeur scientifique était aussi grande qu'elle pouvait l'être, puisque son auteur reproduit constamment ce que les Grecs, les Romains, les Arabes, les Pères de l'Église et les philosophes avaient dit de mieux sur tous les sujets.

Voici comment s'en explique Brucker lui-même, ce grand détracteur des Pères de l'Église et des théologiens du moyen-âge :

« Ces Miroirs philosophiques, dit cet historien, contiennent beaucoup de choses que l'on ne rencontre nulle autre part; parce que Vincent de Beauvais a fait des extraits de plusieurs livres qu'il avait lus et que nous n'avons plus aujourd'hui. Bien plus, nous devons louer Vincent de ce qu'il ne put souffrir que sa manière de traiter son sujet fût circonscrite dans les étroites limites de la philosophie scolastique, qui ne comprenait que la dialectique et la métaphysique, et de ce qu'il voulut comprendre aussi dans son ouvrage la philosophie morale, la philosophie naturelle et même la politique. De cette manière, il fournit à ceux qui ont écrit après lui comme une forêt de sciences et de connaissances utiles (1). »

Le père Touron dit aussi de Vincent de Beauvais :

« Il a écrit pour les personnes de tous les états et de toutes les conditions, comme il a traité de toutes les matières. L'esprit de

(1) Brucker, *Hist. critic. phil.*, t. III, p. 784. Cet historien comprend, sous le nom de *scolastique*, toute la philosophie du moyen-âge; tandis que ce mot désigne seulement la philosophie enseignée dans l'Ecole. Or, lors même que dans les écoles classiques on n'aurait enseigné que la logique, la dialectique et la métaphysique, il ne s'ensuivrait pas que cette philosophie élémentaire fût toute la philosophie du moyen-âge. Cette distinction de la philosophie de l'École, appelée scolastique, et de la philosophie de l'époque, cultivée dans les grands centres de la science catholique; cette distinction, dis-je, est prouvée par les travaux de Hugues, Richard et Gauthier de Saint-Victor; par ceux de saint Isidore de Séville et de saint Anselme, d'Albert le Grand, de saint Thomas d'Aquin et de saint Bonaventure, et de tant d'autres, qui ont traité toutes les parties de la philosophie. Cette méprise de Brucker est encore celle de beaucoup d'hommes de lettres de nos jours. Que dirait-on si l'on jugeait de la philosophie de notre siècle par celle qui s'enseigne dans les écoles?

piété dont il était animé paraît dans tous ses différents écrits, et on est étonné d'y voir, avec beaucoup de netteté, une érudition qui suppose la lecture d'une infinité d'ouvrages, dont il rapporte à propos ce qui fait à son sujet (1). »

Ces témoignages sont confirmés par Echard et Quétif, également dominicains (2); par celui des bénédictins de Douai, éditeurs de l'ouvrage de Vincent de Beauvais, et qui l'ont publié sous un titre extrêmement pompeux ; par celui de Parisot, dans la *Biographie universelle* de Michaud, article *Vincent de Beauvais;* par celui de Daunou, un des continuateurs de l'*Histoire littéraire de la France*, commencée par les bénédictins de Saint-Maur, et continuée par plusieurs membres de l'Institut de France (3).

Quant au mérite intrinsèque de l'ouvrage, au point de vue du plan et de la méthode, de sa valeur littéraire et philosophique, il y a eu des opinions extrêmes bien différentes : 1° les uns n'ont vu dans l'œuvre de Vincent de Beauvais qu'une compilation désordonnée et indigeste, sans conception, sans génie, sans intelligence ; ils ne veulent voir en lui qu'un vil plagiaire, incapable de rien concevoir par lui-même, et qui pille et dévalise tous les auteurs pour s'enrichir de leurs dépouilles; 2° les autres en ont fait un génie incomparable et ont exalté outre mesure son œuvre encyclopédique, en l'appelant la *Bibliothèque du monde*, l'*Histoire de toute la nature*, l'*Encyclopédie de toutes les sciences*, le *Trésor de la philosophie morale*, l'*Amphithéâtre de l'histoire de l'humanité;* un ouvrage si bien composé, à l'aide de maximes et de doctrines des meilleurs auteurs, qu'il n'y en a pas de plus difficile, de plus utile, ni de plus agréable, sous tous les rapports...

D'abord, Vincent de Beauvais n'est point un plagiaire, puisqu'il déclare que son intention était de faire un livre entièrement composé (*contextum*) de textes, de passages, d'extraits des meilleurs auteurs qui ont traité les mêmes matières qu'il aura à traiter dans son ouvrage, et qu'à chaque emprunt d'idées, de textes ou de doctrines, il cite les auteurs d'où il les a tirés.

Son ouvrage encyclopédique n'est pas non plus une œuvre sans intelligence et sans génie : il en suppose, au contraire, beaucoup

(1) *Hist. des hommes illustres de l'ordre de Saint-Dominique*, par le P. Touron, du même ordre.

(2) Voy. *Scriptores ordinis prædicat*, t. I.

(3) *Hist. littér. de la France*, t. XVIII (année 1835).

pour pouvoir condenser ainsi, en quelques volumes in-folio, toutes les connaissances antérieures des Grecs, des Romains, des Arabes, des Pères de l'Église et du moyen-âge, non seulement sur la théologie, la morale, l'histoire, mais encore sur les arts et les sciences. Ne fallait-il pas que l'auteur pût étudier, dans les sources originales, toutes les connaissances humaines, en acquérir l'intelligence philosophique, pour les embrasser toutes dans son vaste génie, pour en faire une statistique si complète, pour les traiter avec tant de méthode, que tout le monde pouvait les étudier, s'en servir comme d'un répertoire universel, et se familiariser aisément avec tous les genres de connaissances?

L'éloge que les bénédictins faisaient de cette œuvre encyclopédique était juste et bien mérité, si l'on considère l'époque où vivait Vincent de Beauvais. Mais cet éloge porte avec lui sa restriction. L'ouvrage de Vincent de Beauvais était une œuvre ingénieuse, et même une œuvre de génie, en ce sens qu'il en fallait beaucoup pour embrasser toutes les sciences, même au degré d'imperfection où elles étaient alors; mais non en ce sens que ce fût une œuvre ayant le mérite de l'originalité, quant au fond des idées, aux découvertes, aux inventions, au style, ou quant à la composition littéraire et philosophique.

L'importance réelle de cette œuvre encyclopédique, son utilité véritable pour le progrès et la diffusion des lumières, l'admiration dont elle fut généralement l'objet, nous sont encore confirmées par le grand nombre de copies manuscrites et d'éditions imprimées qui en ont été faites, malgré son énorme étendue, et nonobstant le grand réveil des arts, des sciences, des lettres et de la philosophie, à l'époque de la renaissance : manuscrits innombrables et jusqu'à sept ou huit éditions différentes!

Cette œuvre de science universelle a fait oublier les autres ouvrages de Vincent de Beauvais, dont plusieurs se retrouvent dans le *Speculum majus*, en tout ou en partie, abrégés ou *in extenso*.

CHAPITRE IV.

IDÉE GÉNÉRALE DU SPECULUM MAJUS ET DE SES PRINCIPALES DIVISIONS.

L'objet général du grand ouvrage de Vincent de Beauvais nous est clairement indiqué par ce qui en a été dit jusqu'à présent. Voici maintenant comment il en expose lui-même la teneur générale, l'ordre, le plan et la méthode, dans son *Prologue*, dans lequel il nous est déjà permis d'entrevoir les pensées philosophiques qui ont présidé à la composition de cette œuvre encyclopédique :

« Tout cet ouvrage, dit-il, contient sommairement :

» D'abord, un petit traité de Dieu, un en trois personnes, créateur de toutes choses ; il traite ensuite du ciel empyrée et de la nature des anges, de l'état et de l'ordre hiérarchique des bons anges, de la ruine et de la méchanceté des anges orgueilleux qui se sont révoltés contre Dieu. Après cela, l'ouvrage traite de la matière informe et de la fabrication du monde, et, en suivant la série de l'œuvre des six jours, il traite, par ordre, de la nature et des propriétés de chaque chose en particulier.

» L'ouvrage traite ensuite de la condition du premier homme, de la nature et des forces de l'âme ; des sens, des parties et des propriétés du corps humain ; du repos de Dieu et de la manière dont il opère ; du premier état de l'homme et du bonheur dont il jouissait dans le paradis terrestre ; de la chute de l'homme et de ses nombreux châtiments ; du péché en général et de ses diverses espèces, des propriétés et des effets qui sont propres à chacun.

» Après cela, on traitera de la réparation de l'homme déchu ; des propriétés de la foi et des autres vertus, selon leur ordre ; des dons du Saint-Esprit et des huit béatitudes.

» Nous traiterons aussi du nombre et de la matière de toutes les sciences.

» En dernier lieu, en suivant la série et l'ordre des temps, notre ouvrage, dit toujours Vincent de Beauvais, contiendra l'histoire des choses mémorables arrivées dans le monde, et des paroles mémorables qui y ont été dites, depuis l'origine des siècles jusqu'à notre temps; le commencement de l'Église à Abel et son développement sous les Patriarches, les Juges, les Rois et les autres chefs, jusqu'aux temps de Jésus-Christ et des Apôtres, d'après l'ordre de l'Histoire sainte. Nous rapporterons en même temps beaucoup de choses utiles sur les actions et les discours des peuples païens.

» Ensuite nous raconterons avec plus d'étendue l'histoire ecclésiastique, en suivant la succession des empereurs romains, jusqu'à Frédéric, qui fut empereur de notre temps.

» En traitant de toutes ces matières, le présent ouvrage ne cesse pas, dès le principe, de rappeler, chacun en son temps, les autres grands événements; l'origine des royaumes, la succession des rois, les guerres et les combats; les erreurs, les actions et les paroles remarquables des païens, des juifs, des hérétiques, et le nom des livres des philosophes et des poètes.

» Cet ouvrage fait aussi connaître l'institution, la forme et les effets des sacrements anciens et nouveaux; les progrès variés et nombreux de l'Église à travers les temps; le nombre et l'ordre des persécutions qu'elle a endurées, principalement sous l'empire des Romains, sous le règne de ses divers empereurs; les actions louables, les souffrances et les miracles des saints, savoir des Apôtres, des Confesseurs, des Vierges et des Martyrs.

» Enfin, cet ouvrage contiendra aussi les actions mémorables, les noms des livres, et des extraits nombreux des docteurs catholiques; les canons et les statuts des conciles et des pontifes romains; les conversations et la manière de vivre des saints ermites; les règles et les instituts des saints Pères; les commencements et les développements des divers ordres religieux et des différentes professions.

» Nous traiterons en dernier lieu dans cet ouvrage, dit toujours Vincent de Beauvais, du mélange actuel des bons et des méchants, des divers états des âmes séparées du corps, de l'ordre des choses dans le siècle à venir, de la venue et des actions de l'Ante-Christ, de la fin du monde, du jour du jugement, de la résurrection des morts, de la glorification des saints, des supplices des réprouvés (1).

» La multitude infinie de matières comprises dans ces indica-

(1) Prologue, chap. xv.

tions, dit toujours Vincent de Beauvais, peuvent convenablement être divisées en trois parties principales :

» 1° L'UNE NATURELLE, qui embrasse toute l'histoire et toute la philosophie de la nature, et traite de la nature des choses, de leurs propriétés, de leurs lois, de leur distinction numérique, en un mot, de tout ce qui regarde les êtres, leur existence dans le temps et l'espace, la situation des lieux et la supputation des temps.

» 2° L'AUTRE DOCTRINALE, qui comprend une somme abrégée de tous les arts et de toutes les sciences, depuis la grammaire et les autres arts libéraux jusqu'à la théologie et à la métaphysique. Cette partie fait connaître les matières que l'on embrasse et l'ordre que l'on suit dans leur enseignement. Dans la *morale*, cette partie doctrinale traite des affections et des inclinations de l'âme, des vertus et des vices, de la loi et de la grâce, des obligations et des devoirs qui doivent régler toute la conduite.

» 3° LA DERNIÈRE ENFIN EST HISTORIQUE, et contient une histoire universelle de l'homme et du genre humain, depuis le commencement du monde jusqu'au milieu du XIIIe siècle. Elle comprend, d'occasion, comme nous l'avons déjà dit, des notions historiques sur la littérature, les arts, les sciences, les systèmes des philosophes, les grandes erreurs qui ont été enseignées dans le monde, l'établissement des royaumes et des empires et des divers genres de civilisation. Cette partie *historique* est un complément nécessaire des deux précédentes (1). »

Notre philosophe s'efforce ensuite de montrer comment ces trois parties sont parfaitement distinctes par la nature spécifique des matières qu'elles embrassent, et comment, sous d'autres rapports, elles se supposent et se compénètrent mutuellement, pour s'unir d'une manière intime, se prêter un mutuel secours et s'éclairer réciproquement. C'est ainsi qu'elles contribuent à la réhabilitation, au perfectionnement et au bonheur de l'homme (2).

Ainsi, il n'est rien que Vincent de Beauvais n'ait cru devoir embrasser dans son encyclopédie de toutes les sciences, dans sa grande contemplation du monde, *Speculum majus*. Et, pour que l'on ne pût pas se méprendre sur son intention, il commence par

(1) Ces quatre alinéas sont l'abrégé de plusieurs chapitres du Prologue, dans lesquels Vincent de Beauvais expose le plan général de son grand ouvrage : *Speculum majus*.

(2) Prologue, chap. IV-VIII.

établir, dans son Prologue, que la science est, de sa nature, universelle; que c'est avec raison qu'il a voulu tout embrasser dans son vaste compendium de toutes les connaissances humaines.

Puis, suivant toujours la même pensée, notre auteur fait l'apologie de chaque partie de son grand ouvrage, pour montrer l'utilité, l'étendue et l'importance naturelles des sujets qui y sont traités. « L'homme, dit-il enfin, cet abrégé des merveilles de la création, ce petit monde, cette créature universelle, faite à l'image et ressemblance de Dieu, doit être lui-même, par sa pensée et par sa sagesse, l'image vivante de l'univers, le grand miroir universel, dans lequel devront se réfléchir Dieu, le monde et l'humanité (1). »

L'amour de la science pour elle-même, étant le plus bel ornement de l'âme et la plus puissante exhortation à la vertu et à la piété, fut aussi le principal motif qui soutint Vincent de Beauvais dans ses travaux et ses études, dans ses recherches et la composition de son grand ouvrage. « La vie de l'homme est courte, dit-il, sa mémoire peu capable et très oublieuse, les livres nombreux et la science immense. Il sera donc très utile de faire un compendium, un recueil abrégé de tout ce que les docteurs catholiques et les auteurs païens, les poètes et les philosophes, les historiens et les savants, ont dit de plus vrai et de plus utile sur les diverses branches de la science, d'autant que, dans ces derniers temps, par la négligence des auteurs et des copistes, il règne une grande confusion dans les citations que l'on fait des anciens qui ont écrit sur ces matières, au point de ne plus pouvoir reconnaître ce qui appartient aux uns ou aux autres.

« Quant à nous, dit Vincent de Beauvais, nous citons par nous-même ou après avoir vérifié les textes, et non d'après les autres; nous indiquons l'ouvrage et l'auteur que nous citons, et nous le transcrivons fidèlement nous-même ou par la main de nos copistes. Puissent nos efforts et nos travaux contribuer à l'établissement des dogmes de notre foi, à la formation des bonnes mœurs, à l'accroissement de la piété, de la charité, de la ferveur et du zèle parmi les fidèles! »

Vincent attachait la plus grande importance à la propagation et à la diffusion des lumières. La raison et la sagesse ont toujours été le caractère distinctif de l'homme, et le principe du bien penser

(1) Prologue, *ibid.*

et du bien agir (1). Cependant il n'ignorait pas les critiques que des esprits chagrins et méticuleux, comme il y en a dans tous les temps, faisaient contre son entreprise : les uns la trouvaient d'une longueur désespérante; les autres la regardaient comme une nouveauté dangereuse; d'autres attaquaient ou la partie physique, ou la partie doctrinale, ou la partie morale, ou la partie historique; d'autres enfin n'en comprenaient pas l'utilité ni la convenance. Ils ne pouvaient s'accoutumer avec l'idée d'une science universelle, ni avec cette multitude de citations tirées de sources et d'autorités si diverses, ni avec cette composition en un seul corps d'ouvrage, en un seul système philosophique, de doctrines d'une origine et d'une nature si différentes. Vincent de Beauvais aborda franchement toutes ces difficultés, et il ne se les dissimulait pas. Voici comment il répond à celles qui étaient les plus spécieuses.

« Je suis certain, dit-il, et je me confie dans le Seigneur, que cet ouvrage ne sera pas peu utile, non-seulement à moi, mais encore à quiconque l'étudiera avec attention. Non-seulement il est très propre à faire connaître Dieu en lui-même et dans les créatures visibles et invisibles, et, par cela même, à le faire aimer, à allumer le feu sacré de la piété et de la charité dans les cœurs, par les exemples et les sentences enflammées d'un grand nombre de docteurs; mais il est encore très utile pour la prédication, les lectures, la controverse, la solution des difficultés et des objections, et, généralement, pour expliquer clairement presque toutes les questions de morale, d'art ou de science (2).

» Quant aux autres reproches, dit-il encore, je veux dire ceux de longueur et de nouveauté, il s'agit de s'entendre. Mon ouvrage est long, sans doute, si vous considérez l'étendue des matières qu'il embrasse, la grosseur de ses volumes, la multitude infinie de notions utiles qu'il renferme; le tout ramené à l'unité philosophique d'un enseignement doctrinal. Mais devons-nous nous étonner si la science est grande, puisqu'elle embrasse Dieu, l'univers et l'homme, la religion, la morale, l'histoire, les arts et les sciences? Étonnez-vous plutôt de ce que Vincent de Beauvais a pu concentrer dans un si petit abrégé tant de vérités et de doctrines différentes, éparses dans une multitude infinie d'ouvrages.

(1) Prologue, chap. I-IV.
(2) Prologue, chap. IV.

Bien loin que mon ouvrage soit trop long, dites donc, au contraire, qu'il est infiniment trop petit; mais il n'est tel, comme nous l'avons dit, qu'à cause de la faiblesse de l'esprit humain, et du peu de temps que les hommes daignent accorder à la culture de la plus précieuse de leurs facultés, la raison (1). »

Vincent de Beauvais continue : « Mon ouvrage est nouveau, dites-vous; il est moderne : par la composition, le recueil, le choix, l'ordre et l'arrangement des matières, c'est indubitable ; qui pourrait le nier et soutenir le contraire, puisque c'est moi qui l'ai fait? Mais, ajoute-t-il, la manière dont je procède n'est pas tout à fait sans exemple, comme nous verrons bientôt; et mon ouvrage est réellement bien ancien par la nature des matières qui y sont contenues, par l'ancienneté des sources d'où je les ai tirées, par la vénérable antiquité des autorités, des savants et des docteurs sur lesquels s'appuient nos enseignements et nos doctrines. Enfin, ancien ou moderne, je ne crains pas de le dire, mon ouvrage n'en est pas moins préférable, pour la généralité des hommes, à tous les anciens, en ce qu'il offre, en un même corps de doctrine un recueil de tout ce qu'ils ont écrit de mieux sur les diverses parties de la science (2). »

Vincent de Beauvais répond ensuite au reproche d'inopportunité et d'inutilité, en passant en revue les principales parties de son ouvrage et les divers avantages que l'on en pouvait retirer.

« Eh! quoi, s'écrie-t-il, est-il donc nécessaire encore de démontrer longuement combien il est utile d'entretenir les hommes des vertus et des vices, de tout ce qui appartient à l'édification publique, et de ce qui peut contribuer à l'entretien et à l'évidence de la foi parmi les peuples? Ces avantages sont assez évidents par eux-mêmes, et sont un résultat assez clair de toute la partie dogmatique et morale de notre ouvrage, pour qu'il ne soit pas nécessaire d'y insister longuement. »

« Si, dans un grand nombre de cas, dit-il encore, l'utilité de chaque partie de mon livre, prise en particulier, n'apparaît pas toujours d'une manière évidente, souvenons-nous que l'homme est fait pour connaître la vérité par amour pour elle-même, et non pas seulement en vue du profit égoïste que l'on en peut retirer dans le temps présent. Voilà pourquoi, s'il y a bien des

(1) Prologue, passim. — *Speculum doctrinale,* lib. I, passim.

(2) Prologue, passim.

choses qu'il est inutile de savoir, il y en a beaucoup qu'il serait honteux d'ignorer, et bien plus encore que notre esprit est appelé à connaître, et qui peuvent l'orner et l'embellir en le perfectionnant (1). »

Comme on voit, Vincent de Beauvais ne convient nullement de cette prétendue inutilité de la science, ni en général, ni en particulier : selon lui, toutes les sciences et toutes les connaissances sont utiles en soi, ne fût-ce que comme perfectionnement de la raison et de l'intelligence. Guidé par cette pensée, il fait l'apologie de chaque partie de son ouvrage, en démontrant les avantages qui se rattachent à chacune d'elles. Il commence par l'utilité de l'histoire.

Dans le *Miroir historique*, Vincent embrasse l'histoire sacrée et l'histoire profane, l'histoire de l'Église et l'histoire des royaumes et des empires, l'ordre chronologique des événements, la succession des dynasties, des rois, des empereurs, des pontifes, des divers États, de leurs gouvernements, de leurs guerres et de leurs révolutions. Les docteurs catholiques et les apologistes de la religion chrétienne se servent avantageusement de toutes les connaissances fournies par l'histoire pour fixer les événements qui ont rapport à la foi chrétienne, pour démontrer la vérité historique de plusieurs dogmes chrétiens, niés par les païens et les hérétiques, et en tirer diverses instructions morales et édifiantes.

« Par exemple, dit Vincent de Beauvais, ces guerres fameuses dans l'histoire, qui ont ravagé le monde avant que notre roi pacifique, Jésus-Christ, eût prononcé sur son peuple des paroles de paix, peuvent nous apprendre avec quelle ardeur il nous faut combattre contre les ennemis spirituels, pour le salut de notre âme et la gloire éternelle qui nous est promise; puisque les infidèles ont combattu avec tant d'ardeur pour leur salut temporel, et pour acquérir, défendre ou conserver une gloire tout humaine, dont le temps ne tardait pas de flétrir l'éclat.

» Dans ces massacres continuels d'hommes, on voit la colère de Dieu contre les païens qui le méconnurent, et qu'il abandonna, à cause de cela, à leur sens dépravé et féroce, en sorte que, dans leurs guerres d'extermination, ils se massacraient les uns les autres comme de vils troupeaux qui encombrent inutilement ou ignominieusement la surface de la terre.

(1) Prologue, ch. VII.

» Il n'en est pas ainsi du peuple de Dieu, c'est-à-dire des Juifs et des chrétiens. Car les premiers ont échappé, par un prodige évident, à l'extermination qui a effacé, depuis longtemps, de la surface de la terre, tous ces peuples qui les avaient opprimés ou persécutés, les Egyptiens, les Chaldéens, les Perses, les Assyriens et les successeurs de Séleucus Nicator : les seconds, malgré les persécutions à outrance des Juifs, des Romains et des hérétiques, ont survécu à leurs cruels ennemis, se sont de plus en plus répandus dans le monde entier, et forment plusieurs nations puissantes, chez lesquelles la guerre n'aboutit plus, comme chez les anciens, à l'extermination, ou à l'esclavage, ou à l'extinction complète, comme nations, des peuples vaincus. »

Bossuet, et plusieurs historiens après lui, ont aussi remarqué cette révolution opérée par le christianisme dans le droit des gens, en ce qui regarde la paix et la guerre.

Quant à la nécessité de l'histoire pour constater les faits sur lesquels repose la divinité de la religion, elle est évidente par elle-même; et les plus grands docteurs des premiers siècles de l'Eglise en ont tiré un parti merveilleux pour établir les dogmes fondamentaux du christianisme, et réfuter les philosophes, les païens et les hérétiques.

Ces observations se sont justifiées dans ces derniers temps d'une manière vraiment remarquable ; et c'est un grand mérite pour Vincent de Beauvais d'avoir entrevu la nécessité de donner à l'histoire une importance beaucoup plus grande que celle qu'on lui donnait généralement. Ses considérations sur cette branche de l'instruction, et les vues philosophiques qui dominent dans le *Miroir historique*, ne seraient point déplacées dans ce que nous appelons la philosophie de l'histoire.

Nous reproduisons, dans le chapitre suivant, la réponse de Vincent de Beauvais aux autres objections que l'on faisait encore contre son grand ouvrage, savoir : 1° la prétendue inutilité des sciences physiques pour la science sacrée, qui est d'une nature toute morale et toute religieuse; 2° l'emploi de la philosophie, des sciences profanes et des lettres humaines pour traiter des sujets théologiques; 3° l'étude et les citations des poètes, des historiens, des savants et des philosophes qui ont existé hors du sein de l'Eglise.

C'est avec raison que Vincent de Beauvais insiste sur cette association de la philosophie et des sciences avec l'étude de la théologie, sur l'étude simultanée de la théologie, de la physique et de l'anthropologie.

En effet, la théologie et la philosophie, la religion et les sciences, les belles-lettres humaines et la connaissance des saintes Ecritures et de la parole de Dieu, sont des parties essentielles d'une seule et même disposition de l'esprit, d'un seul et même don divin, qui est la sagesse (1).

Sans la religion et la piété, les sciences nous enorgueillissent, nous corrompent, nous poussent au sensualisme ou au scepticisme. « Qui connaît Dieu, dit Platon, est nécessairement sage et vertueux; qui ne le connaît pas est nécessairement ignorant et vicieux (2). »

D'un autre côté, sans la science des choses de la nature et la philosophie, la religion dégénère facilement en superstition. « Sans l'explication véritable des phénomènes de la nature, dit Cicéron, on ne peut ni comprendre quelle doit être notre piété envers la Divinité, ni quelles actions de grâce nous devons lui rendre (3). »

Il faut donc connaître Dieu et le monde, et se connaître soi-même. « Dieu, dit Salomon, a tout ordonné pour que chaque chose fût belle en son temps : il a gravé dans l'esprit humain l'image du monde même. Cependant, l'homme ne peut concevoir parfaitement l'œuvre que Dieu exécute depuis le commencement jusqu'à la fin; mais l'esprit de l'homme est comme le flambeau de Dieu, à l'aide duquel l'homme découvre les secrets les plus intimes que Dieu a cachés dans la nature (4). »

(1) Voy., plus bas, le chap. intitulé : *Philosophie, métaphysique, théologie; leurs rapports et leur union dans la sagesse.*

(2) Platon, *Théétète.*

(3) Cicéron, *De Finibus*, III, 22.

(4) Proverbes. — Sagesse.

CHAPITRE V.

UTILITÉ DES BELLES-LETTRES ET DES SCIENCES POUR L'ÉTUDE DE LA THÉOLOGIE (1).

Les belles-lettres, les sciences profanes et les arts libéraux peuvent contribuer au bien de la religion sous bien des rapports : c'est un devoir pour les chrétiens savants de les faire servir à cette fin.

Le grand ouvrage de Vincent de Beauvais, le *Speculum majus*, est composé à ce point de vue. Il veut parvenir à une foi éclairée et raisonnable, ramener les arts et les sciences à la théologie, les faire servir aux progrès de la foi, des bonnes mœurs et de la religion, et fonder un enseignement théologique et scientifique. Vincent de Beauvais ne concevait pas ce partage de l'esprit humain entre les sciences sacrées et les sciences profanes, ni surtout cet antagonisme naturel ou nécessaire que l'on a imaginé de nos jours entre les données ou les résultats de ces deux ordres de nos connaissances. Il pensait, au contraire, avec saint Paul et l'auteur de la Sagesse (2), que le spectacle de la nature, au moyen des sciences, était très propre à nous faire connaître et aimer son divin auteur.

« De même, dit-il, qu'une œuvre nous rappelle naturellement l'auteur qui l'a faite, celui qui en est la cause et qui l'a produite; ainsi la description des phénomènes de la nature, leur explication par leurs causes, leurs propriétés, leurs effets, leur contemplation poétique, religieuse et philosophique, sont tout autant d'hymnes à la gloire du Dieu créateur. De là les preuves de l'existence de Dieu et de la divine Providence, tirées de la création, de l'ordre et du gouvernement du monde, par lesquels se manifestent sa puissance, sa sagesse, sa bonté, c'est-à-dire son existence et

(1) Voy. le Prologue du *Speculum majus*. — Le traité *De Eruditione filior. regal.*, cap. XVI.

(2) Voy. saint Paul, *Ep. ad Rom.*, cap. 1, 2, 3. — *Sapient.*

sa providence par rapport à l'univers et à l'homme. La nature est donc le livre de Dieu et le monument de Dieu, pour qui sait lire, voir et comprendre, et les sciences naturelles sont l'explication de ce livre et de ce monument, par lesquels Dieu manifeste à toutes les créatures son existence, ses perfections, ses bienfaits (1). »

C'est pourquoi Vincent de Beauvais entreprend d'exposer ces sciences avec toute l'exactitude dont il est capable ; et il ne peut s'arrêter à l'idée qu'aucun homme puisse les regarder comme inutiles, pour peu qu'il soit raisonnable et capable de lire lui-même, à l'aide des lumières de la raison, dans le grand livre de la nature, dans lequel la puissance, la sagesse et la bonté d'un Dieu créateur, ordonnateur et conservateur du monde, sont écrites en caractères si lisibles, si ineffaçables.

Car, comme le dit notre grand saint Basile, « ceux qui s'élèvent avec intelligence des choses visibles à la vérité invisible, perçoivent d'une manière certaine tous ces monuments du suprême bienfaiteur, dans la terre et dans l'air, dans les eaux et dans le ciel, et partout où l'on peut en apercevoir. C'est ainsi que, le Seigneur s'attachant, pour ainsi dire, à tous les sens, il ne reste pas de temps pour pécher, et il n'y a plus lieu, pour l'ennemi de notre salut, de nous suggérer des choses mauvaises qui nous soient funestes. »

« A cet avantage, continue Vincent de Beauvais, s'en joint un autre qui ne saurait être méconnu ou dédaigné des docteurs, des prédicateurs, ni d'aucun de ceux qui exposent les saintes Ecritures, qui défendent la foi catholique contre les infidèles ou les hérétiques, etc., etc... En effet, comme la beauté de ce monde inférieur lui-même est admirable ! Comme elle est agréable à la raison, quand elle considère attentivement, non-seulement les modes, les nombres et l'ordre des choses qui sont placées dans le monde d'une manière si régulière et si convenable, mais encore les révolutions des temps qui se déroulent et se développent par la naissance et la mort des différents êtres, par l'apparition, la retraite et la succession des divers phénomènes de la nature.

» Sans parler ici de ceux qui ont le cœur pur, et dont le privilége est de voir Dieu et de se délecter dans cette contemplation, quant à moi, le dernier des pécheurs, encore tout plongé dans les souillures et les illusions des sens, je me sens cependant affecté d'une

(1) Ces idées sont souvent exprimées par Vincent de Beauvais.

certaine suavité spirituelle envers le créateur et le recteur du monde, et j'ai pour lui une plus grande vénération et un plus profond respect, lorsque je contemple en même temps et la grandeur de l'œuvre de la création, et sa durée, et sa beauté, et sa magnificence. En effet, malgré sa dégradation et son abaissement, l'âme s'élève quelquefois un peu au-dessus des affections terrestres et sensibles où elle est plongée, jusqu'à la lumière de la contemplation. De là, comme d'un lieu éminent, elle considère d'un seul regard la grandeur du monde, la multiplicité infinie des créatures, la durée totale de l'univers, la succession des êtres, des faits et des phénomènes ; et de cette contemplation, l'âme s'élève, au moins par les yeux de la foi et par la vue de l'esprit, jusqu'à contempler la grandeur infinie, la beauté incomparable et l'éternité sans fin du Créateur lui-même. Car le monde, par son immensité, imite comme il peut l'infinité de Dieu ; par sa durée indéfectible dans la succession des êtres et des phénomènes qui passent, il nous rappelle son éternité ; et par la multitude et l'harmonie de ses parties, il nous représente, tant bien que mal, sa beauté sans tache et ses perfections infinies (1). »

On ne saurait renoncer à de si grands avantages sous prétexte que ce serait aspirer orgueilleusement à une science universelle ; qu'une telle science est inutile à un chrétien éclairé des lumières de la foi, et que, pour fonder une telle science, on est souvent obligé de recourir aux sciences mondaines et aux auteurs profanes.

Cette aspiration de l'âme, dit Vincent de Beauvais, vers une science universelle et supérieure, n'est pas nécessairement une orgueilleuse prétention, puisqu'une telle science est le but de toute activité et de toute perfectibilité intellectuelle de l'homme, et qu'il est dans la nature de la science d'être universelle, comme nous l'avons déjà démontré.

D'ailleurs, ajoute-t-il, la tentative que nous faisons pour fonder une telle science n'est pas tout à fait sans exemple, même de notre temps : car, sans parler ici des docteurs des premiers siècles de l'Église, si remarquables par l'universalité de leurs connaissances, n'avons-nous pas eu, nous aussi, nos docteurs universels, Isidore Hispalensis, Hugues et Richard de Paris ou de Saint-Victor, etc., etc. ? Mais, dit Vincent de Beauvais, comme

(1) Prologue., chap. VI et alibi, passim.

ceux-ci ont plutôt désiré de fonder une science universelle qu'ils ne l'ont fondée réellement, comme ils n'ont fait qu'en effleurer légèrement les diverses parties, je me suis mis moi-même à étudier les philosophes qui ont traité plus longuement chaque question, et j'en ai extrait, aussi bien que j'ai pu, tout ce qu'il y avait de mieux.

Ajoutez à cela, dit encore Vincent de Beauvais, que, bien loin d'être inutiles ou étrangères à la science divine, toutes les sciences sont ses servantes, et qu'elle est leur reine et leur souveraine : c'est ce qui fait que, de tout temps, elles ont souvent été employées pour établir les dogmes de la foi chrétienne, conformément aux usages apostoliques. « Lorsque quelqu'un, dit saint Pierre, apôtre, dans une épître jointe à l'itinéraire de saint Clément, a reçu des saintes Ecritures une règle complète et sûre de ce qu'il doit regarder comme vrai, il pourra, sans absurdité, employer à l'établissement des dogmes véritables les connaissances qu'il aura acquises peut-être dans son enfance par une instruction libérale (1).

Vincent de Beauvais répond à peu près de la même manière au reproche d'avoir cité souvent les poètes, les philosophes, les historiens, les savants, tous les auteurs profanes. Il s'appuie d'abord sur l'exemple des saintes Ecritures elles-mêmes, où l'on trouve ces sortes de citations; ensuite sur l'usage des plus grands docteurs de l'Eglise, si remarquables par leur immense érudition, tant profane que sacrée; enfin sur une justification raisonnable de cet usage, tirée de saint Jérôme, auquel un envieux calomniateur faisait le même reproche.

« Tu me demandes, lui dit l'illustre docteur, pourquoi, dans nos modestes ouvrages, nous citons quelquefois des exemples tirés d'auteurs profanes, souillant ainsi la pureté de l'Église des restes impurs des auteurs païens. Tu ne me ferais pas ce reproche si tu lisais les saintes Écritures sans prévention, et si tu ne connaissais pas toi-même les auteurs profanes. En effet, ne voyons-nous pas, dans Moïse, les Prophètes et les Apôtres, des citations de ce genre?

» D'ailleurs, le Seigneur prescrit ceci dans le Deutéronome : Si une femme captive vous plaît et que vous vouliez l'épouser, il

(1) Voy., plus bas, le chap. intitulé : *Philosophie, métaphysique, théologie; leurs rapports et leur union dans la sagesse.*

faut préalablement lui raser la tête et les sourcils, lui couper les ongles et tous les poils du corps, et l'épouser ensuite. Qu'y a-t-il donc d'étonnant si moi aussi, voulant épouser la philosophie à cause des grâces de son éloquence et de la beauté de ses divers membres et de ses différentes parties, d'étrangère et de captive qu'elle était, je la fais israélite et chrétienne, afin de la prendre ensuite pour épouse; si j'en retranche le venin mortel de l'idolâtrie, de l'erreur, du sensualisme, de la volupté et des autres passions, pour l'embrasser ensuite, ainsi purifiée et sanctifiée, dans un amour également pur et saint, et donner au Seigneur Dieu des armées, des enfants purs et sans tache. »

De plus, ajoute Vincent de Beauvais, n'est-il pas évident que, de même que nous citons les auteurs sacrés pour établir la foi, les dogmes et la morale de notre sainte religion; ainsi, nous ne pouvons citer que les philosophes et les savants pour toutes les questions qui ne sont pas résolues dans les auteurs sacrés. C'est pour cela que nous citons les mathématiciens pour les mathématiques, les physiciens pour les choses physiques, les médecins pour la médecine et la physiologie, les historiens païens pour l'histoire de leurs nations. Et si, dans ces divers auteurs, il y a des choses conformes à notre foi, ou qui, sans la contredire, peuvent nous être utiles, nous les acceptons avec joie et reconnaissance comme venant originairement de Dieu, source première de tout ce qui est bon, vrai ou utile. Car c'est à nous qu'il est dit : *Omnia probate; quod bonum est tenete;* expérimentez toutes choses, et retenez ce qui est bien.

Ce qui faisait dire à saint Jérôme contre l'hérétique Vigilance : « *Operis et studii mei est multos legere, ut ex plurimis diversos carpam flores, non tam omnia probaturus, quam quæ sunt bona electurus;* l'objet de mon travail et de mes études est de lire beaucoup de livres afin d'y cueillir une grande variété de fleurs, moins pour le vain plaisir de tout éprouver par moi-même, que par l'intention plus louable d'en recueillir beaucoup de biens (1). »

Je n'ignore pas, reprend Vincent de Beauvais, que les philosophes et les savants ont enseigné beaucoup de choses différentes et même contradictoires : ils ne sont pas toujours d'accord entre eux, ni avec eux-mêmes, ni avec les dogmes catholiques. Mais, dit-il, c'est un résultat inévitable de l'imperfection humaine, et

(1) Prologue, chap. XII et alibi, passim.

c'est à nous d'exercer notre raison et de faire preuve de bon jugement, en choisissant ce qui est meilleur et plus parfait, en citant seulement ce qui est conforme à nos saintes croyances ou ne leur est pas opposé, en réfutant ce qui y est contraire, en corrigeant ce qui est défectueux, en redressant, les uns par les autres, les savants et les philosophes.

Le bon sens nous apprend, en effet, dit-il toujours, que, dans l'ordre de la nature, il y a des choses qui peuvent être utiles ou nuisibles, selon les temps et les circonstances ou selon l'usage que l'on en fait. Nous ferons donc ici l'office d'un bon médecin qui change le poison en remède, qui utilise les choses saines dans l'hygiène, qui use de tout avec discernement et à propos, qui consulte les auteurs compétents pour les choses de l'ordre de la nature, et qui, dans le doute et les contradictions, suit une règle supérieure dictée par la sagesse et la prudence, ou s'en tient aux lumières de sa propre raison.

Nous devons en user de même, dit notre auteur, avec les livres apocryphes, et, en général, avec tous les livres qui n'ont pas pour nous une autorité sacrée et incontestable comme les saintes Écritures, les canons des conciles, les décisions de l'Église. Nous devons appliquer à tous ces livres qui ne font pas règle de foi ce que disait saint Jérôme : « Mon occupation et mon désir sont de lire beaucoup de livres, et de cueillir les différentes fleurs que je puis y rencontrer. »

Il ne faut donc pas croire, ajoute Vincent de Beauvais, que tous les livres cités dans notre ouvrage, ou dans ceux des autres auteurs catholiques, aient la même autorité. On doit dire, au contraire, comme saint Augustin dans son *IIe livre contre Fauste :* « Nous sommes de ceux auxquels l'Apôtre dit : Si votre sagesse vous apprend quelque autre chose que ce que je vous ai enseigné, sachez que c'est Dieu même qui vous le révèle également. Cependant ces sortes d'ouvrages doivent être reçus, non à cause de leur autorité, mais à cause de leur utilité pour le progrès de notre raison ; nous les lisons, non par la nécessité d'y croire, mais avec la liberté de juger ce qu'ils nous enseignent. C'est pourquoi les catholiques distinguent deux sortes d'écrits : les canoniques, qui font autorité et sont la loi et la règle de nos croyances, de notre conduite et des recherches de la raison ; puis tous les autres livres, dont l'Église permet l'usage pour ne pas ôter aux chrétiens l'occasion de se livrer aux exercices si salutaires et si utiles de la parole, de l'éloquence, de la dialectique, du style ou de la diction, et des investigations difficiles de la science et de la philosophie. »

Or, reprend Vincent de Beauvais, l'ordre hiérarchique en excellence et en autorité des livres que nous avons à citer, est celui-ci :

1° Les Écritures canoniques ;

2° Les décrets de l'Église, des papes, des conciles;

3° Les Docteurs de l'Église, dont la doctrine est recommandée;

4° Les savants, les philosophes et les historiens profanes, pour les choses qui sont de leur compétence;

5° Les poètes et les orateurs, pour les vérités de l'ordre naturel qu'ils ont bien dites, pour les belles pensées et les beaux sentiments qu'ils ont bien exprimés.

L'Église a toujours reconnu en théorie comme en pratique : 1° que la raison de l'homme, quoique déchue et dégradée, n'était pas dans une complète impuissance pour les vérités de l'ordre naturel, mais qu'elle pouvait se livrer à leur recherche avec beaucoup d'avantages; 2° que l'homme, quoique non entièrement dépouillé, par la chute, de toutes les vérités de l'ordre surnaturel, ne pouvait pas, par ses seules forces naturelles, demeurer dans cet ordre, ou s'y élever par ces mêmes forces; 3° que la révélation et la grâce du christianisme étaient nécessaires pour maintenir ou réintégrer le genre humain dans l'ordre surnaturel, et que les lettres humaines, la philosophie, l'histoire, les beaux-arts et les sciences dites naturelles et profanes, avaient été et étaient encore très utiles pour préserver l'homme du matérialisme et de la barbarie, pour préparer le genre humain au christianisme, pour formuler, orner et embellir des formes poétiques, oratoires et philosophiques, la science sacrée appelée la théologie.

Notre philosophe, qui savait parfaitement toutes ces choses, qui aspirait à saisir les harmonies de la foi et de la science, qui voulait établir les rapports qui unissent, dans l'homme et l'univers, l'ordre naturel et l'ordre surnaturel, qui désirait fournir aux prédicateurs et aux théologiens les moyens les plus faciles d'élever les âmes de l'ordre de la nature où elles sont plongées à l'ordre surnaturel de la grâce auquel elles doivent aspirer, par la méthode *du plus connu au moins connu, du plus facile au plus difficile;* Vincent de Beauvais, dis-je, ne se méprenait pas sur la nature des secours que, humainement parlant, la science sacrée pouvait recevoir des sciences naturelles ou profanes; et, en citant les divers auteurs, il n'accordait pas la même autorité aux écrivains inspirés et aux philosophes, à la Bible et à Aristote, comme l'ont dit si souvent, entre autres sottises contre le moyen-âge chrétien et catholique, cette foule d'écrivains rhapsodes, sans instruction personnelle et mûrie par de longues études, qui, dans ces derniers temps, ont défiguré notre littérature classique. Vincent de Beauvais, comme nous l'avons dit, distingue au contraire avec soin les divers degrés d'autorité et de confiance que l'on doit accorder et reconnaître aux différentes sources d'où il va tirer les matériaux de son ouvrage encyclopédique.

Nous ne citons pas, dit-il, au même titre, ni avec la même foi, ni avec la même confiance, saint Paul et Aristote, les auteurs sacrés et les livres profanes, les philosophes et les docteurs de l'Église, les livres canoniques et les apocryphes, les livres usités dans l'Église et ceux qui lui sont étrangers... L'autorité des livres usités peut donc varier beaucoup : leur autorité peut être suprême et absolue, ou infime et nulle, ou bien enfin d'une valeur moyenne ou médiocre. « Nous lisons les uns, dit saint Augustin, Epître à saint Jérôme, et nous croyons ce qu'ils enseignent, sans nous permettre de les contredire; et nous lisons les autres, quelque saints ou quelque savants que soient leurs auteurs, non pour croire tout ce qu'ils disent, par cette seule raison qu'ils l'ont dit; mais seulement autant que des autorités ou des raisons irrécusables nous permettent de regarder ce qu'ils enseignent comme certain, probable, ou non contraire à la foi ou à la raison. »

Tels sont les principes généraux qui ont présidé à la composition du grand ouvrage de Vincent de Beauvais. On ne peut leur reprocher ni le défaut de grandeur, ni l'absence de vues philosophiques, ni la témérité ou le défaut de jugement et de critique. L'ouvrage a répondu à un si beau plan, autant du moins que le comportait alors l'état des esprits et des connaissances humaines. Tel qu'il est, il mérite certainement d'être compté parmi les anneaux les plus brillants de la chaîne traditionnelle de la théologie, de la morale, de la philosophie, des arts et des sciences.

Si la partie positive et physique de cette magnifique compilation n'a plus, pour nous, le même intérêt, à cause des progrès qui ont été faits dans ces sciences, c'est un inconvénient commun à tous les ouvrages scientifiques : leur lecture est ennuyeuse et peu utile; il n'y a que les historiens, les érudits, les savants spéciaux qui puissent s'en occuper avec avantage, pour suivre la pensée humaine et les sciences dans tous leurs progrès et leurs développements. Qui lit aujourd'hui Aristote et sa docte cabbale, si facilement surpassée en science par nos écoliers et nos étudiants? Seulement quelques académiciens et quelques érudits laborieux. Cependant c'est lui qui a fondé le magistère des sciences, surtout des sciences physiques; et la science moderne n'a point encore réformé tous ses jugements ni tous ses principes.

Il en est de même de Vincent de Beauvais, riche de toute la science d'Aristote commentée par les alexandrins et les Arabes, et qui était, de plus que l'immortel philosophe grec, éclairé des plus vives lumières de la religion et de la philosophie chrétiennes. Tous les ouvrages scientifiques subissent le même sort : ils sont vite remplacés par d'autres plus complets ou plus méthodiques; il y en a peu qui aient eu le privilége d'être des livres classiques, ou du moins d'un usage très répandu, pendant plusieurs siècles : Aristote, Boèce, Cassiodore, Vincent de Beauvais, saint Thomas d'Aquin, sont presque les seuls qui aient eu ce rare privilége.

Bien que Vincent de Beauvais ait composé son encyclopédie avec ordre et méthode, et qu'il l'ait divisée en trois parties, *Physique*, *Arts et Sciences*, *Histoire*, nous suivrons une autre division dans l'énoncé de ses doctrines, ou plutôt dans la statistique que nous allons faire des vastes connaissances qu'il a consignées dans son ouvrage. Nous serons obligé de grouper autour de quelques idées principales la variété infinie des objets qu'il a embrassés, la multitude innombrable de ses chapitres et de ses autres divisions. L'immense étendue des matières qu'il a traitées nous force à indiquer d'une manière générale certains sujets scientifiques qui n'ont plus pour nous l'intérêt de l'utilité et de la nouveauté, bien qu'ils aient eu de leur temps, sous ces divers rapports, une extrême importance.

Du reste, comme Vincent de Beauvais l'a lui-même fait remarquer au commencement de son *Speculum doctrinale*, les divisions des sciences sont utiles comme méthodes, mais non d'une nécessité absolue sous une forme plutôt que sous une autre, ces formes pouvant varier selon la disposition de ceux qui étudient, ou suivant l'état ou les progrès des sciences elles-mêmes. Nous ne devons donc pas regarder ces divisions scientifiques comme sacramentelles, pas plus que la division de la philosophie en trois parties, *Logique*, *Physique*, *Morale*, généralement reçue chez les Grecs : il en est de même de la division du *Grand Miroir* (*Speculum majus*) de Vincent de Beauvais en *Miroir naturel*, *Miroir doctrinal*, *Miroir historique*.

Cependant nous suivrons, dans notre exposition, l'ordre général des doctrines tel qu'il a été tracé par Vincent de Beauvais lui-même, dans les passages du Prologue cités dans le chapitre précédent.

CHAPITRE VI.

DE L'ÉTUDE DES TRADITIONS : LEUR EXISTENCE, LEUR NÉCESSITÉ, LEUR AUTORITÉ DANS L'ORDRE RELIGIEUX, MORAL ET SCIENTIFIQUE.

Le titre des divers ouvrages de Vincent de Beauvais constate qu'il s'est moins proposé d'inventer des idées ou des choses nouvelles, que de mettre ses contemporains en possession de toute la science antérieure sur la religion et la philosophie, les beaux-arts et les sciences (1). Il fallait commencer par là pour se mettre sur la voie des perfectionnements et des progrès. C'était aussi reconnaître la nécessité et l'autorité des traditions dans toutes les branches de la civilisation, dans les belles-lettres, les arts et les sciences, comme en religion, en morale et en politique. Il y a en effet des traditions pour toutes les branches théoriques ou pratiques de l'activité humaine, dans l'ordre religieux comme dans l'ordre profane. Parlons d'abord de la tradition chrétienne.

La tradition, en langage ecclésiastique, comprend cet ensemble de doctrines, de lois, d'usages, de coutumes, qui ne se trouvent peut-être pas expressément dans l'Écriture sainte, mais qui nous ont été transmises par nos ancêtres et qui viennent originairement de Jésus-Christ, des Apôtres, ou qui sont d'institution ecclésiastique, ou qui viennent d'une autre source également respectable.

Dans ce sens général, on peut dire que les arts et les sciences sont traditionnels aussi bien que la religion et la civilisation : les développements, les progrès et les changements qu'y opèrent l'esprit humain ou les circonstances ne peuvent s'accomplir que sur ce sol fécond et primitif qui nous vient de Dieu, de la nature ou des traditions, ou de ces trois sources en même temps. L'existence

(1) Ces titres portent en effet que ces ouvrages sont tout composés des sentences des docteurs catholiques, des savants profanes, des poètes et des philosophes, de doctrines et d'exemples puisés à toutes les sources. Voy. la *Bibliographie* dans les deux chapitres qui précèdent.

des traditions est un phénomène naturel, et il n'est donné à personne de les récuser tout à fait ni d'échapper à leur influence. Une saine philosophie nous oblige à reconnaître leur existence et leur autorité, comme celles de la Providence divine et de la raison humaine, dans tous les ordres de notre activité ou de nos connaissances.

Les catholiques ne disent donc rien que de très sage et très naturel en soutenant l'existence, l'autorité et la nécessité des traditions chrétiennes. Les hérétiques, et surtout les protestants, les rejettent absolument, comme doctrine ou comme autorité d'une nature tout humaine; et ils n'admettent d'autre règle de foi ou de conduite, d'autre corps de doctrine, d'autre autorité que le texte même des saintes Écritures, sans réfléchir que, sans la tradition, ils ne sauraient pas même qu'il y a au monde un livre ou recueil de livres inspirés et divins que l'on appelle la Bible.

Que l'on élève des contestations sur des traditions particulières, sur leur autorité, leur antiquité, leur universalité, leur origine, relativement à quelques points de dogme, de morale ou de discipline : cela se conçoit; on peut avoir des doutes légitimes à cet égard, et avoir besoin de s'éclairer : c'est le cas d'appliquer l'usage de la raison et l'esprit de discernement entre les traditions, et de chercher à distinguer celles qui sont divines ou humaines, sacrées ou profanes. Mais que l'on rejette d'une manière absolue l'existence, la nécessité et l'autorité des traditions dans l'Église chrétienne, c'est une erreur aussi contraire à une saine philosophie qu'à une saine théologie, une erreur inconcevable, qu'un peu d'attention et de bonne foi peut dissiper aisément et pour toujours.

En effet, l'existence des traditions chrétiennes n'est-elle pas clairement attestée par les Apôtres eux-mêmes et par les hommes apostoliques?

« Conservez les traditions que vous avez reçues, soit par mes discours, soit par mes lettres, » disait saint Paul aux Thessaloniciens. « Je vous loue, mes frères, de ce qu'en toutes choses vous vous souvenez de moi, et de ce que vous gardez mes préceptes de la manière que je vous les ai transmis; » disait-il aux Corinthiens. « O Timothée, gardez le dépôt que je vous ai confié, évitant avec soin les nouveautés profanes du langage... Les choses que vous avez entendues de moi et qui vous ont été confirmées par beaucoup de témoins, confiez-les et les recommandez à des hommes fidèles, qui seront eux-mêmes capables de les enseigner à d'autres... Quant à vous, persévérez dans les choses que vous avez apprises et qui vous ont été confiées, vous ressouvenant de celui qui vous les a enseignées (1). » Le texte latin, pour ceux qui le comprennent, est encore plus expressif.

Ces passages indiquent clairement des traditions apostoliques distinctes des écrits mêmes des Apôtres, et ils ont été constamment interprétés dans ce sens par tous les écrivains des premiers siècles de l'Église. Il est en effet impossible de croire que les Apôtres aient écrit tout ce qu'ils ont dit, ni qu'ils n'aient enseigné que ce qu'ils ont écrit; aussi, voyons-nous l'existence, l'usage et l'autorité des traditions parfaitement établis, dès les temps des Apôtres jusqu'à nos jours. Plusieurs d'entre eux n'ont point laissé de livres inspirés, divins; aucun de ceux qui ont écrit des livres n'y a traité la doctrine chrétienne dans son intégrité; ils y suppléaient donc par l'enseignement oral et la tradition. Ils ont prêché la doctrine évangélique avant de l'écrire; l'eussent-ils tous écrite tout entière, que la plupart des premiers chrétiens n'auraient pas pu la lire. Quant aux âges suivants, il est évident qu'ils n'ont pu savoir que par la tradition quels étaient les livres inspirés et divins. N'est-ce pas l'Église et ses ministres qui nous transmettent la foi, la doctrine, la vie chrétienne?

Voilà pourquoi, dès les temps apostoliques, la tradition a été une règle de foi chrétienne, soit pour la détermination des livres inspirés et divins, soit pour l'interprétation du texte sacré, soit pour l'adoption de doctrines non contenues dans la sainte Écriture, soit enfin pour la condamnation de doctrines erronées, qui s'appuyaient sur la raison seule ou sur une fausse interprétation des livres saints. Les hommes apostoliques, les saints, les martyrs, évêques ou simples fidèles, les conciles, les docteurs de l'Église, les adversaires des hérésies, tous s'accordent à reconnaître l'existence et l'autorité des traditions comme règle de la

(1) « Tenete traditiones quas accepistis, sive per sermonem, sive per epistolam nostram. » II *Thessal.*, II. « Laudo vos, fratres, quod per omnia meî memores estis, et sicut tradidi vobis præcepta mea tenetis. » I *Corinth.*, II. « O Timothee, depositum custodi, devitans profanas vocum novitates..... Quæ audisti à me per multos testes, hæc commenda fidelibus hominibus, qui idonei erunt et alios docere..... Tu vero permane in iis quæ didicisti et credita sunt tibi, sciens à quo didiceris » *Epist. ad Timoth.*

foi chrétienne et orthodoxe (1). Leurs témoignages se trouvent dans toutes les théologies; citons seulement Tertullien : « Examinons, dit-il, d'où vient l'autorité de la coutume dont nous parlons ici.

« D'où tirerons-nous nos renseignements, pour savoir ce qui est permis ou défendu? De l'Écriture? Mais chacun l'interprète dans un sens qui lui est favorable, et l'invoque à l'appui de ses opinions; d'où il résulte qu'elle ne nous donnerait que des renseignements différents et opposés. De plus, les uns disent que l'Écriture ne dit rien de l'usage dont il s'agit, et ils en concluent, tantôt qu'il est permis, puisque la loi ne le défend pas, tantôt qu'il est défendu, puisque la loi ne le permet pas : conclusions également fausses, dans l'hypothèse que l'Écriture soit la seule règle du vrai, du saint, du juste; puisque là où la loi se tait, il ne saurait y avoir ni permission, ni défense, mais seulement liberté de faire ou de ne pas faire ce dont il s'agit. Les autres allèguent certains passages de l'Écriture; mais, ou ils n'ont pas rapport à notre sujet, ou l'Ecriture raconte et expose, sans rien approuver ni désapprouver, ou elle donne à entendre des jugements contradictoires, en ce que les choses dont elle parle peuvent être bonnes ou mauvaises, selon les circonstances. On ne peut donc tirer de l'Écriture aucune règle absolue, invariable, relativement à une multitude d'observances reçues dans l'Église.

» Jusques à quand disputerons-nous donc sur ce sujet inextricable, lorsque nous avons des observances anciennes, établies depuis longtemps, et qui sont passées à l'état organique et universel dans l'Église? Si elles ne s'appuient pas sur l'Écriture, elles sont confirmées par une coutume constante, qui, sans doute, émane de la tradition; comment, en effet, aurait-elle pu s'établir si elle ne nous avait été transmise?

» Mais, pour légitimer même une tradition, vous voulez une autorité écrite? Voyons donc si nous ne devons recevoir aucune tradition, à moins qu'elle ne soit consignée dans l'Écriture. Eh quoi! ne voyez-vous pas qu'une multitude de traditions sont observées dans toute l'Église, qui y font loi et autorité, comme si elles étaient prescrites par les saintes Écritures : par exemple, les prières, les cérémonies et autres usages concernant les sacrements

1) Voy. *De Traditionibus non scriptis, earumque necessitate et auctoritate*, par Nat. Alexander, dans Migne, *Cursus Theol.*, t. XXVI.

de Baptême et d'Eucharistie, les fêtes de Pâques et de la Pentecôte, la pratique du signe de la croix, dans toutes les actions et les démarches importantes de la vie?...

» Pour toutes ces règles de discipline et une infinité d'autres, si vous voulez une loi tirée de l'Écriture, vous n'en trouverez point; mais la tradition est l'auteur de ces lois, la coutume les a confirmées, et une foi docile les observe. Vous reconnaîtrez vous-mêmes que la raison est favorable à ces traditions, à ces coutumes, à cette foi, ou vous l'apprendrez de quelqu'un qui aura reconnu cet accord; en attendant, vous croirez qu'il y en a au moins quelques-unes auxquelles on doit une obéissance respectueuse...

» Si nous ne trouvons nulle part, dans l'Écriture, le texte de loi relatif à ces règles de discipline ainsi établies, il s'ensuit que la tradition a transmis ces coutumes, auxquelles les réflexions de la raison étendront même quelquefois l'autorité de l'Apôtre. Il est donc constant, par les exemples que nous avons cités, qu'une tradition non écrite peut être maintenue dans son observation, confirmée par la coutume, qui est alors un témoin compétent d'une tradition légitime, par la persévérance même avec laquelle elle a été observée généralement.

» Or, la coutume est reçue comme une loi, même dans les affaires civiles, lorsqu'il n'y a pas de texte de loi, et elle ne diffère pas de celle-ci, soit qu'elle consiste en un texte écrit, soit qu'elle repose sur la raison, puisque la raison même en fait une loi, venant de l'assistance divine ou des Apôtres eux-mêmes, à titre de précepte, de direction ou de conseil... Considérez donc dans la tradition, non l'auteur primitif ou celui qui vous l'a transmise, mais surtout l'autorité des traditions elles-mêmes, et celle de la coutume qui les a consacrées (1). »

(1) Les soldats romains étaient couronnés de lauriers à certains jours de fête. Un soldat refusa de se laisser couronner, pour se conformer à la coutume des bons chrétiens, qui refusaient le couronnement et les largesses qui l'accompagnaient, à cause des cérémonies païennes auxquelles il fallait alors prendre part. Ce refus était ordinairement une cause de persécutions, que ce soldat souffrit courageusement : ce qui n'empêcha pas qu'il n'eût, même parmi les chrétiens, des détracteurs qui le blâmèrent hautement. Tertullien fit l'apologie de la conduite de ce soldat courageux dans son livre *De Coronâ*. Dans le passage dont nous extrayons des fragments, le défenseur de ce glorieux soldat de Jésus-Christ veut établir l'autorité de la coutume traditionnelle où

La tradition doit donc être considérée comme l'écho d'une révélation qui lui a donné naissance, comme un souvenir de la société qui nous l'a transmise, comme une communication et une transmission de la vie intellectuelle et morale de cette même société. S'il s'agit d'une croyance traditionnelle du genre humain relative à la religion ou à la morale, ou aux règles pratiques de la vie, l'universalité de cette tradition est une preuve que les hommes y croient naturellement, instinctivement, spontanément, et qu'ils ont été amenés à y croire par une triple évidence, celle des faits, des sentiments, de la raison ou du raisonnement. Si c'est une tradition chrétienne que l'on examine, son antiquité et son universalité, quand on n'en connaît pas l'origine ni l'établissement positif, prouvent indubitablement qu'elle remonte à Jésus-Christ et aux Apôtres, et on doit la considérer comme faisant essentiellement partie de la religion chrétienne, comme appartenant à sa vie intime.

Ici, nous remarquons l'accomplissement de cette loi naturelle de conservation, commune à toutes les choses existantes, laquelle, avec la loi de création et celle de la vitalité propre à chaque être créé, constitue le triple fondement de toutes les existences, de

étaient les bons chrétiens de ne pas se laisser couronner. « Videris undè auctoritas moris, de quâ nunc maximè quæritur. Porrò, cùm quæritur cur observetur, observari interim constat.... Facile est statim exigere ubi scriptum est ne coronemur; at enim ubi scriptum est ut coronemur?... Et quandiù per hanc lineam serram reciprocabimus habentes observationem inveteratam quæ prævenicndo statum facit? Hanc si nulla scriptura determinavit, certè consuetudo corroboravit, quæ sine dubio de traditione manavit. Quomodo enim usurpari quid potest, si traditum prius non est? — Etiam in traditionis obtentu exigenda est, inquis, auctoritas scripta. Ergo quæramus an et traditio nisi scripta non debeat recipi... » Ici Tertullien cite plusieurs traditions très religieusement observées, bien que le texte légal ne se trouve nulle part dans l'Écriture.... « Harum et aliarum ejusmodi disciplinarum si legem expostules Scripturarum, nullam invenies : traditio tibi prætendetur auctrix, consuetudo continuatrix, et fides observatrix. Rationem traditioni et consuetudini et fidei patrocinaturam aut ipse perspicies, aut ab aliquo qui perspexerit disces; interim nonnullam esse credes cui debeatur obsequium.... His igitur exemplis renuntiatum erit, posse etiam non scriptam traditionem in observatione defendi, confirmatam consuetudine, idoneâ teste probatæ tunc traditionis, ex perseverantiâ observationis. — Consuetudo autem etiam in civilibus rebus pro lege suscipitur, cùm deficit lex; nec differt scripturâ an ratione consistat, quandò et legem ratio commendat..... Tertullien, *De Coronâ*, cap. I-IV.

tous les êtres, de toutes les sociétés, de toutes les civilisations et même des arts et des sciences. De là les preuves philosophiques de l'existence, de la nécessité et de l'autorité des traditions, dans tous les ordres de notre activité et de nos connaissances.

En effet, les sciences se transmettent par l'enseignement, les livres, les exemples, aussi bien que la religion et la morale. A chaque siècle, comme dans chaque homme, elles ne sont pas plus le pur produit de la raison humaine, que la religion et la morale ne sont un pur produit du sentiment et de la conscience. L'homme et l'humanité, dans aucun temps, ne se sont faits eux-mêmes tout ce qu'ils sont : ils n'en sont pas même redevables à la nature, à moins que, par ce mot, l'on n'entende l'ensemble des causes divines, humaines et naturelles, qui ont concouru à donner aux hommes d'un siècle ou d'une contrée cette nature heureuse que l'on appelle religion, morale, science, philosophie, civilisation.

Prenez une époque, un peuple, un homme; retranchez de leurs richesses intellectuelles tout ce qu'ils ont reçu des parents, des instituteurs, des maîtres de la science, de ceux qui les ont précédés dans la carrière de la vie, il ne leur restera rien ou presque rien; car, l'éducation et l'instruction sont tellement nécessaires pour la formation de l'homme moral et intelligent, qu'au degré où les enfants et les peuples en sont privés, ils demeurent dans l'ignorance et la barbarie, sous le joug de leurs instincts et de leurs appétits, uniquement relatifs à la vie physique; c'est une expérience constante et universelle.

Le flambeau de la vie morale et intellectuelle s'allume à un autre flambeau, comme le flambeau de la vie organique; alors seulement, nous pouvons vivre de notre vie propre, de la vie de l'esprit, de la vie mentale; car, pour nous, la lumière, c'est la vie : *et vita erat lux hominum.* Aucun homme ne pouvant se donner à lui-même l'existence, ni les facultés constitutives de cette existence, nous devons croire qu'il en fut de même du premier homme; et qu'ainsi, nous pouvons remonter par la tradition jusqu'à l'auteur de notre nature, jusqu'au créateur de toutes choses, jusqu'à la source première de toute science, qui est le Verbe de Dieu, sa sagesse infinie et consubstantielle, le principe de toute grâce et de toute vérité (1).

La tradition est donc une loi naturelle aussi bien qu'une loi

(1) Voy. l'Évangile selon saint Jean, chap. I.

religieuse, une loi morale, aussi bien qu'une loi de l'esprit. Elle n'est autre chose que l'extension du principe de causalité, d'après lequel aucun être ne peut se donner l'existence ni les modes essentiels qui la constituent. Oui, tout ce qui est actuellement a ses principes, ses racines, ses causes, ses raisons d'être, dans ce qui précède immédiatement; de là l'attachement instinctif des hommes aux traditions domestiques, des peuples aux traditions nationales, des nations aux croyances, aux lois, aux institutions auxquelles elles croient être redevables de leur civilisation, de leur liberté ou de leur grandeur.

Cette loi est reçue et reconnue de tous, sans en excepter les philosophes eux-mêmes. Tous proclament la nécessité de l'éducation et de l'instruction; tous reconnaissent les lois de l'ordre et de la conservation; car il est rare de voir, dans la société, des révolutions aussi profondes que celles qui y ont été produites sous tous les rapports, par l'établissement de la religion chrétienne, ou par la révolution de 1789 et les suivantes. Encore, ces révolutions ont-elles éprouvé une vive opposition de la part du principe traditionnel de conservation dont nous parlons maintenant. Dans ces deux révolutions, faites en sens si divers, les juifs et les païens opposaient leurs traditions religieuses ou nationales; la noblesse et le clergé alléguaient leurs priviléges traditionnels et héréditaires; les uns et les autres se rattachaient aux traditions comme au principe même de la vie.

La tradition, cette loi universelle de la nature, considérée par rapport à l'homme, a donné lieu à trois séries de faits, dont la connaissance est l'objet des recherches historiques: 1° les uns sont relatifs à la religion et à la morale; 2° les autres aux arts et aux sciences; 3° les troisièmes à la société et à la civilisation.

Nous voulons considérer ici l'étude des traditions sous ces trois rapports: 1° pour donner les raisons du choix que nous avons fait du sujet que nous voulons traiter; 2° pour justifier Vincent de Beauvais, qui a traité la théologie et la morale, les arts et les sciences, avec les textes des écrivains sacrés et profanes, des savants et des philosophes; 3° pour montrer qu'il comprit les nécessités de son siècle, en cherchant à renouer sur tous les points le fil souvent rompu des traditions littéraires et scientifiques, au moyen de la compilation encyclopédique intitulée (1): LA GRANDE CONTEMPLATION DE LA NATURE; *Speculum majus*.

(1) Voy. les titres complets de la plupart des ouvrages de Vincent de Beauvais.

Commençons par les traditions morales et religieuses :

« Le christianisme, dit saint Augustin (1), n'est pas seulement cette religion qui a commencé à Jésus-Christ ; mais le Christ étant hier, aujourd'hui et dans tous les siècles, sa doctrine est la vérité éternelle, son enseignement commence dans le paradis terrestre et ne finira, dans ce monde, qu'à la fin des siècles; sa religion s'étend à tous les lieux, à tous les hommes : car il est le désiré des nations, le sauveur du genre humain. »

« C'est pourquoi, dit Thomassin, tous les hommes ont eu plus ou moins de part aux enseignements toujours subsistants dans l'humanité, et qui sont nés avec l'homme, lorsqu'il sortit des mains du Père-Créateur. Quelque part qu'il y ait des hommes, même dans les plus épaisses ténèbres, on a vu briller la vérité de Dieu, l'immortalité de l'âme, la Providence, la vertu et ses récompenses, la justice et les justes châtiments du vice, la pratique des plus fortes et des plus généreuses vertus, tous les hommes presque dans ces sentiments et ces pratiques, ou du moins dans l'estime et dans l'amour de ceux qui y étaient (2)... »

Tous les ouvrages de ce Père, si savant et si orthodoxe, sont basés sur ces deux principes : 1° origine de toute sagesse parmi les hommes dans le berceau du monde, de l'homme et de la société ; 2° progrès et développement de cette sagesse primordiale, attestés par les livres saints eux-mêmes et les docteurs de l'Église. Quoique partisan de Descartes, Thomassin reconnaissait là part que la raison et la révélation, le sentiment et la science pouvaient avoir dans la connaissance de la vérité (3).

Il y a donc un christianisme primitif et universel, auquel tous les hommes participent plus ou moins, comme ils participent plus ou moins à la vérité, à la science, à la religion, aux biens de la nature, à tous les bienfaits de Dieu et de sa providence; et c'est la part qu'ils prennent aux dons naturels et surnaturels qui détermine pour eux la perfection intellectuelle et morale, le progrès dans la religion et la civilisation, un christianisme plus ou moins identique avec la religion générale du genre humain, ou plus ou moins pur, complet et spécial, tel qu'on le trouve chez les juifs et les chrétiens.

(1) *De verâ Religione.*

(2) *La Méthode d'étudier et d'enseigner chrétiennement et solidement la philosophie*... par le P. Thomassin, de l'Oratoire.

(3) Voy. les traités *De Deo ; De Incarnatione ; De Adventu Christi.*

La religion chrétienne étant, de l'aveu de tous, la dernière évolution accomplie dans l'humanité vers le progrès, étant, en réalité et dans ses intentions, le complément et l'accomplissement de l'ancienne loi, de la religion primitive et universelle, du christianisme en espérance, c'est elle qu'il nous importe le plus de bien connaître : 1° pour la bien pratiquer ; 2° pour l'enseigner ; 3° pour la défendre contre ses adversaires, quels qu'ils soient.

Reconnaissons d'abord que la religion chrétienne n'est pas sans antécédents dans l'histoire ; mais n'en faisons pas pour cela une simple évolution humanitaire et naturelle des anciennes religions ; ce qui serait détruire le bienfait divin de la nouvelle révélation. Il faut admettre aussi qu'elle répond mieux qu'aucun système religieux ou philosophique aux exigences, aux besoins, aux facultés de notre nature, et même à notre idéal de perfection, sans croire pour cela que le christianisme soit l'œuvre de la raison humaine, ni qu'elle aurait pu, à la rigueur, l'inventer, en vertu de sa perfectibilité et de la loi de progrès. Il faut établir, enfin, que les principaux dogmes chrétiens ont été nettement et formellement enseignés et connus de tous, dès les premiers siècles de notre ère, sans pour cela nier tout progrès ni tout développement philosophique du dogme dans l'esprit humain, dans les formules dogmatiques, dans la science théologique.

Ce progrès spontané et libre naturellement fut de bonne heure obligé de s'observer et de se contenir dans les limites d'un langage exact et scientifique, à cause des attaques incessantes des juifs, des païens, des philosophes et des hérétiques ; cette précision devint de plus en plus nécessaire pour distinguer le bon grain de la saine doctrine d'avec l'ivraie des doctrines fausses et incomplètes de l'Orient ou de la Grèce, avec lesquelles elles pouvaient avoir des analogies.

Ce sont ces analogies qui ont fait dire à des écrivains modernes que nos dogmes chrétiens s'étaient formés peu à peu, à l'aide des antiques religions de l'Orient, de la Grèce, de l'Égypte, méconnaissant à dessein leur divine origine et leurs caractères distinctifs : système superficiel qui tend à humaniser la religion surnaturelle ; système d'autant plus séduisant, qu'il se mêle habilement à des doctrines vraies, mais mal comprises ou détournées de leur véritable sens.

Quel moyen de conserver aux dogmes chrétiens leurs caractères divins, surnaturels, et de discerner le vrai du faux dans ces systèmes erronés sur l'origine, la nature et la formation de nos dogmes? Il n'y en a pas d'autre que l'étude directe et approfondie de la théologie chrétienne et traditionnelle dans ses monuments les plus authentiques.

Tel doit être aussi le but de nos efforts : 1° pour en embrasser la sublimité et la profondeur, l'étendue et le vrai sens, l'excellence et la perfection; 2° pour éviter de tomber dans des confusions d'idées qui nous font identifier les dogmes chrétiens et le christianisme tout entier avec d'autres dogmes et d'autres systèmes, qui n'ont souvent avec lui que des analogies forcées ou éloignées; 3° pour démontrer que ses dogmes sont tellement mystérieux et spéciaux, dès le premier siècle de l'Église, qu'il est impossible d'en faire honneur à la raison humaine.

Le christianisme repose, en effet, sur un certain nombre de dogmes mystérieux, étroitement unis par une affinité intime, et qui, dans leur admirable simplicité, forment un faisceau indivisible. Ces dogmes sont principalement :

1° L'unité de Dieu et ses perfections infinies;
2° La trinité des personnes en l'unité de nature;
3° La création *ex nihilo* par acte libre;
4° La Providence créatrice, ordonnatrice, conservatrice;
5° La chute de l'homme et le péché originel;
6° L'incarnation du Verbe et la rédemption de l'homme;
7° La prédestination, la grâce, le libre arbitre;
8° La loi divine, naturelle, chrétienne, positive;
9° La prédication de l'Évangile et la hiérarchie ecclésiastique;
10° Les sacrements, le culte, la discipline, le droit canonique;
11° La prière, l'offrande, le sacrifice; solidarité et réversibilité;
12° Les vertus théologales, morales, sociales;
13° Les conseils, les œuvres pies, ascétiques, charitables;
14° La perfection, la vie religieuse; ascétisme, mysticisme, apostolat;
15° Les mérites, la communion des saints, le jugement, la rémunération, le bonheur du ciel, la fin dernière de l'homme.

Toute la métaphysique du christianisme repose sur les premiers dogmes; toute sa morale sur ceux qui viennent ensuite : la philosophie chrétienne les embrasse tous sous le nom de théologie. On ne pourrait en détacher un seul sans ruiner l'édifice entier de notre dogmatique. La théologie doit, en nous aidant à les comprendre, nous montrer leur unité, leur intime liaison, leurs rapports avec les progrès des sciences, avec les actualités variables de l'existence humaine. La théologie est la philosophie ou la science du dogme chrétien; elle diffère des autres systèmes philosophiques ou scientifiques, en ce qu'elle emprunte ses principes à la révélation, au lieu de les emprunter seulement à la raison humaine, comme les rationalistes, ou à l'expérience sensible, comme les empiriques et les matérialistes. Elle est la forme philosophique ou scientifique du christianisme tout entier, de ses dogmes, de sa morale, de sa discipline, de son histoire, de ses applications à la vie humaine et au gouvernement de la société, de ses rapports avec les arts, les sciences et la civilisation.

Tout le monde convient que ces dogmes et ces divers points de vue contiennent toute la religion chrétienne, et que les détails de sa morale, de sa dogmatique et de sa discipline en sont une conséquence plus ou moins immédiate. C'est sur ces dogmes principaux que doit se porter d'abord l'attention du théologien, de tout chrétien, de tout philosophe catholique. Il faut avant tout en comprendre l'énoncé, la formule, le sens; puis, par un travail ultérieur, arriver à l'intelligence, à la compréhension, à la démonstration, à la raison de ce que l'on admettait déjà par un acte de foi; et, enfin, résoudre les difficultés ou les obscurités qui se présentent, repousser les attaques et répondre aux objections qui ont été faites par les hérétiques, les rationalistes ou les sophistes.

Pour se bien pénétrer du sens du dogme chrétien, il faut évidemment l'étudier dans ses monuments originaux et traditionnels, dans son texte primitif et dans ses développements scientifiques; en un mot, dans l'Écriture sainte, l'histoire et la tradition. C'est le moyen de prévenir bien des difficultés, qui viennent pour la plupart de ce que l'on ignore ou de ce que l'on ne comprend pas ces monuments de notre foi, dont il devrait sembler inutile d'établir ici l'autorité irréfragable et l'indissoluble unité, tant elles peuvent paraître évidentes à tout homme sensé et raisonnable.

Il n'y a en effet aucune civilisation qui ne repose originairement sur cette double base : un code de lois, de droits et de devoirs, communs à tous les membres de la société; un système d'interprétation traditionnelle, représentée par les jurisconsultes et les tribunaux. Les magistrats de tous rangs sont chargés de veiller à l'établissement et à l'interprétation des lois, et aux modifications qui peuvent s'opérer dans les droits et les devoirs par suite des changements survenus dans les lois elles-mêmes, dans leur application, dans la société civile et politique, ou dans les circonstances.

Cette manière d'envisager la doctrine chrétienne a toujours été regardée comme la meilleure méthode d'enseignement; on peut même dire en général que c'est la seule méthode universellement suivie dans la prédication, dans les homélies, les catéchèses, par les Pères de l'Église, les théologiens et les apologistes de la religion chrétienne. Elle fournit d'avance les éléments les plus positifs de la doctrine et de la controverse, et les réponses les plus péremptoires aux objections de tous genres que l'on a faites contre le christianisme.

Car ces objections ou théories opposées aux dogmes chrétiens sont bien différentes, bien contradictoires d'un siècle à l'autre. Par exemple : tantôt on dit, qu'étant mystérieux, c'est-à-dire contraires ou supérieurs à la raison, les dogmes chrétiens ne sauraient être admissibles; tantôt, qu'ils ne sont qu'un résultat du travail de la raison et du progrès naturel de l'humanité. Ainsi, on les rejette comme irrationnels ou déraisonnables, faute de se donner la peine de les étudier et de les approfondir; ou bien on les amoindrit et on les altère pour les réduire aux dimensions d'une conception humaine et d'un système philosophique. Dans l'un et l'autre cas, on parvient à contredire efficacement la divinité de la religion chrétienne.

Comment maintenir l'intégrité de la saine doctrine contre tant d'ennemis différents, sans un enseignement positif, scientifique, doctrinal, fondé sur ces trois points d'appui : l'Écriture sainte, la tradition, la raison, étroitement unis ensemble dans la philosophie chrétienne? C'est ce que nous appelons la théologie.

D'abord, on ne saurait soutenir, sans ignorance ou mauvaise foi, que l'Écriture sainte n'est pas un des fondements du christianisme, dans la pensée de tous les chrétiens sérieux. Les traditionalistes exclusifs, en tant qu'ils méconnaissent l'importance de l'Écriture sainte comme parole de Dieu écrite, et qu'ils refusent à l'esprit toute faculté d'interprétation ou de conception, pour ne s'en rapporter qu'à la tradition ou à l'enseignement actuel et littéral de l'Église, ne font pas attention à trois choses : 1° que la tradition elle-même s'appuie sur l'Écriture sainte, se rattache à elle, commence à elle; 2° que l'Écriture sainte et la parole de Dieu, proclamée par les prophètes et les Apôtres, sont elles-mêmes le premier anneau ou un des anneaux les plus importants de la tradition;

3° qu'à l'origine, et souvent dans la suite des temps, sur les choses les plus importantes, l'Écriture sainte et la tradition, c'est tout un.

Les protestants, qui, pendant bien longtemps, ont pris l'Écriture sainte pour règle unique de la foi, des mœurs, de la discipline, à l'exclusion de la tradition et de la raison philosophique, ont commis une faute analogue à celle des traditionalistes : 1° ils ont méconnu l'union intime qui existe entre la Bible et la tradition; 2° ils ont livré la Bible, ce code sacré de nos croyances, de nos devoirs, de notre ordre social et hiérarchique, à toutes les contradictions, à toutes les incertitudes, à toutes les passions de la raison privée et de l'esprit individuel; 3° ils ont réduit toute la science théologique, toute la philosophie chrétienne à l'exégèse biblique, à un moralisme vulgaire, à un rationalisme anti-chrétien et anarchique, qui ont abouti eux-mêmes à la négation de la divinité de la Bible, à l'indifférentisme religieux, à une morale peu différente de celle des honnêtes païens, c'est-à-dire sans élévation ni profondeur, sans religion ni mysticisme.

Les rationalistes, qui ne veulent croire et admettre que ce qui leur est révélé par leur raison naturelle, que ce qui y est conforme et proportionné : 1° rejettent par là même toute révélation, tout christianisme, toute divinité de la religion; 2° ils méconnaissent ensuite l'autorité des traditions et du sens commun de l'humanité, comme celle des traditions chrétiennes; 3° dans leur système, l'individualisme serait la loi de l'humanité; 4° le naturalisme pur et l'absence de tout surnaturalisme seraient notre condition; 5° la religion chrétienne et surnaturelle cesserait d'être obligatoire; 6° on devrait, en vertu de ce système, rejeter toute science antérieure et supérieure à notre science individuelle ou à notre capacité personnelle.

Enfin, ceux qui refusent à la raison toute puissance pour l'intelligence et l'interprétation philosophique des dogmes contenus dans l'Écriture sainte et la tradition, commettent aussi plusieurs fautes et plusieurs oublis : 1° les dogmes révélés nous sont donnés pour éclairer notre raison et la diriger, ce qui suppose qu'elle a une virtualité propre, mais qui a besoin d'une lumière étrangère et supérieure, comme nos yeux ont besoin de la lumière du soleil pour voir, et ils ne verraient pas s'ils étaient éteints et sans virtualité propre; 2° d'après l'Écriture et la tradition elles-mêmes, la raison est obscurcie et non détruite, affaiblie et non anéantie, capable de parvenir peu à peu et jusqu'à un certain point à une foi raisonnable, à une compréhension philosophique des dogmes; 3° nous sommes invités à donner notre assentiment au dogme révélé, à avoir une foi raisonnable, à nous mettre en état de rendre compte de notre foi, à ouvrir notre esprit et notre cœur aux divins enseignements de la religion; 4° l'incrédulité vient de l'orgueil de la raison, de la corruption du cœur, de la résistance à la grâce, de l'ignorance pure ou de la non-intelligence du dogme chrétien : ce qui rend indispensable la coopération de l'esprit et de la volonté aux enseignements de la foi.

Ces observations ne démontrent-elles pas avec évidence la nécessité du triple concours de la parole de Dieu, de la tradition et de la raison pour la foi chrétienne? Dieu, par la révélation et la grâce; l'Église, par la tradition et son enseignement; l'homme, par l'adhésion libre de sa raison et de sa volonté : tels ont toujours été les principes de l'acte de foi, les fondements du dogme chrétien et catholique, les éléments constitutifs de toute connaissance vraie et certaine, surtout dans l'ordre religieux, moral ou métaphysique. Aussi, dès le commencement du monde, l'enseignement doctrinal de la religion a-t-il toujours progressé, s'appuyant à la fois sur la parole de Dieu, sur la tradition et sur la raison.

L'autorité irréfragable de la parole de Dieu était rendue évidente et irrésistible par le fait de la révélation, par la grâce, par les prophéties et les miracles : *Domino cooperante et sermonem confirmante sequentibus signis.*

La tradition s'établissait d'elle-même comme émanation, écho, développement, transmission, interprétation et application de la parole de Dieu : *Docete omnes gentes... usque ad consummationem seculi...*

La raison du christianisme était rendue évidente dès le principe : 1° dans l'autorité divine qui en posait les dogmes fondamentaux; 2° dans les explications par lesquelles Jésus-Christ, les Apôtres et leurs successeurs cherchaient à le rattacher à l'Ancien Testament et à l'appliquer aux besoins moraux de l'humanité; 3° dans les tentatives faites dès les premiers temps pour rendre l'explication du dogme évidente par elle-même, soit en en faisant jaillir toujours de nouvelles lumières par une exposition libre et féconde en considérations, en développements, en applications, soit en y rattachant ce que l'antique sagesse des poètes, des philosophes, des historiens et des traditions païennes pouvait avoir de vrai et se rapportant aux sujets que l'on avait à traiter.

L'union entre l'Écriture sainte et la tradition est tellement intime et évidente, que, d'une part, les protestants vraiment chrétiens ont de nouveau reconnu l'autorité de celle-ci après l'avoir longtemps niée; et que ceux qui, aujourd'hui, nient encore la tradition, comme une doctrine et une autorité purement humaines, traitent aussi d'œuvre purement humaine l'Écriture sainte elle-même et le christianisme tout entier.

De là l'incrédulité des temps modernes.

Les premiers ont compris que, sans la tradition, ils ne pouvaient connaître ni la révélation de la parole de Dieu, ni l'Écriture sainte, ni son interprétation véritable; les seconds, que, la tradition et l'Église étant rejetées, c'en était fait de toute foi historique et de la divinité des saintes Écritures elles-mêmes.

Pour combattre les hérétiques, les protestants, les incrédules et les philosophes, pour préserver la foi des vrais chrétiens d'un affaiblissement ou d'un triste naufrage, il faut exposer les dogmes catholiques dans leur sens véritable, tels que l'Église les a toujours enseignés; prouver, par son histoire même, que le christianisme est une œuvre divine et complète dans ses principes fondamentaux, dès le premier siècle où il fut fondé par Jésus-Christ, les Apôtres et leurs premiers successeurs; montrer dans un enseignement philosophique, appelé science théologique, ses rapports avec les résultats les plus certains de la saine raison, de la raison générale et universelle, de l'histoire, des arts et des sciences; prouver enfin qu'il perfectionne la raison humaine, les doctrines, la volonté, les mœurs, l'esprit et le cœur, l'homme et la société, l'humanité enfin, au moyen de ses mystères surnaturels, par lesquels l'Église rétablit et multiplie les rapports de l'homme avec Dieu.

Tout cela suppose l'étude de la tradition et des monuments de la foi chrétienne et catholique, pour en faire ressortir les preuves historiques et extrinsèques de sa divinité, ainsi que les caractères intrinsèques qui, humainement parlant, l'élèvent au-dessus de tous les autres systèmes de religion ou de philosophie, de morale ou de politique, imaginés en dehors du dogme chrétien. C'est la marche suivie constamment par les Pères de l'Église, les théologiens et les apologistes de la religion chrétienne; ce sera aussi celle que nous devons suivre nous-même.

Comment, sans cette méthode, pouvoir suivre l'erreur, l'hérésie, la sophistique dans toutes leurs évolutions et leurs métamorphoses, pour les combattre efficacement? Mais aussi, quelle attaque est demeurée victorieuse, quand on lui a opposé le dogme chrétien dans toute sa pureté et son intégrité originelles et traditionnelles?

Aux adversaires du christianisme naissant, qui niaient l'autorité de ses dogmes mystérieux et surnaturels, et qui les regardaient comme des folies et des extravagances, Jésus-Christ, les Apôtres, tous les apologistes, ont opposé les prophéties et les miracles, preuve évidente de l'intervention divine.

A ceux qui s'imaginent aujourd'hui que ces mêmes dogmes sont un développement naturel de la raison, un produit philosophique de l'esprit humain, nous montrons, par l'histoire même de nos dogmes et par leur exposé sincère, qu'ils sont réellement mystérieux et surnaturels en eux-mêmes, et que la raison n'aurait pas pu s'y élever par ses seules forces, comme cela est démontré par les objections mêmes que les philosophes rationalistes ont faites contre ces dogmes, lors de leur prédication et encore longtemps après, jusque dans les derniers siècles.

A ceux qui soutiennent que ces dogmes, étant au-dessus de la raison, sont par là même contre la raison et anti-philosophiques, les apologistes et les docteurs de l'Église ont opposé ce que nous pouvons appeler la raison du christianisme, la philosophie chrétienne, la science théologique, les tentatives d'explications scientifiques et philosophiques, ayant pour but de montrer que ces dogmes, tout en demeurant des mystères au-dessus de la raison, ne lui sont pas contraires et sont conformes aux données les plus certaines de la philosophie, des sciences et de la nature humaine.

Or, cette méthode exige l'étude approfondie des monuments traditionnels de la religion chrétienne et catholique.

Malgré les prétentions du rationalisme protestant, déiste, athée ou sceptique, on a toujours senti involontairement la nécessité de s'appuyer sur la tradition et sur l'histoire, sur les premiers principes et les notions premières de l'entendement, sur l'autorité des idées et des croyances les plus anciennes ou les plus universellement admises. Cette nécessité de remonter aux principes et aux causes, de se rattacher de quelque manière à nos ancêtres, aux antiques traditions, à la vie universelle ou générale de l'humanité, est une loi de la nature humaine comme de la nature physique; on peut bien la nier théoriquement pendant quelque temps, mais on est toujours forcé d'y revenir dans la pratique.

On peut dire de ceux qui nient l'autorité de la tradition et de toutes les croyances générales ou universelles, ce que Pascal disait des athées qui niaient l'existence de Dieu et l'immortalité de l'âme, qui sont aussi des vérités-principes : Ils sont assez fous, mais pas assez forts; ils ne pourraient pas soutenir constamment leur négation, sans se démentir jamais; ils ne pourraient ni ne voudraient en subir toutes les conséquences; la nature les empêche d'extravaguer à ce point.

Il en a été ainsi de la religion, de la morale, de l'autorité, des traditions, de toutes les vérités fondamentales du christianisme et de l'ordre social, que l'Église catholique a soutenues invariablement contre les attaques du protestantisme, du philosophisme, de l'incrédulité à tous les degrés et sous toutes les formes.

Les rationalistes de toutes les nuances et de toutes les écoles ne se sont pas contentés d'opposer à l'autorité des croyances religieuses et traditionnelles, des raisonnements, la souveraineté de la raison individuelle, l'infaillibilité du moi, des systèmes matérialistes ou panthéistes, une psychologie idéaliste ou sceptique; mais ils ont encore cherché, dans l'histoire des religions, des systèmes de philosophie, de l'humanité tout entière, des arguments, ou des idées, ou des croyances à l'appui de leurs doctrines ou de leur incrédulité. De là les divers systèmes de philosophie de l'histoire imaginés par les protestants, les panthéistes, les idéalistes, les athées et les sceptiques; comme il y a un système de philosophie de l'histoire fait au point de vue de la Providence, de la religion et du christianisme.

De là aussi les immenses travaux entrepris et réalisés sur toutes les branches de l'histoire du genre humain, dans le but de soutenir cette prétendue souveraineté de la raison pure, de l'idée pure, du philosophique pur, comme s'exprime Bossuet, et dont le résultat positif a été de nous donner l'histoire comparée des divers systèmes de religion, de philosophie et de civilisation.

La nature même de nos facultés morales et psychologiques, ainsi que les funestes doctrines du rationalisme, obligeaient à chercher dans l'histoire une doctrine plus en rapport avec la réalité et l'application, établie sur des bases plus larges que la raison individuelle, plus complète qu'une science particulière, plus universelle qu'un système de philosophie, plus positive qu'une idée purement abstraite, qu'une théorie purement logique et métaphysique; revêtue enfin d'une autorité, d'une certitude et d'une sanction plus grandes que celles qui s'attachent ordinairement aux conceptions des philosophes rationalistes, idéalistes ou sensualistes.

Ces grands résultats ont déjà été obtenus en principe : les antiques civilisations de Brahma (le brahmanisme), de Bouddha (le bouddhisme), de Confucius (la civilisation chinoise), des Grecs (l'hellénisme), des Romains (la civilisation gréco-romaine), de Mahomet (l'islamisme), sont des civilisations usées, jugées, condamnées ou déjà mortes depuis longtemps. Il en est de même de tous les systèmes de philosophie ancienne, de toutes les hérésies, et du protestantisme lui-même, lequel, pour qui veut bien y réfléchir, n'a ni théologie, ni confession de foi, ni hiérarchie religieuse et ecclésiastique, ni unité de foi, de culte, de discipline, et n'existe plus que comme routine dans les individus et les familles, comme institution politique et sans vie intellectuelle dans les États, et chez tous les protestants comme vestige traditionnel d'un moralisme vulgaire et d'une vague religiosité.

Quant aux systèmes de philosophie moderne, qui prétendaient remplacer tous les anciens systèmes de religion, de philosophie et de civilisation, ils se soutiennent avec peine contre les lumières de l'histoire, de la controverse, de l'expérience et du bon sens. Le sensualisme, l'athéisme, l'incrédulité complète des trois derniers siècles sont jugés et condamnés sans retour; le déisme et le rationalisme n'ont pu enfanter ni une religion, ni une morale, ni une société nouvelles, et se meurent d'impuissance ; le saint-simonisme et le fouriérisme, le socialisme et le communisme ont succombé dans le ridicule ou l'infamie, sous le coup de la réprobation universelle, dès la première épreuve qui en a été faite, et n'ont pu supporter un instant la lumière de l'expérience, de la controverse et de l'investigation philosophique.

Restent en dernier lieu le panthéisme et l'idéalisme, le système d'unitarisme universel, la prétendue synthèse de toutes les religions, de toutes les philosophies, de toutes les idées, de toutes les civilisations. Ces systèmes, déjà anciens et transmis par une succession presque non interrompue de philosophes, ont été restaurés sur un grand plan par Spinosa, Fichte, Schelling, Hegel, Schleiermacher, Strauss, et ont exercé une grande influence en Allemagne, en France et dans quelques autres contrées.

Malgré la supériorité extraordinaire des talents et des connaissances consacrés à l'établissement de ces systèmes, ils n'ont pu avoir l'autorité, ni l'unité dogmatique, ni la moralité féconde de la religion chrétienne. Basés uniquement sur la raison individuelle, chacun a sa manière de les entendre; fondés seulement sur l'idée, le raisonnement ou l'abstraction, ils sont demeurés inaccessibles à la foule; étant plutôt la ruine de la religion, de la morale et de la société anciennes, qu'une doctrine positive, ils ne pouvaient fonder une religion, une morale ni une société nouvelles; aboutissant au scepticisme, à l'idéalisme ou au nihilisme, ils ne peuvent rien créer, rien organiser, rien vivifier.

Dans ce naufrage successif de tous les systèmes qui, sur la chétive nacelle de la raison ou de la volonté de l'homme, sont venus se briser contre les écueils de l'erreur, du doute, de l'absurdité, l'Église catholique demeure seule immobile et confiante en ses éternelles destinées, pour sauver les restes d'une civilisation et d'une société que ces systèmes entraînaient vers leur perte.

A nous de reconstruire la vraie connaissance de Dieu, de l'homme et de la nature, non pas d'après la raison seule ou l'expérience seule, mais d'après la révélation, la raison et l'expérience. A nous de recueillir les fragments utiles d'une philosophie qui n'a pas pu s'organiser pour ranimer la société des intelligences, et qui n'y a causé que l'anarchie et la confusion.

Le moyen le plus sûr d'arriver à ces résultats, c'est : 1° l'exposition du dogme chrétien dans toute sa pureté; 2° l'explication traditionnelle et authentique de son sens doctrinal; 3° l'intelligence et la démonstration philosophique de ce même dogme, au degré où il est possible d'y parvenir, vu l'état actuel de l'esprit humain et des sciences.

CHAPITRE VII.

DIEU ET LA CRÉATION. — DU MONDE SUPÉRIEUR ET INVISIBLE ET DU MONDE INFÉRIEUR ET VISIBLE.

A l'exemple des Grecs, Vincent de Beauvais comprend la théologie, ou science de Dieu, dans la partie physique de son ouvrage. Ceci nous étonnera moins si nous faisons attention que ces mots φυσις, *natura*, *nature*, avaient, chez les Grecs et au moyen-âge, une acception plus générale et moins restreinte que ces mots : *la physique*, *la nature, les sciences physiques ou naturelles*, dans les temps modernes.

En effet, en traitant de la physique et de la nature, les anciens étaient amenés à traiter de l'auteur de la nature et du principe des choses, de l'intelligence créatrice, ordonnatrice et conservatrice de l'univers, des lois de la nature et du suprême législateur du monde, ou de la Providence. Le principe de causalité, principe si nécessaire et si fécond dans la philosophie et les sciences, les obligeait de remonter jusqu'à la cause première, jusqu'aux premiers principes des choses, sous peine de ne rien comprendre et de n'avoir la raison de rien.

Mais plusieurs, prenant, pour point de départ de la connaissance de Dieu, la nature seule et ses phénomènes sensibles, ne s'élevaient pas si haut et se trompaient, soit sur la nature divine, soit sur l'origine du monde : témoin Leucippe et Démocrite, Lucrèce et Épicure, et tant d'autres athées et matérialistes; témoin encore Thalès, Anaxagoras et Aristote, qui admettaient deux principes des choses, éternels et nécessaires, Dieu et la Matière; témoin encore le divin Platon lui-même et ses disciples, qui reconnaissaient trois principes des choses : Dieu, le Modèle, la Matière (1). Vincent de Beauvais ne s'étend pas assez sur les erreurs

(1) *Specul. nat.*, liv. I, cap. XVI, XVII, XVIII : Quomodo erraverunt (philosophi) circà naturam divinam, distinctionem personarum in Trinitate, et circà mundi originem.

des philosophes relativement à la nature de Dieu et du monde; il ne cite pas saint Paul (*Roman.*, I, II), qui est si véhément sur les erreurs des philosophes et des gentils, relativement à la nature divine.

C'est pourquoi Vincent de Beauvais, éclairé des lumières du christianisme, commence par où tous les philosophes, en s'appuyant sur les traditions religieuses, auraient dû commencer. Il prend, pour point de départ de sa contemplation de la nature universelle, le monde supérieur, ce monde des purs intelligibles, antérieur à notre monde actuel, le monde des idées divines et éternelles, conçues par le Verbe divin, et le monde des esprits, appelé en langage chrétien le monde angélique, le monde des pures intelligences, où Dieu règne, roi éternel, dans tous les siècles.

Ce mot *monde*, dit-il, peut être pris en plusieurs sens : il peut désigner plusieurs aspects différents de l'univers, que nous ramenons à deux principaux :

1° Le monde archétype, divin, éternel, immuable, modèle du monde créé. Ce monde archétype n'est pas autre chose que le Fils de Dieu lui-même, un seul Dieu avec le Père et le Saint-Esprit, qui est sa sagesse consubstantielle, sa raison et sa parole éternelle, et dont il est écrit : « Ce qui a été fait était vie dans le Verbe (1); » à peu près de la même manière que nous concevons qu'un édifice, ou une autre œuvre d'art, est vivant dans la pensée de l'auteur avant qu'il l'ait mis à exécution, avant qu'il ait réalisé sa pensée.

De ce monde archétypique découlent les formes, les genres, les espèces, tous les types et modes d'être, soit du monde physique en général, soit des êtres et des phénomènes particuliers dont il se compose, soit enfin de l'ordre et de l'arrangement que nous y remarquons; car il est écrit : « Dieu a fait ce monde d'une matière informe et confuse, subtile et invisible (2). »

A ce monde archétypique se rattachent donc aussi l'ordre, la durée et la succession des phénomènes, les transformations successives des êtres, leur naissance, leur développement, leur vie, leur mort, la multiplicité et la variété infinie des êtres et des phé-

(1) Joann. Évang., I. Nous suivons la ponctuation généralement admise par tous les Pères de l'Église.

(2) Sapient., XI.

nomènes de la nature, d'où résultent la beauté et l'harmonie de l'univers : c'est du monde considéré comme une succession de formes transitoires qu'il est écrit : « La figure de ce monde passe (1). »

2° Le monde réel, créé de Dieu sur l'éternel exemplaire dont nous venons de parler, et qui en est une image, une copie, une manifestation. La création peut être considérée de trois manières :

1° Dans l'acte primitif, dont il est écrit : « Au commencement, Dieu créa le ciel et la terre (2), » et : « Celui qui vit éternellement créa toutes choses en même temps (3) ; » ce qui veut dire qu'au commencement, Dieu créa, sur le modèle de l'éternel exemplaire, la nature angélique et la matière première dont a été fait le monde céleste et terrestre.

2° Dans les époques de sa formation, de sa durée et de sa consommation. Ce sont ces époques qui sont décrites dans l'œuvre des six jours (4) ; ce sont les êtres considérés dans leur durée qui sont l'objet des sciences physiques et naturelles, traitées dans le *Speculum naturale :* sciences qui doivent avoir pour nous le plus grand intérêt, puisque c'est dans ce monde que nous vivons et que doivent se décider nos destinées éternelles (5).

3° Enfin, on peut considérer ce monde actuel comparativement à ce qu'il sera un jour, par sa complète transformation en un monde supérieur et infiniment meilleur, lorsque la forme du monde où nous vivons sera détruite, et qu'il subira une palingénésie ; car il est écrit : « Nous attendons des cieux nouveaux et une terre nouvelle, où règnent éternellement la vérité et la justice (6). »

Il faut donc, dit Vincent de Beauvais, distinguer deux mondes : 1° l'un intelligible, incorporel, séjour éternel des vérités nécessaires et absolument certaines, dans lequel il ne peut rien y avoir de corporel et de sensible, rien qui soit susceptible d'être connu par les quantités, les nombres, l'étendue, la variabilité, la contingence et les autres qualités physiques ; 2° l'autre sensible,

(1) I *Corinth.*, VII.
(2) Genèse, I.
(3) Ecclésiast., XXVIII.
(4) Genèse.
( ) Voy. *Specul. doctrin.*, liv. I.
(6) II Petri, III.

réceptacle de toutes les formes, espèces, figures et qualités corporelles, lesquelles subsistent toutes par Dieu et en Dieu, ne sauraient exister sans lui, et ne peuvent être amenées à l'existence réelle que par lui : « *Quæ omnia*, dit-il, *sine Deo vegetari non possunt; omnia quippe Deus, et omnia ab ipso, in ipso et per ipsum* (1). »

Or, ce monde visible et corporel, avec tout ce qu'il comprend, vient de ce monde supérieur et en a été formé pour lui servir de vêtement. De même que les animaux, chacun selon son espèce, ont la forme commune du genre, et diffèrent cependant entre eux individuellement, ainsi les formes génériques de tout ce qui existe sont immuables, quoique variables et dissemblables dans les formes individuelles de chaque existence, Les faits, les êtres, les phénomènes changent; mais leurs formes génériques, leurs qualités essentielles, leurs idées et leurs lois générales ne changent pas : et c'est Dieu, l'éternel, l'immuable, qui opère toutes ces merveilles (2)!

Le monde sensible est donc étroitement uni au monde intelligible, le matériel au spirituel, le vraisemblable au vrai, le variable à l'immuable, les accidents périssables aux éternelles essences qui ne peuvent ni périr ni s'altérer : et le lien de cette union, ce sont les idées, ces éternels exemplaires des choses qui se font, comme l'enseigne Platon, lequel se trompe seulement en ceci, qu'il s'imagine que les idées sont autre chose que l'intelligence divine elle-même (3).

Ces idées ne sont autre chose qu'une sorte d'art éternel de Dieu infiniment sage, infiniment puissant, en qui tous les êtres ont leur raison propre d'être, et sont intimement coordonnés et unis ensemble. Cet art divin, cette éternelle disposition des choses, c'est la sagesse même de Dieu qui a tout disposé par son Verbe, son Fils, sa raison consubstantielle ; car tout était vie dans le Verbe, avant d'être fait; tout a été créé en lui et par lui : « *Quod factum est in ipso vita erat.* » « *In quo condita sunt omnia.* » « *Omnia in sapientiâ fecisti* (*Deus*) (4). »

« Dieu a tout fait avec raison, dit saint Augustin, et, comme la

(1) *Specul. natural.*, lib. I, cap. II.
(2) *Specul. natural.*, lib. I, passim.
(3) *Specul. natural.*, lib. I, cap. II.
(4) *Specul. natural.*, lib. I, cap. III.

raison d'être de l'homme n'est pas la même que celle du cheval, Dieu a fait chaque chose suivant sa raison d'être particulière. Ces raisons d'être n'existent pas ailleurs que dans l'entendement du Créateur lui-même; car il ne considérait aucun modèle placé hors de lui pour faire ce qu'il voulait créer. Ces raisons d'être étaient dans le Verbe divin, en qui elles ne peuvent être contemplées que par l'âme qui a l'œil de la raison sain, serein, pur et semblable à ces mêmes raisons pures qu'elle veut contempler. C'est ainsi qu'étant remplie et éclairée de cette lumière intelligible à laquelle elle s'attache, l'âme deviendra souverainement heureuse par cette contemplation même. Ces raisons d'être, appelez-les idées ou formes, comme il vous plaira; beaucoup ont la faculté de les nommer, donnant à tout hasard ces noms à toute espèce de choses; mais il y en a peu qui connaissent ce qui est vrai (1). »

Mais si vous demandez comment toutes choses subsistent en Dieu comme dans leur cause, à l'état de vie et de la même manière, Vincent de Beauvais vous expliquera cela par un exemple, comme fait Origène. « Considérez, dit ce Père, comment les causes de toutes choses comprises dans la sphère de notre monde sensible subsistent en même temps et de la même manière dans ce soleil qui nous éclaire et qui nous vivifie, et dont la lumière fait ressortir la variété des formes, la beauté des couleurs et les autres choses que nous savons.

» Voyez l'infinie variété et les nombreuses propriétés des végétaux et des animaux, toutes contenues dans leur germe, dans chaque semence, dans chaque animal, ou dans chaque plante : que de formes et de vertus différentes contenues dans le même principe, dans la même cause et le même être !

» Considérez aussi comment l'infinie variété des règles ne fait qu'un art dans l'esprit de l'artiste, et ne forme, pour ainsi dire, qu'une entité vivante dans la pensée de celui qui les emploie. Voyez aussi comment une infinité de lignes subsistent en l'unité d'un même point qui les engendre par ses divers mouvements en tous sens, qui les concentre ou les rayonne, comme dans une sphère ou dans un cercle.

» Voyez enfin tant d'autres exemples de la philosophie théoréti-

(1) Saint Augustin, lib. LXXXIII *Question.*, cité par Vincent de Beauvais, *ibid.*

que, sur lesquels vous appuyant comme sur des ailes puissantes, vous vous élèverez, avec la grâce de Dieu, jusqu'à la contemplation purement mentale des secrets du Verbe divin, et parviendrez à comprendre comment tout ce qu'il a fait était vie en lui, comment enfin les siècles ont été ajustés les uns aux autres, afin que, d'invisibles qu'ils étaient dans les pensées divines et éternelles, ils devinssent réels et visibles par la création (1). »

Nous commençons à savoir ce que c'est que le monde ; essayons aussi de nous faire une idée de Dieu qui l'a créé, bien que l'adoration silencieuse convînt mieux à notre humble condition pour honorer Celui qui est au-dessus de toute raison et de toute intelligence (2).

Tout ce que Vincent de Beauvais dira sur ce sujet peut se rapporter à ces deux points : 1° infinité incompréhensible de Dieu, de ses perfections, de ses attributs, de ses opérations, de son mode d'être ; 2° comment nous pouvons cependant connaître Dieu et ce que nous pouvons savoir de cette essence infiniment parfaite.

Dieu est auteur de tout et au-dessus de tout ; c'est l'ineffable, l'innommable, l'incommunicable ; il ne peut être contemplé en soi par la pensée humaine; il habite une lumière inaccessible. Dieu est caché, inconnu, mystérieux, incompréhensible, puisqu'il est infini et que nous sommes finis : voilà pourquoi il a toutes les propriétés et tous les attributs, lors même qu'ils nous paraissent incompatibles.

Ainsi Dieu est une sphère dont le centre est partout, et la circonférence nulle part (3) : admirable symbole de son immensité et de son omniprésence absolue. Esprit incréé, éternel, il est la forme multiforme de tous les êtres et de tous les phénomènes ; il remplit le monde par sa présence, sa substance, son essence ; il est la vérité, la bonté, la beauté de tout ce qui est vrai, bon et beau, sans se confondre avec aucun être : car il est au-dessus de l'être, de la nature, de l'essence, de la substance, de la vérité, de la pensée, de la raison, de l'existence, de tout ce que nous concevons comme tel.

(1) Origène, *Homil. in Principio Joannis Evang.*, cité *ibid.*

(2) Vincent de Beauvais, *Specul. natural.*, liv. I, cap. IV. Cette pensée est de saint Denys l'Aréopagite, *De divinis Nominibus* : cité par Vincent de Beauvais, *ibid.*

(3) Empédocle : cité par Vincent de Beauvais, *ibid.*

C'est pourquoi on ne peut parler de Dieu comme des autres êtres, puisqu'il est infiniment au-dessus d'eux et qu'il en diffère infiniment ; et quand nous transportons dans la science des choses divines le langage imparfait des idées empruntées aux choses créées, nous ne pouvons que nous tromper grossièrement. Voici quelques règles que nous devons suivre quand nous parlons de Dieu, de ses attributs, de ses perfections, de ses opérations et de ses œuvres.

On peut parler de Dieu de trois manières : 1° *positivement*, par comparaison avec ce que nous connaissons ; 2° *négativement*, en ajoutant qu'il n'est rien de tout ce que nous pouvons concevoir, connaître ou imaginer ; 3° *superlativement*, en disant encore par superlation qu'il est bien plus et bien au delà de tout ce qui existe, de tout ce qui peut exister et de tout ce que nous pouvons penser (1).

C'est en ce même langage *positif, négatif et superlatif*, qu'il faut parler des propriétés de l'essence divine et des attributs de Dieu. Tâchons donc de comprendre, comme dit saint Augustin, que Dieu est éternel sans le temps ; présent partout sans lieu ni espace ; créateur sans être sujet au besoin ni au changement ; bon sans qualités spéciales et restrictives ; grand sans quantité géométrique et divisible ; esprit au-dessus de tous les esprits ; substance supersubstantielle ; essence surnaturelle ; trinité une, unité trine ; simplicité complexe, etc., etc... Quiconque, ajoute le saint docteur, concevra Dieu de cette manière, s'il ne le connaît pas parfaitement, évitera au moins ce qui ne saurait être pensé sans impiété de la divine essence (2).

Mais ce Dieu caché et mystérieux peut être, jusqu'à un certain point et en un certain sens, révélé, manifesté, connu, si nous le considérons comme créateur du monde. Car, dit saint Paul, les choses invisibles de Dieu, sa divinité, sa sagesse, sa bonté, sa puissance, son éternité, sont rendues visibles et intelligibles par la création de l'univers, par les merveilleuses dispositions de toutes ses parties et par l'ordre des créatures qui le composent (3).

Il est vrai que la nature de Dieu et ses perfections demeurent toujours bien au-dessus de toutes les créatures et de notre propre

(1) Saint Jean Damascène, lib. I, cité *ibid.*

(2) Saint Augustin, *De Trinitate*, lib. V, cité, *ibid.*, cap. v.

(3) Saint Paul, *Rom.*, I, et Pierre Lombard : cités, *ibid.*, cap. x.

intelligence : car qui peut se flatter d'avoir vu Dieu et de le connaître? *Deum nemo vidit unquàm*, comme il est dit dans saint Jean, évangéliste. Mais par l'existence, l'origine, la conservation, l'ordre et le gouvernement du monde, nous sommes amenés à reconnaître l'existence de cette suprême essence, comme étant l'Etre nécessaire et souverainement parfait, comme cause première de tout ce qui existe, de tout ce qui est et de tout ce qui se fait, comme auteur de la création et des lois qui la régissent, comme Providence universelle (1).

En effet, comme dit Richard de Saint-Victor, en considérant toutes choses, la contingence, la variabilité, l'ordre et la permanence des créatures, on est amené, par le raisonnement, à leur attribuer une cause nécessaire et subsistante par elle-même, qui les a créées, et qui elle-même est improduite; qui possède en soi et par elle-même les qualités et les perfections qu'elle leur communique : autrement, il faudrait dire qu'il y a des effets sans cause, ou que les choses existantes se sont donné à elles-mêmes l'existence; les unes la raison et le bonheur, les autres le pur brutisme ou une existence tout à fait malheureuse, ce qui est absurde (2).

C'est pourquoi tous les hommes reconnaissent l'existence d'un Être suprême et nécessaire, comme cause de la création, de l'ordre et de la conservation du monde. Quelques-uns ont voulu attribuer cette qualité à la matière, à la nature, au hasard ou à la fatalité; c'était déplacer la notion de Dieu et non la détruire, car l'athéisme est impossible. Aussi, sauf ces rares exceptions, le genre humain, comme la grande voix de la nature, ne cesse de proclamer l'existence de l'Être suprême, souverain seigneur, maître absolu de toutes choses, providence universelle.

« L'universalité de la création, dit Richard de Saint-Victor, est comme une vaste bibliothèque, dans laquelle sont cachées les notions choisies de la connaissance de Dieu. Mais l'insensé ne les connaît pas; sa sottise l'empêche de les comprendre. Il ne reconnaît pas dans les choses créées la toute-puissance du Créateur, qui a fait tant et de si grandes choses de rien; ni sa sagesse, qui a disposé dans un si bel ordre les choses qu'il a faites; ni sa bonté, qui a donné les choses utiles. Quant à nous, réjouissons-nous de

(1) *Specul. natural.*, lib. I, cap. XI-XII : Qualiter ex creaturarum consideratione cognoscitur esse summa essentia.

(2) Richardus à Sancto-Victore, lib. I, *De Trinitate*, cité *ibid.*

l'œuvre divine de la création, et glorifions Dieu avec allégresse des œuvres de ses mains. »

Les hommes peuvent même reconnaître dans les créatures l'image et l'empreinte de l'adorable, de la mystérieuse, de l'ineffable Trinité, comme l'explique saint Augustin. En effet, dit ce docteur, toutes choses existent, existent d'une certaine manière, sont bonnes en tant qu'elles existent. J'existe, je sais que j'existe et comment je suis, et je m'aime existant et doué de certaines qualités. Mais l'ange et l'âme humaine ont été plus particulièrement créés à l'image et ressemblance de la Divinité, étant rendus capables de connaître, d'aimer et de vouloir ou d'agir (1)... En ce sens, tous les hommes connaissent Dieu : *Omnes vident eum;* mais d'un peu loin: *Unusquisque intuetur procul*, comme il est dit dans le même texte (2).

Par là même qu'ils sont raisonnables, les hommes doivent donc connaître Dieu plus ou moins bien, selon qu'ils interrogent les créatures brutes, les sensibles ou les raisonnables, le monde des corps ou le monde des esprits. Car l'homme ayant avec tous une commune nature, la raison comme les anges, la sensibilité comme les animaux, la force et le mouvement comme les êtres inférieurs, progresse plus ou moins dans la connaissance de Dieu, selon qu'il s'élève dans la contemplation intelligente des créatures.

Cette connaissance rationnelle ou scientifique de Dieu n'exclut pas la nécessité de la révélation primitive et des autres révélations. Car, si Dieu ne s'était pas révélé, dit Hugues de Saint-Victor (3), il ne pourrait être connu, et l'infidélité de l'idolâtrie et de l'athéisme aurait pour excuse l'ignorance; s'il s'était révélé complétement, la foi serait sans mérite et ne serait plus la foi, mais la claire vision et l'évidence irrésistible de la raison. Mais dans la révélation tempérée que Dieu a faite de lui-même, la foi aide la science et la science aide la foi, afin qu'il y ait lieu à l'exercice de deux vertus, la foi et la raison. Les degrés de la connaissance que nous pouvons avoir de Dieu peuvent donc varier à l'infini, selon la manière

(1) Saint Augustin, lib. LXXXIII *Question.*, et *De Civitate Dei*, lib. II, cité *ibid.*

(2) Job, XXXVI, cité *ibid.*

(3) Hugues de Saint-Victor, cité par Vincent de Beauvais dans son livre *De Gratia Dei* ou *De Filio Dei mundi Redemptore*, l. I.

dont on aborde cette connaissance, selon les dispositions que l'on y apporte, et selon les moyens que l'on a pour y arriver (1).

Les païens eux-mêmes, malgré les ténèbres et les erreurs de l'idolâtrie, n'ont pas complétement ignoré le vrai Dieu. Ils ont connu son unité, son immensité, son éternité, son immatérialité, sa distinction d'avec le monde qu'il a créé par sa puissance, et qu'il gouverne par sa providence et sa bonté. On pourrait extraire de leurs écrits ou de leurs traditions une multitude considérable de passages relatifs à ces divers sujets, qui ne seraient pas déplacés dans les livres des chrétiens, et qui feraient honte à ceux-ci de se trouver si souvent inférieurs aux philosophes païens, dans leur ardeur à connaître le vrai Dieu.

Dieu ne voulait pas que les païens fussent dans une ignorance complète à son égard, ni dans une impossibilité absolue d'éviter les égarements de l'idolâtrie, ni réduits, sans qu'il y eût de leur faute, à méconnaître le vrai Dieu, la religion, la morale. Ils ont été aidés en cette connaissance par la révélation et les traditions, par l'usage de leur raison et du raisonnement, par les philosophes et les oracles (2).

Mais il est de fait qu'ils se sont trompés souvent et en beaucoup de choses, qu'ils sont tombés dans une grande ignorance et dans beaucoup d'erreurs sur la nature divine et sur la nature du monde créé, sur l'origine et la destinée, soit du monde, soit de l'âme humaine. C'est à peine si l'on peut dire qu'ils ont approché de la Trinité, dans divers passages, par leurs théories sur le Père-Créateur, sur le Λογος, Raison ou Verbe de Dieu, sur l'âme du monde ou l'esprit de Dieu, animant et vivifiant toutes les créatures.

Sur tous ces grands objets de nos connaissances, on peut bien peut-être dire que les païens ont eu des notions vagues et générales, mais pas d'idées précises et exactes, ni d'enseignement universel, constant et uniforme, surtout en ce qui regarde Dieu et le monde, leur distinction essentielle, la création du monde par Dieu. On sait que le polythéisme et le naturalisme, l'éternité du monde et l'éternité de la matière, la doctrine du destin et de la fatalité, l'unité du monde en un grand animal vivant, dont Dieu est l'âme et la matière le corps, étaient des erreurs très répandues chez les païens (3).

(1) *Specul. natural.*, lib. I, cap. XIII-XIV.
(2) *Specul. natural*, lib. I, cap. XV. Saint Paul, *Rom.*, cap. I.
(3) *Specul. natural.*, lib. I, cap. XVI-XVIII.

La vraie doctrine sur la création, selon Vincent de Beauvais, est celle-ci : Dieu a créé le monde très bon et unique; c'est-à-dire qu'il n'a fait qu'un seul monde, et qu'il l'a fait aussi capable que possible de représenter ses perfections infinies. La raison en est, qu'étant lui-même infiniment bon, il a voulu donner au monde et aux créatures, qui lui représentaient les idées divines et éternelles, de sa surabondance en toutes sortes de biens et de perfections. Dieu a fait le monde bien ordonné et très beau dans son ensemble et dans toutes ses parties, parce qu'il est la sagesse infinie et la suprême beauté, parce qu'il a agi selon un art divin et infiniment parfait, que les artistes s'efforcent vainement d'imiter et ne pourront jamais atteindre.

Cet art divin, inépuisable dans ses ressources, existe vivant dans les pensées divines et éternelles; car tout ce qui a été fait était vie dans le Verbe; et c'est en conformant ses volontés et ses actes à ces idées éternelles, à ces notions immuables, que Dieu a créé toutes choses, qui ont en elles leur raison, leurs formes, leurs lois, leurs types, leurs modes d'être : *Quod factum est in ipso (Verbo) vita erat. Fide intelligimus aptata esse sæcula Verbo Dei, ut ex invisibilibus visibilia fierent* (1).

En cette création, Dieu n'agit pas comme l'homme, comme s'il lui survenait accidentellement une idée ou une volonté nouvelles; non, l'idée et la volonté de créer sont éternelles en Dieu, sont Dieu même pensant et voulant de toute éternité, et en qui il n'y a pas l'ombre de succession, de changement ou de vicissitude. Ne demandez donc pas pourquoi le monde n'a pas été fait plus tôt ou plus tard, comme s'il avait été créé dans le temps, tandis qu'il a été créé avec le temps, qui n'est que la mesure de la durée limitée et relative des choses créées. Non, le monde n'a pas été créé dans le temps, mais dans l'éternité, dans la sagesse infinie de Dieu, dans son immensité (2).

Quant aux philosophes qui font l'univers coéternel à Dieu, mais qui le font apparaître périodiquement sur la scène du monde, par voie de palingénésies successives, avec ou sans alternatives de repos et de mouvement, d'être et de non-être, ceux-là sont trompés

(1) Joann. Evang., I, et saint Paul, *Hæbræor.*, XI, cités par Vincent de Beauvais, *ibid.*, cap. XXII.

(2) Voy. *Specul natural.*, lib. I, cap. XIX-XXV, pour les trois alinéas qui précèdent.

par leur imagination ou par des écrits sans vérité ni autorité; et ils n'échappent pas, comme il se le figurent, aux difficultés du dogme catholique sur la création *ex nihilo*. Evitons surtout, en ces graves questions, de transporter au Dieu éternel, Créateur et Père, des locutions ou des questions qui ne s'appliquent qu'à l'homme ou aux autres causes secondes.

Dieu crée tout dans les créatures; il les tire du néant, il les fait passer du non-être à l'être. Principe immuable de toutes les existences, il rayonne la lumière, l'être, la vie, sans matière ni substance préexistante, sans modèle pris et contemplé hors de lui-même, sans prendre une portion de sa propre substance pour en faire les créatures. Il n'en est pas ainsi des anges et des hommes, qui font et qui agissent, mais qui ne créent pas (1).

Vincent de Beauvais n'explique pas davantage la nature du grand acte de la création; ce qui n'aurait pas été inutile. Car, dire que les hommes font et agissent et ne créent pas, en ce sens qu'ils ne produisent rien, cela implique contradiction. Ils font et agissent; donc ils produisent un être, un acte, un phénomène, une pensée, une vertu, une œuvre d'art ou d'esprit; c'est l'hypothèse : ils ne créent pas, ils ne font rien passer du non-être à l'être, ils ne produisent pas réellement; c'est donc comme s'ils n'agissaient pas et ne faisaient rien. Ainsi s'évanouirait tout principe, toute notion de causalité, appliquée aux causes secondes; ainsi s'évanouiraient l'activité et la causalité des causes secondes elles-mêmes, sans en excepter celles de l'homme; ce qui serait contraire à la pensée de Vincent de Beauvais, qui reconnaît les causes secondes, et qui attribue à l'homme, en particulier, une large participation à la toute-puissance de Dieu, à la causalité divine.

Ce qu'il a voulu dire, c'est probablement ceci : que Dieu seul crée et peut créer, dans le sens absolu du mot, comme cause première et seule vraiment autocratique, sans matière préexistante, sans sujet, ni modèle, ni éléments pris en dehors de lui; sans autres conditions, ni lois, ni limites que celles qu'il s'impose à lui-même, dans sa sagesse, avec une volonté souveraine et indépendante; tandis que l'homme, créé de Dieu, éclairé de la lumière du Verbe divin, cause seconde, soumis à la loi de Dieu, dépendant des lois de la nature, quoique cause véritable, ne saurait avoir par lui-même la faculté de produire et de créer, ni l'exer-

(1) *Specul. natural.*, lib. I, cap. XXVI-XXVII.

cer avec une égale autocratie, ni faire et produire avec la même autorité et la même indépendance. Cette explication est conforme à ce que Vincent de Beauvais dit ensuite sur les qualités dont Dieu doua les anges et les hommes en les créant.

CHAPITRE VIII.

DIEU ET SES ATTRIBUTS. — TRINITÉ DES PERSONNES DIVINES : LEURS RAPPORTS AVEC LA CRÉATION.

Tout ce qui a été dit jusqu'à présent sur Dieu et le monde est d'une nature si mystérieuse, si fort au-dessus de la raison, que nous ne pourrions jamais le savoir par nous-mêmes, si Dieu ne nous l'avait pas révélé. Ce que Dieu nous a enseigné dès le commencement par des révélations successives, ce qu'il a confirmé ensuite par les prophéties et les miracles, ce qui était ainsi l'objet de la foi et de la simple croyance, plus ou moins bien conservées parmi les hommes, est devenu enfin l'objet d'une connaissance plus certaine, avec le concours de la nature et celui de la grâce : de la nature, par le travail de la raison contemplant la création ; de la grâce, par l'instruction de la parole de Dieu et les aspirations pieuses de notre âme (1).

« Qu'est-ce que Dieu? dit saint Denys l'Aréopagite. C'est cette vérité vraiment existante, pour la connaissance de laquelle la foi divine offre seule aux fidèles une lumière certaine. La foi seule est la science qui unit le connaissant et le connu ; qui nous préserve de tout mal et de toute erreur ; qui nous constitue dans le bien, la perfection et le bonheur, en nous restituant l'intégrité de notre nature. Tel est, ajoute saint Denys, l'unique fondement de notre science sur la nature divine (2). »

Voyons donc, en peu de mots, ce que nous enseigne la foi sur la Divinité et ses attributs, sur la Trinité et les trois personnes divines, sur les rapports de Dieu, un en trois personnes, avec le monde et l'homme, et ne craignons pas d'aider la foi par la science, et l'action de la grâce par le travail de la raison ; car la science aide la foi, comme la révélation aide notre ignorance, et

(1) Hugues de Saint-Victor, *De Sacrament.*, lib. I, cité *ibid.*, cap. XIV.

(2) Saint Denys l'Aréopag., *De divinis Nominibus*, cité par Vincent de Beauvais : *Specul. natural.*, lib. I, cap. IV.

la contemplation de la nature, par les sens et la raison, prépare la voie aux aspirations et aux désirs de la grâce (1). Aidés de tant de moyens de connaître Dieu, les hommes ne peuvent avoir aucune excuse s'ils ne le connaissent pas et s'ils ne lui rendent pas le culte qui lui est dû.

Ici, Vincent de Beauvais nous avertit qu'il a traité ces divers sujets dans un livre *Sur la Trinité* (2), qui n'a jamais été imprimé et que nous n'avons pu trouver dans les manuscrits. Ce qui nous en reste sur Dieu, la Trinité, les attributs de Dieu, la création, se réduit donc au petit abrégé que Vincent de Beauvais nous en donne dans les premiers chapitres du livre premier du *Speculum naturale*.

Ce que Vincent de Beauvais enseignait sur la divinité du Verbe, dans ce même livre *De Sancta Trinitate*, peut être suppléé par cette partie du livre *De Dei Filio, mundi Redemptore*, dans laquelle il traite de l'éternelle génération et de la divinité du Fils de Dieu fait homme.

Dans ce même livre *De Dei Filio...*, il y a aussi quelques pages consacrées à établir la divinité du Saint-Esprit.

Quant aux grandes œuvres de Dieu, la création de l'univers et de l'homme, la providence dans l'ordre et le gouvernement du monde, la rédemption et la glorification du genre humain, les lois religieuses, la loi morale, les lois physiques et celles des arts mécaniques, les principes et les lois des sciences; tels sont les objets dont Vincent de Beauvais s'est principalement occupé, comme on a déjà pu s'en convaincre par l'aperçu général que nous avons donné de ses ouvrages (3).

Mais nous n'avons à parler ici que de Dieu considéré en lui-même, c'est-à-dire dans ses attributs, dans la trinité de ses personnes, et dans ses rapports généraux avec le monde et l'homme. Et, avant d'exposer la doctrine de Vincent de Beauvais sur ces divers sujets, n'oublions pas que le point de vue où il se place est la foi cherchant l'appui de la raison, de l'intelligence et de la

(1) Hugues de Saint-Victor: *De Sacrament.*, lib. I, cité *ibid.*, chap. XIV, intitulé : *Quod multis modis homines Deum cognoverunt.* Il y a un autre chapitre, le chapitre XIII, qui est intitulé : *De gradibus creaturarum quibus homines ad Dei cognitionem ascendunt.*

(2) *De Sanctâ Trinitate, communiter ex dictis sanctorum et catholicorum doctorum. Specul. natural.*, lib. I, cap. I.

(3) Voy. plus haut : *Bibliographie de Vincent de Beauvais.*

science. Il fait des raisonnements, des recherches scientifiques, des spéculations philosophiques, non pour savoir si l'enseignement de la foi chrétienne est vrai, mais pour comprendre et démontrer qu'il est vrai, pour en donner l'explication et le développement, et pour en faire des applications utiles au perfectionnement et au bonheur de l'homme (1).

I. De Dieu et de ses attributs.

Dieu existe : la foi nous l'enseigne; la raison en a l'évidence par le moyen des idées; la science et la philosophie en donnent la démonstration par le raisonnement et le principe de causalité. En effet, si l'on n'admettait pas cette existence suprême, infinie, parfaite, nécessaire, subsistant par elle-même, principe et cause de tout ce qui existe, comprenant en soi les raisons de toutes choses, comment existerait le monde lui-même, cet ensemble d'existences contingentes, imparfaites, qui passent et qui périssent? Aussi avons-nous déjà reconnu l'absurdité et l'impossibilité de l'athéisme; puisque les athées, pour expliquer l'origine et l'existence du monde et des choses qu'il contient, sont obligés de recourir à la nature, au hasard, à la nécessité, et de leur reconnaître tous les attributs que nous ne reconnaissons qu'à Dieu. Donc Dieu existe, et il est doué des attributs que nous venons d'énoncer (2).

Tous les attributs de Dieu se déduisent *à priori* de sa nature suprême, excellente, infiniment parfaite, dans laquelle toute idée d'être, de vrai, de bon, de beau, a une réalité infinie, pour qui toute idée est être, et dont tous les modes d'être ne peuvent nous être connus que par les idées nécessaires, absolues, immuables comme lui, qui se réfléchissent dans notre âme ou dans les autres créatures. Prenons quelques exemples.

Dieu est un, simple, incorporel, absolu, immuable, non divisible ni variable selon la diversité des temps et des lieux; le contraire de ces attributs est évidemment opposé à la perfection infinie de Dieu. Cette multiplicité et cette variabilité, qui sont une beauté dans les créatures, parce qu'il est dans leur nature d'être

(1) Voy., sur ce sujet, *Specul. doctrinal.*, lib. I, passim.

(2) Voy. *Specul. natural.*, lib. I, cap. x et xi : Qualiter ex creaturarum consideratione cognoscitur esse summa essentia. Qualiter ejus invisibilia cognoscuntur à mundi creaturâ. Et d'autres chapitres de ce même livre.

multiples et variables, seraient une imperfection dans Dieu, parce que la multiplicité et la variabilité sont opposées à sa nature et à son infinie perfection (1).

Mais comment Dieu est-il présent tout entier dans tous les temps et dans tous les lieux, sans succession, sans division? C'est là un grand mystère; c'est le mystère de la création, lequel ne se conçoit guère aussi, si ce n'est comme un fait qui se reproduit de plusieurs manières : par exemple, les lois et les idées immuables, universelles, nécessaires, qui président à l'accomplissement des phénomènes de la nature, sans participer à la nature multiple, divisible et contingente de ces mêmes phénomènes.

Vincent de Beauvais ne s'est pas appliqué, comme saint Anselme, à résoudre ces difficultés (2); il se borne à exposer la doctrine, pour montrer que Dieu, n'existant pas dans les mêmes conditions que les créatures, quoique leur étant présent en tous temps et en tous lieux, leur est infiniment supérieur par son mode d'être comme par sa nature.

Les propriétés invisibles de Dieu, comme son existence même, sont manifestées par la création, comme l'attestent saint Paul, les livres sapientiaux, les Actes des Apôtres et tous les Pères de l'Église : l'éternité, par la perpétuelle durée des choses et des idées; l'immensité, par l'étendue illimitée du monde et de l'espace; la nécessité, par la permanence des lois de la nature; sa sagesse et sa puissance éclatent partout dans le monde; sa beauté et sa bonté nous sont constamment rappelées par l'ordre et la beauté de l'univers, et par la bonté et l'utilité des créatures (3)... La Trinité elle-même, ce dogme si éminemment mystérieux et divin, reluit aussi d'une infinité de manières dans toute la création, comme nous verrons bientôt.

II. De la Trinité de personnes en l'unité de nature.

Ce dogme, comme le précédent, a été, dès le principe, tellement fondamental dans la foi chrétienne, que Vincent de Beauvais ne

(1) Saint Denys l'Aréopagite et Hugues de Saint-Victor, cités dans le *Specul. natural.*, lib. I, cap. VI.

(2) Voy. *Sancti Anselmi Monologium et Prologium*, passim, dans la collection des œuvres de saint Anselme, éditée par Gerberon, bénédictin.

(3) *Specul. natural.*, lib. I, cap. X : Qualiter invisibilia Dei cognoscuntur à mundi creaturâ.

cherche point à l'établir par l'Écriture sainte, où il est si clairement enseigné, ni par les Symboles des Apôtres, de Nicée et de saint Athanase, ni enfin par la tradition des premiers Pères de l'Église. Il veut seulement en constater la convenance, la nécessité, la raison et les manifestations, à l'aide de la philosophie et des sciences, et toujours avec des textes de saint Augustin et des autres Pères de l'Église qui sont venus après ce Père.

Le dogme de la Trinité consiste en ceci : Dieu, un dans son essence, sa substance, et ce que l'on pourrait appeler ses attributs de nature, l'immensité, l'éternité, l'infinité, la nécessité, subsiste en trois personnes distinctes dans cette unité de nature substantielle et essentielle, savoir: le Père, le Fils, le Saint-Esprit, distingués entre eux par ce que nous appellerions les attributs personnels. Les attributs essentiels de la Divinité sont communs aux trois personnes; voilà pourquoi chacune est Dieu, sans faire pour cela trois Dieux, n'étant au contraire qu'un seul et même Dieu ; le Père, le Fils, le Saint-Esprit se distinguent cependant par des attributs personnels, de sorte que chacun étant Dieu, toutefois l'un n'est pas l'autre (1).

Le Père est ainsi nommé comme principe, en langage humain, des deux autres personnes, car il est éternellement le principe. Le Fils est appelé de ce nom, parce que, engendré de lui de toute éternité, il est parfaitement semblable à son Père et lui est égal par nature. Le Saint-Esprit est ainsi appelé, parce qu'il est, toujours en langage humain, le souffle vital, l'âme aimante, l'esprit de vie, allant du Père au Fils, procédant de l'un et de l'autre et les unissant dans un amour ineffable et infini. *Est Pater Filio Veritati origo verax; et Filius, de Veritate Patre orta Veritas; et Spiritus Sanctus, à Patre bono effusa Bonitas* (2).

« Certes, dit Richard de Saint-Victor, là où il y a la plénitude infinie de toute bonté, le véritable et suprême amour ne saurait être absent; car rien n'est meilleur que l'amour : il faut donc que l'amour de Dieu puisse s'étendre à un autre lui-même; autrement Dieu ne serait pas tout amour ni l'amour infini, comme il est dit : *Deus charitas est.* Mais là où il n'y a pas pluralité de personnes, il ne peut y avoir amour : si donc il n'y avait en Dieu qu'une seule personne, son amour infini ne pourrait avoir pour objet

(1) *Specul. nat.*, lib. I, cap. XXIII.
(2) *Specul. natural.*, lib. I. Ce texte est de saint Augustin, cité *ibid.*

que les créatures finies, indignes d'un tel amour; ce qui serait absurde. Afin que la plénitude infinie de l'amour puisse avoir lieu réellement dans la Divinité véritable, il fallait donc, à cette personnalité infiniment parfaite, la société d'une autre personne égale en dignité, et par conséquent divine comme elle. En effet, le véritable amour est nécessairement réciproque et expansif; il aime, il veut être aimé, et il veut qu'un autre soit aimé comme il est aimé lui-même : la preuve d'un amour parfait ne consiste-t-il pas dans cet échange d'affection réciproque, et dans son extension à d'autres personnes? N'est-ce pas aussi un signe évident de faiblesse et d'imperfection qu'un tel amour, devenu jaloux et exclusif, ne puisse comporter la participation d'un tiers? N'est-ce pas, au contraire, la marque d'un amour parfait qu'il puisse s'étendre à d'autres que les deux premiers qui s'aiment (comme cela a lieu dans l'amour spirituel et platonique, et dans la communion des biens spirituels)? Mais si c'est un caractère de l'amour parfait d'être communicatif, expansif et réciproque, il est aussi rempli d'attraits et de gratitude; il ne peut être infiniment parfait qu'autant qu'il aime infiniment et qu'il est infiniment aimé, et qu'il aime de nouveau infiniment. Supposé donc, ce que l'on ne saurait nier, qu'en Dieu l'amour est suprême et infiniment parfait, ce qui est le point capital, cet amour exige un semblable, digne d'être aimé infiniment, et dont il soit infiniment aimé; et leur amour réciproque exige à son tour qu'un troisième, digne d'un amour infini, puisse entrer en participation ou en communion de cet amour infiniment parfait. Donc la plénitude et la consommation de l'amour divin exigent la trinité des personnes divines: mais tout ce qui est en Dieu est parfait et divin; donc, de même que Dieu est amour dans le sens le plus parfait et le plus divin, ainsi les trois personnes, tour à tour principes et termes de cet amour, sont aussi divines et infiniment parfaites, c'est-à-dire Dieu même (1). »

Ainsi est la Trinité divine : unité de nature, sans confusion de personnes; trinité et distinction des personnes sans division de la nature : le Fils né et engendré, consubstantiel et coéternel au Père; et le Saint-Esprit procédant du Père et du Fils, et étant avec eux une seule et même nature, une seule et même divinité : telle est notre foi en Dieu. Que si nous ne comprenons pas,

(1) Richard de Saint-Victor, *De Trinit.*, lib. III, cité *ibid.*, cap. VII.

croyons d'abord, puis efforçons-nous de concevoir et de comprendre (1).

III. De la Trinité dans ses rapports avec la création.

La Trinité est une de ces perfections invisibles de Dieu, qui peuvent être connues et contemplées par la considération des créatures; car le monde étant l'œuvre de Dieu et des trois personnes divines, il doit porter, dans toutes ses parties, les traces, les vestiges ou les images plus ou moins ressemblantes de sa Trinité. *Verbo Dei cœli firmati sunt, et Spiritu oris ejus omnis virtus eorum* (2). La contemplation de ces empreintes de la Trinité dans la création ne peut que nous aider à en concevoir la nécessité, la raison et la haute convenance : elle nous montrera partout cette merveilleuse loi du Trinaire. Prenons quelques exemples.

« D'abord, la Trinité est suggérée à notre esprit, dès le commencement de la création, dans la spécification des êtres et dans leur formation; car le Verbe, le Père du Verbe et l'Esprit de vie sont indiqués quand il est dit, dans la Genèse, que Dieu créa le ciel et la terre, ce qui est l'indice de la puissance; qu'il créa toutes choses, chacune selon son espèce, par la parole ou le Verbe, qui est son Fils, sa sagesse consubstantielle; qu'il les créa par amour en leur communiquant sa fécondité et sa bonté, afin qu'elles fussent bonnes et très bonnes; ce qui nous est indiqué par l'action fécondante de l'Esprit. Dieu aime donc ses créatures : premièrement, pour qu'elles existent, ce qui est l'œuvre de la puissance ou du Père; secondement, pour qu'elles représentent, chacune dans une certaine mesure et dans leur espèce, quelque chose des idées et des perfections divines, ce qui est l'œuvre du Verbe ou du Λόγος; troisièmement, pour qu'elles soient bonnes et très bonnes à jamais, et qu'à ce titre elles conservent leur existence, ce qui est l'œuvre de l'esprit de vie ou d'amour (3). »

« De plus, dans tout ce qui existe, on doit distinguer trois choses : ce par quoi cet être existe; ce par quoi il se spécifie ou

(1) Saint Augustin, *De Trinit.*, lib. VIII, cité *ibid.*

(2) Psalm.

(3) Texte abrégé de saint Augustin. *Super Genesim ad litt.*, cité par Vincent de Beauvais, *ibid.*, cap. IX.

se distingue ; ce par quoi il subsiste convenablement : trois choses tout à fait distinctes et différentes. Il faut donc que la cause de tout être soit trine, pour qu'il soit, pour qu'il soit de telle manière déterminée, et pour qu'il soit bien ou bon, et heureux en soi. Cette cause, c'est Dieu, le plus excellent, le plus intelligent, le plus heureux et le meilleur de tous les êtres. Le Père-Créateur est donc un en trois personnes, et il a imprimé le triple sceau de sa divinité, de sa Trine-Unité dans toutes les créatures. Voilà pourquoi, dans la recherche des vérités scientifiques, toutes les questions se réduisent aux trois suivantes : « Cette chose existe-t-elle ? Quelle est sa nature ou son mode d'être? Est-elle bonne ou mauvaise (1) ? »

Mais il y a d'autres vestiges de la Trinité dans la création, qui sont plus clairement indiqués dans la Genèse, et qui se révèlent d'eux-mêmes avec plus d'évidence dans certaines créatures. Ce sont les paroles que Dieu prononça en procédant à la création de l'homme : *Dieu dit : Faisons l'homme à notre image et ressemblance : et il le fit à l'image et ressemblance de Dieu.* L'homme réunissant en lui les trois degrés de vie les plus parfaits, la vie spirituelle des anges, la vie sensitive des animaux, la vie végétative des plantes, nous trouverons ici plusieurs vestiges facilement reconnaissables de l'éternelle, de la toute parfaite, de la très sainte et très adorable Trinité.

« Nous autres hommes, s'écrie saint Augustin, nous avons donc été créés à l'image et ressemblance de notre Créateur, de Celui à qui appartient en propre l'éternité véritable, la vérité éternelle, le véritable et éternel amour : et il est lui-même la Trinité éternelle, véritable et infiniment aimable. Cette Trinité n'implique ni la confusion, ni la division ; et, puisque toutes choses ont été faites par elle, et qu'elles lui sont redevables de leur existence, de leurs modes d'être, des biens qu'elles ont ou auxquels elles aspirent, recueillons avec soin les vestiges, plus ou moins considérables, de la Trinité qu'a laissés dans les créatures le Dieu infini en puissance, en sagesse, en bonté, qui a donné à toutes l'existence, le mouvement et la vie.

» Contemplons d'abord en nous l'image de notre Créateur et Père, afin que, revenus à nous-mêmes, comme ce jeune fils de l'Évangile, nous puissions ressusciter et retourner à celui dont

(1) Saint Augustin, lib. LXXXIII *Quest.*, cité *ibid.*, cap. XII.

nous nous étions retirés par le péché. Là, notre être n'est pas sujet à la mort, notre raison ne connaîtra pas l'erreur, notre volonté n'aimera pas et ne fera plus le mal. Car dans toutes les choses qui existent et qui ne sont pas ce que Dieu est, lui qui les a faites, les êtres vivants sont préférés à ceux qui ne le sont pas, et, parmi les êtres vivants, ceux qui ont la faculté de sentir sont préférés à ceux qui n'ont pas cette faculté; et parmi ceux qui ont des sens et des sensations, ceux qui sont doués d'intelligence sont préférés à ceux qui n'en sont pas doués; et parmi les êtres intelligents, ceux qui sont immortels sont préférés à ceux qui sont mortels. Mais c'est seulement à l'égard des créatures raisonnables que la volonté et l'amour pèsent dans la balance de notre estime et de nos préférences; voilà pourquoi, bien que les anges soient, par nature, supérieurs aux hommes, par la loi de justice, les hommes bons sont cependant préférables aux mauvais anges.

» Or, nous portons en nous une image de cette Trinité suprême, par laquelle notre nature est plus semblable à Dieu que celle d'aucune des choses qu'il a créées. Car nous existons; nous savons que nous existons, et nous aimons notre être et cette connaissance que nous avons de nous-mêmes. Bien plus, les animaux irraisonnables, qui sentent qu'ils veulent exister, et montrent, à leur manière, comme ils peuvent, qu'à cause de cela ils évitent la mort; les arbres et les arbustes insensibles, qui ne sont qu'en germes, pour lancer dans les airs leurs cimes élevées, enfoncent leurs racines à une plus grande profondeur dans la terre, afin d'en tirer leur aliment et de conserver ainsi leur existence à leur manière; enfin les corps bruts, qui n'ont ni sentiment, ni vie séminale, montent en haut, descendent en bas, se meuvent en tous sens, ou demeurent suspendus dans certains milieux, afin de conserver leur existence là où leur nature leur permet de rester : tous ces corps, dis-je, existent et montrent, comme ils peuvent, qu'ils sont attachés à l'existence; mais, de plus, ils nous montrent leurs formes pour nous les faire apercevoir ou sentir, afin de paraître vouloir connaître et exercer par nous cette connaissance qu'ils ne peuvent avoir par eux-mêmes.

» C'est ainsi que nous percevons par les sens leur existence, leurs modes d'être et leur amour de la vie, afin de juger de toutes ces choses, non par les sens, mais par un sens intérieur bien plus excellent et particulier à l'homme, avec lequel nous sentons le juste et l'injuste : le juste par les idées intelligibles, et l'injuste par la privation, l'absence ou la non-réalisation de l'idée de justice.

» Pour l'exercice de ce sens, il n'est besoin ni des yeux, ni des oreilles, ni des narines, ni du palais, ni du tact, ni d'aucun organe corporel et sensible. Je suis certain que j'existe, je suis certain que je sais que j'existe, j'aime cette connaissance et cette existence, et je suis également certain de mon amour (1). »

IV. Divinité du Verbe et du Saint-Esprit : leur égalité avec Dieu le Père.

Vivant en plein christianisme, Vincent de Beauvais, dans les ouvrages qui nous restent de lui, se borne à constater la foi et la doctrine de l'Église latine sur ce sujet, principalement depuis le quatrième siècle. Son livre *Sur la Trinité* ne se trouvant plus, on ne saurait dire s'il reprenait la question de plus haut, telle qu'elle fut débattue entre les hérétiques et les catholiques pendant les siècles qui ont précédé : la doctrine de l'Église, pendant les quatre premiers siècles, n'a repris de l'importance que dans ces derniers temps, à cause de ce système nouveau, imaginé par les philosophes allemands, sur l'origine et la formation lente et progressive des principaux dogmes chrétiens.

Toutefois, Vincent de Beauvais ne passe pas tout à fait sous silence les hérésies de Sabellius, de Macédonius, d'Arius et des semi-ariens. Sabellius n'admettait en Dieu qu'une seule personne, qu'un seul principe d'action; Macédonius niait la divinité du Saint-Esprit; Arius niait la divinité du Verbe, sa consubstantialité et son égalité avec le Père. L'histoire de ces hérésies, les arguments que les catholiques leur opposèrent, la condamnation et la réprobation dont elles furent l'objet quand elles parurent dans le monde, tout nous montre qu'elles étaient opposées à la croyance universelle de l'Église ainsi qu'à la tradition constante et unanime de tous les chrétiens.

Vincent de Beauvais se borne donc, dans le *Speculum naturale*, l. I, à citer quelques passages de l'Écriture sainte et de la tradi-

(1) Saint Augustin, *De Civitate Dei*, lib. II, cité *ibid.*, cap. XII.

tion de l'Église latine qui établissent la divinité de Jésus-Christ et celle du Saint-Esprit, et leur égalité avec le Père ; mais il s'étend beaucoup plus sur cette matière dans son livre *De Filio Dei, mundi Redemptore*, ou *De Gratia Dei*, dont nous donnerons plus tard l'analyse.

CHAPITRE IX.

DES ANGES ET DU MONDE ANGÉLIQUE. — EXCELLENCE DE LA DÉMONOLOGIE CHRÉTIENNE.

Au commencement, Dieu créa le ciel et la terre, le séjour des anges et celui des hommes. La création des anges a précédé celle de l'homme, mais l'histoire de leur création a plusieurs traits de ressemblance, et cela devait être; car l'ange et l'homme se ressemblent par les côtés les plus importants de leur nature.

I. Nature des anges et leurs propriétés.

Ce mot *anges* est un nom d'office, qui ne fait pas connaître leur nature ni leurs propriétés essentielles. L'ange est une substance spirituelle, incorporelle, intelligente, intelligible, douée d'activité volontaire et libre, ayant conscience de sa personnalité, servant Dieu par un effet de la grâce surnaturelle et non par une conséquence nécessaire de leur nature, et susceptible enfin d'être investie d'une gloire immortelle.

Il faut remarquer dans leurs attributs : 1° la subtilité ou l'immatérialité de leur essence; 2° la perspicacité de leur raison et l'étendue de leur science; 3° la faculté de faire ou de ne pas faire, la liberté et le libre arbitre; 4° leur distinction personnelle.

Toutes ces qualités conviennent à l'âme humaine, avec cette différence qu'elle n'est une personne complète que quand elle est unie au corps, puisque telle est sa destination. On a dit de l'homme que c'était un *ange déchu :* cela n'est vrai littéralement que dans le système platonicien de la préexistence des âmes. Historiquement parlant, on ne peut l'entendre qu'en ce sens, que l'homme avait été créé primitivement, comme les anges, dans un état d'innocence et de sainteté; ce qui est incontestable. Toutefois il serait plus exact de dire, comme les saintes Ecritures, que l'homme est le *frère des anges.* Les anges et les hommes ont eu, en effet, des destinées très semblables, et ceux-ci ont été créés pour remplir les places laissées vides dans le ciel par la chute des mauvais anges.

L'état dans lequel les anges ont été créés était la sainteté et l'innocence, c'est-à-dire l'intégrité de toutes leurs facultés morales et naturelles. Ce n'était pas encore la justice et la vertu résultant de l'épreuve à laquelle ils furent soumis, ni la gloire et le bonheur dont jouissent maintenant les bons anges. Cet état primitif ne fut pas non plus, pour l'ange ni pour l'homme, un état de misère ni de dégradation de leur nature par la prédominance des affections d'un ordre inférieur : il aurait été peu digne de Dieu de les créer dans un tel état.

Mais la persévérance des bons anges dans le bien, par leur conversion constante vers le Père des lumières, est l'effet d'une grâce spéciale et surnaturelle, qui ne leur était point due; leur glorification actuelle, qui est elle-même surnaturelle, est la récompense de leur correspondance à cette grâce de prédestination surnaturelle, et de leur persévérance dans le bien. Maintenant les bons anges sont confirmés dans la possession et la jouissance de tous les biens naturels et surnaturels que Dieu leur avait accordés; ils jouissent de la vision intuitive; ils sont saints et impeccables à jamais, et heureux pour l'éternité du bonheur même de Dieu, très haut, très grand, très puissant (1).

De là leur hiérarchie et l'heureuse société qu'ils forment entre eux; de là leur puissance et leurs fonctions dans l'univers, par lesquelles ils servent Dieu et partagent avec lui l'empire du monde; de là leurs fonctions et leur sollicitude à l'égard des hommes. Sur ces divers sujets, comme sur les précédents, Vincent de Beauvais n'invente rien, ne hasarde rien; il ne sort pas des limites d'une orthodoxie rigoureuse, dans le double but d'instruire et d'édifier.

II. Hiérarchie du monde angélique.

Tout le monde sait que, selon l'enseignement catholique, les anges sont divisés en neuf chœurs ou ordres, classés eux-mêmes en trois séries de trois ordres. Ces ordres et ces séries des plus excellentes créatures que Dieu ait faites forment autour de lui un concert de louanges, destiné à célébrer éternellement la

(1) Voy., pour tout le commencement de ce chapitre, *Specul. natural.*, lib. II, cap. XXXIII-XLII. S. Augustin et P. Lombard, etc., cités *ibid.*

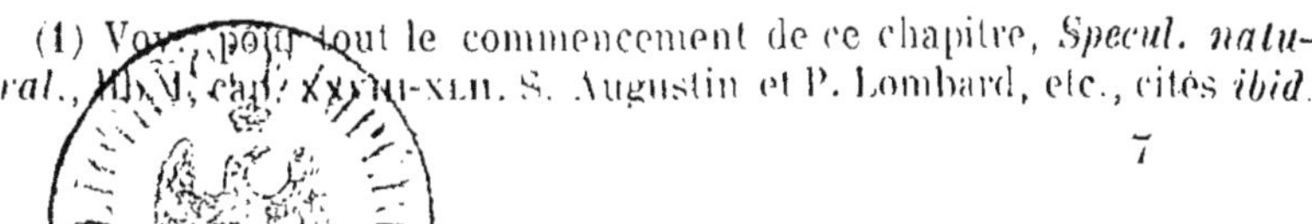

gloire du Dieu trois fois très grand et trois fois très saint. Chaque ordre et chaque série, par une merveilleuse combinaison de propriétés, a un rapport plus particulier avec l'une des trois personnes de cette hiérarchie suprême et divine, si on peut lui donner ce nom, qui n'est autre que la Trinité elle-même, modèle parfait de toutes les hiérarchies, de la hiérarchie angélique et de la hiérarchie humaine, de la hiérarchie spirituelle ou ecclésiastique, et de la hiérarchie civile et politique.

Voilà ce que l'on appelle les neuf chœurs des anges. Les dons spéciaux et les degrés d'excellence qui les distinguent; leurs échanges continuels de puissance, de sagesse, de bonté, de tous leurs dons surnaturels; leurs corrélations avec les trois personnes de la Trinité, c'est-à-dire avec la hiérarchie divine; leurs noms et leurs fonctions ou leurs attributions particulières; toutes ces questions sont longuement expliquées par Vincent de Beauvais, d'après les auteurs catholiques (1).

Mais à quoi bon une hiérarchie parmi les anges? Voici comment Vincent de Beauvais répond à cette question : Dieu, dit-il, a voulu que les créatures raisonnables participassent à sa souveraineté, à son autorité, à sa puissance. C'est pourquoi il a établi une hiérarchie parmi les anges et parmi les hommes, et leur a donné pouvoir et domination sur toutes les créatures qui sont au-dessous d'eux. Ce pouvoir et cette autorité sont proportionnés à leur excellence respective, et au rang que chacun occupe dans sa propre hiérarchie. Ce rang, cet ordre, ces pouvoirs, sont diversifiés à l'infini dans le monde angélique et dans le monde humain : mais on compte neuf ordres principaux dans la hiérarchie des anges.

Cette organisation hiérarchique des anges entre eux n'est point arbitraire, sans utilité, sans cause. Elle est déterminée par les divers degrés d'excellence et par la différence des qualités personnelles qui les distinguent; elle a pour but d'établir l'ordre dans le monde angélique, dans l'univers sidéral, dans le globe terrestre et dans les autres parties du monde que les anges doivent gouverner; enfin elle est nécessaire pour que chaque être ait sa place dans la création, pour que l'ordre y soit conservé, pour que tout ne rentre pas dans le chaos.

La hiérarchie angélique, considérée en elle-même et dans ses

(1) *Specul. natural.*, lib. I, cap. XLIV-LXIV.

formes, n'est donc point arbitraire ni inutile, mais nécessaire, essentielle, fondée sur les lois éternelles. La hiérarchie, dit saint Denys l'Aréopagite, est la ressemblance et l'unité relativement à Dieu, autant que possible : c'est l'*ordre*, la *science*, l'*activité*, coordonnés par Dieu même et en vue de Dieu. L'*ordre* comprend la puissance et correspond au Père; la *science* comprend la sagesse et l'intelligence et correspond au Fils; l'*activité* comprend la volonté, le désir, l'amour, la vie, et correspond au *Saint-Esprit*.

Chaque triade de la hiérarchie correspond plus spécialement au Père, ou au Fils, ou au Saint-Esprit, et, dans chaque triade, les membres qui la composent ont aussi chacun un rapport plus particulier avec une des personnes de la sainte Trinité. C'est à leur persévérance dans le rang et la mission que Dieu leur avait donnés que les anges sont redevables de leurs plus brillantes prérogatives : l'impeccabilité, l'immortalité, la vision de Dieu face à face, la souveraine félicité (1).

III. Fonctions des anges a l'égard des hommes.

Nous avons déjà dit, en général, que les anges sont les ministres de Dieu dans l'ordre et le gouvernement du monde : *Qui facis angelos tuos spiritus, et ministros tuos flammans ignis* (2). Mais, cela posé, Vincent de Beauvais, en vue de notre édification, s'applique davantage à nous faire connaître les relations actives et les rapports de tous genres par lesquels nous sommes unis avec ces natures excellentes : *Omnes autem sunt administratorii spiritus, missi in ministerium propter illos qui hæreditatem capiunt salutis* (3).

« Certes, dit Vincent de Beauvais, c'est une preuve évidente de la dignité et de l'excellence de la nature humaine, que Dieu ait préposé à chacun de nous, dès notre enfance, un ange pour nous garder. Car, bien qu'à cet âge l'homme ne puisse commettre de péché, puisqu'il n'a pas le libre arbitre, il a cependant besoin du secours des anges pour que le démon ne lui nuise ni dans son corps, ni dans son âme (4). »

(1) *Specul. natural.*, lib. I, cap. XLIV–LXIV, passim.
(2) Psalm. 103, cité *ibid.*, cap. LXVI.
(3) Saint Paul aux Hébreux, chap. II, cité *ibid.*, cap. LXV.
(4) *Specul. natural.*, lib. I, cap. LXXII.

La grâce de Dieu reçue au baptême nous protége contre le foyer intérieur du péché, contre la concupiscence souvent fomentée par le démon; l'ange gardien, qui nous est préposé en naissant, aide notre volonté à coopérer à la grâce et à repousser les efforts persévérants par lesquels le démon nous induit en tentation et en toutes sortes de maux. Toutefois, comme la grâce dont ils secondent l'action sur nos âmes, les anges, quoique animés d'un grand désir de nous sauver, ne font pas tout ce qu'ils pourraient faire naturellement pour nous préserver du péché et nous faire pratiquer la vertu; ils voient dans le Verbe divin la mesure des secours qu'ils nous doivent accorder, sans porter préjudice à notre liberté et à nos mérites. N'accusez donc pas la grâce de Dieu ni les anges, si vous tombez dans quelque péché ou quelque mal nuisible à votre âme; ne vous en prenez qu'à vous-mêmes, qui n'avez pas fait usage de leur puissant secours (1).

Les anges, comme la grâce multiforme de Dieu, nous assistent, en effet, d'une infinité de manières et en très grand nombre; car, outre l'ange gardien, il y a encore les anges des royaumes, des provinces, des tribus, des familles et des empires : ils sont en si grand nombre occupés de notre salut et de porter nos prières aux pieds de l'Éternel, que nous en sommes environnés de tous côtés, quelque part que nous allions; que l'espace que l'on croit vide en est rempli, et qu'ainsi, outre l'œil universel de la Providence, tout est plein de divins témoins de nos pensées, de nos sentiments et de tout ce que nous faisons : *Plena sunt omnia divinis testimoniis, et omne hoc vacuum quod putatur repletum est angelis* (2).

Les anges sont, d'ailleurs, engagés par les plus puissants motifs à veiller sur nous et à nous prodiguer des soins efficaces :

1° A cause de Dieu, qui leur ordonne de nous donner ces soins, et qu'ils s'efforcent d'imiter dans sa bonté miséricordieuse pour notre pauvre humanité;

2° A cause de nous, car les anges voient en nous des frères destinés à remplacer dans le ciel d'autres frères qui ne sont pas demeurés fidèles à Dieu au temps de l'épreuve ;

3° A cause d'eux-mêmes; car, bien que confirmés en grâce et

(1) *Idem., ibid.*

(2) Saint Hilaire de Poitiers, sur le Ps. *Beati immaculati in viâ...* cité *ibid.*, cap. LXXIV.

dans la possession du suprême bonheur, les anges, selon Pierre Lombard, progressent avec le temps dans la connaissance des divins mystères, dans l'amour de Dieu et en béatitude : leur bonheur s'accroît d'autant plus qu'ils connaissent davantage, et qu'ils sont plus enflammés d'amour pour Dieu et pour les hommes. Cet amour est à la fois un mérite et une récompense : un mérite, puisqu'il leur fait mériter des services pour nous et une augmentation de bonheur pour eux; une récompense, puisqu'ils en deviennent plus parfaits et plus heureux (1).

C'est ainsi que les anges participent, à leur manière, à la grande restauration universelle par Jésus-Christ, restauration qui embrasse et le ciel et la terre, et le temps et l'éternité.

Instaurare omnia in Christo, sive quæ in cœlis, sive quæ in terrâ sunt... in quo condita sunt omnia (2).

Celui qui serait bien convaincu de toutes ces vérités pourrait-il jamais consentir à offenser Dieu? car, si l'infirmité de notre nature nous incline au mal, elle répugne cependant à le commettre en présence de témoins si respectables (3).

IV. Excellence de la doctrine catholique sur les anges.

Cette doctrine est excellente, non seulement parce qu'elle repose sur des témoignages formels de l'Écriture et de la tradition, mais encore à cause de l'heureuse influence qu'elle peut exercer sur l'esprit et le cœur de vrais fidèles.

De plus, toutes les religions et tous les peuples ont conservé cette croyance, que le ciel, la terre et le monde entier sont remplis de ces natures spirituelles, supérieures à l'homme et inférieures à Dieu; tous ont eu, comme on dirait aujourd'hui, leur *démonologie* ou leur *mythologie*.

Toutefois, nous revendiquons cette doctrine comme nous étant propre : 1° parce qu'elle est émanée de l'histoire sacrée des premières origines du genre humain, admise par les chrétiens, et que de là elle s'est répandue partout; 2° parce qu'elle n'a été conservée, par une tradition constante, dans sa pureté et sa moralité essentielles, que chez les juifs et les chrétiens, et chez les peuples qui ont embrassé le judaïsme ou le christianisme.

(1) Pierre Lombard, cité *ibid.*, cap. LXXXII.

(2) Saint Paul.

(3) Saint Hilaire, cité *ibid.* cap., LXXIV.

Des philosophes et des historiens modernes, intervertissant les rôles, ont regardé le culte des anges et des saints comme un emprunt fait par le christianisme aux anciens cultes polythéistes, idolâtriques ou mythologiques, sauf quelques modifications inévitables. Cette inculpation de plagiat éclectique peut être aisément réfutée par quelques observations faciles à comprendre et à vérifier. Faisons d'abord la petite part de vérité qu'il y a dans cette objection; montrons ensuite qu'elle est entièrement fausse dans ses conséquences.

Les dieux et les déesses, les demi-dieux et les héros, les bons et les mauvais génies, jouent, en effet, un grand rôle dans les théogonies, les mythologies et les démonologies de l'antiquité, et les croyances, vraies ou fausses, relatives à ces divinités secondaires, étaient la base fondamentale des divers cultes idolâtriques, lesquels, malgré leur grande diffusion, ne purent jamais anéantir complétement la croyance en un seul Dieu suprême : *Deus deorum Dominus... Zeus pater deorum atque hominum* (1)....

Pour peu que l'on connaisse les traditions des chrétiens et celles des anciens peuples, on comprendra aisément les observations suivantes que nous allons leur opposer :

I. Ces histoires de dieux, de héros et autres génies, par le fait de leur établissement dans les croyances et les cultes populaires, étaient entachées de plusieurs vices très évidents, et qui ont été énergiquement flétris par les premiers apologistes de la religion chrétienne :

1° Ces histoires et ces croyances étaient notoirement, du moins aux yeux des savants et des philosophes, le fruit de l'imagination des poètes; elles n'avaient ni uniformité, ni constance chez les divers peuples; elles n'étaient et ne pouvaient être nulle part l'objet d'un enseignement public, positif et sérieux, malgré leur tendance à étouffer complétement le culte du vrai Dieu sous une masse informe et ténébreuse de pratiques idolâtriques, poly-

(1) Psalm. 49. — Fragment d'un vers redit souvent par Homère et par Virgile. — Voy. aussi un passage des livres sapientiaux, où il est parlé de l'origine de l'idolâtrie. — Voy. encore un chapitre de l'*Essai sur l'indifférence*, chapitre *Des Cultes idolâtriques*. — Vincent de Beauvais croit aussi, avec la plupart des Peres de l'Église, que les païens n'avaient pas tous perdu la notion de l'unité du Dieu suprême, du seul vrai Dieu. *Specul. natural.*, lib. 1

théistes et superstitieuses, qui étaient toute la religion pour les populations païennes : *chacun errait dans sa voie...*

2° Ces histoires mythologiques, les cultes et les croyances qui s'y rattachaient, étaient, aux yeux de tous, tellement empreints d'une évidente immoralité, que les honnêtes païens s'en scandalisaient eux-mêmes et les transformaient en allégories physiques. Vains efforts : la corruption des mœurs avait divinisé les forces aveugles de la nature et les hommes célèbres par leurs crimes ; elle plaçait sur les autels et proposait à l'adoration des peuples le symbole de tous les vices : Jupiter, Junon, Mars, Vénus, le Phallus, « à cause, dit Cicéron, d'une certaine force irrésistible et, pour ainsi dire, divine, qui leur est inhérente (1). »

3° Enfin, ces histoires et ces croyances mythologiques, toutes fausses et contradictoires, toutes superstitieuses et corrompues qu'elles étaient, n'en avaient pas moins effacé tout vestige de culte et presque toute notion du Dieu suprême, chez les peuples païens parmi lesquels elles s'étaient accréditées, et pour lesquels, selon l'énergique expression de Bossuet, tout était dieu, excepté le seul Dieu véritable. On rendait un culte divin, non seulement aux bons génies d'un ordre supérieur, mais encore aux mauvais génies, aux dieux du mal, et on honorait ces divinités infernales par des pratiques si horribles, que la plume, comme la parole, se refuse à les décrire (2).

Les philosophes n'opposèrent jamais à ces abominations, dont ils avaient la conscience, des réclamations hardies au nom de la raison, dont ils se croyaient mieux éclairés que le vulgaire, ni au nom du seul Dieu véritable qu'ils connaissaient, sans avoir le courage de le confesser, ni au nom de la morale, dont ils se disaient les défenseurs (3).

II. Les progrès qu'a faits, dans ces derniers temps, l'histoire des religions de l'antiquité, nous permettent d'ajouter d'autres différences plus fondamentales aux précédentes, qui distinguent déjà si profondément la démonologie chrétienne de la mythologie

(1) Cicéron, *De Naturâ Deorum*. — Platon, Socrate, les stoïciens, es alexandrins, etc., passim.

(2) Voy. Eusèbe de Césarée, *Préparation évang.*, passim. — Bossuet, *Disc. sur l'hist. univ.*, loco pprio.

(3) Voy. les énergiques reproches que saint Paul adresse aux philosophes païens, *Épître aux Romains*, cap. I, II, III.

païenne, sous le rapport de la clarté, de la précision et de la moralité. En effet, les théogonies et les mythologies anciennes, telles qu'elles ont été formulées ou systématisées par leurs représentants officiels, dans leurs monuments authentiques, ou chez les historiens modernes, se rattachent, de près ou de loin, non seulement aux systèmes idolâtriques les plus variés et les plus monstrueux, comme nous venons de le voir, mais encore à des systèmes philosophiques tout à fait incompatibles avec le dogme chrétien sur Dieu, la création et les anges.

1° Les théogonies et les mythologies qui ont eu cours chez les divers peuples nous représentent les divinités inférieures comme *émanées* ou *engendrées* de l'Être suprême; ce qui suppose, dans l'essence divine, multiplication ou division. Que devient alors l'unité de Dieu, son indivisibilité, son infinité? Que devient la création *ex nihilo?*

2° Ces théogonies et ces mythologies nous représentent encore les divinités inférieures comme de simples manifestations spécifiques de l'essence divine dans la nature : tous les êtres, les dieux et les hommes, les âmes et les corps, les génies et les êtres physiques, sont, au même titre, des spécifications de la vie divine dans la nature, c'est-à-dire dans le monde. C'est le pur panthéisme ou le théopantisme, d'après lequel Dieu est tout et tout est Dieu; doctrines également opposées à l'idée de création *ex nihilo*, et à la distinction essentielle entre Dieu et la créature.

3° Il résulte de ces explications que tous les phénomènes et tous les êtres de la nature, les bons comme les mauvais, les matériels comme les spirituels, sont des parties ou des manifestations de Dieu, ne sont que Dieu même subsistant, se manifestant, pensant, voulant et agissant en eux et par eux; ce qui est *naturaliser* Dieu, *déifier* la nature, *identifier* la nature avec Dieu, nier la distinction entre le vrai et le faux, le bien et le mal, proclamer l'optimisme ou l'indifférentisme en religion, en morale, dans les sciences. Comment tout ne serait-il pas indifférent ou le meilleur possible, dans le meilleur des mondes possibles, puisque Dieu est tout et que tout est Dieu!

4° Donc, si les théogonies, les théophanies, les apothéoses et les mythologies, limitent les émanations et les manifestations divines aux esprits supérieurs à l'homme, c'est pure inconséquence; c'est aussi une inconséquence de n'adresser qu'à eux nos adorations et nos hommages; il faut les adresser à tous les êtres et à nous-mêmes, puisque Dieu est tout et que tout est Dieu, au même titre (1).

Il ne faut qu'un peu d'attention et de bonne foi pour comprendre combien est différente la doctrine des chrétiens catholiques sur les anges. L'ange et l'homme, disent-ils, ont été créés à l'image de Dieu, pour continuer l'œuvre divine de la création; pour que, par leur ministère, le monde devînt le plus semblable possible à son modèle éternel, et afin qu'ils devinssent eux-mêmes de plus en plus semblables à Dieu, par une imitation et une assimilation toujours croissante, autant que possible, de la perfection divine et infinie. C'est pourquoi Dieu a revêtu l'ange et l'homme d'intelligence et de puissance, de gloire et de majesté, en les admettant à partager avec lui l'empire et le gouvernement du monde (2).

Dieu n'avait, sans aucun doute, aucun besoin de ce secours pour être heureux en lui-même, ni pour gouverner l'univers, comme l'avaient imaginé les païens, qui avaient peuplé le monde de fausses divinités, parce qu'ils croyaient qu'un seul Dieu ne pouvait suffire au gouvernement de tant d'êtres différents, et qu'ils attribuaient directement à la divinité tous les phénomènes naturels dont ils ne connaissaient pas la loi propre ou la cause immédiate. De là cette définition de la sagesse et de la philosophie, si universellement reçue dans l'antiquité : *la science des choses divines et humaines;* définition qui impliquait une identification de la nature avec Dieu; l'homme, partie de la nature, finissait par être englouti dans ce même gouffre du panthéisme et du théopantisme, consacré par les cultes polythéistes et idolâtriques, qui divinisaient tout.

Dieu a voulu créer, par pure bonté, par un acte souverainement libre, et en les tirant du néant et non d'une matière éternelle, ni de sa propre substance, la nature angélique, la nature

(1) Voy. notre *Histoire de la philosophie orientale*, passim.—*Religions de l'antiquité*, par Creuzer et Guigniaut, passim.

(2) *Perfecti estote sicut Pater vester cœlestis perfectus est..... Conformes fieri imagini Filii ejus..... Quid est homo... aut filius hominis..... Gloria et honore coronasti eum et constituisti super omnia opera manuum tuarum..... Faciamus hominem ad imaginem et similitudinem nostram, et præsit omni creaturæ.* Bible, passim.

humaine et la nature physique, afin que les anges et les hommes fussent parfaits et heureux, par leur ressemblance avec Dieu, en lui demeurant soumis, et que, par eux, la nature entière fût, autant que possible, semblable à son divin auteur.

CHAPITRE X.

DE LA PROVIDENCE DIVINE, SELON LA DOCTRINE CATHOLIQUE.

La Providence n'est pas un attribut simple de la Divinité, mais un attribut complexe. Pour le connaître et le concevoir, il faut embrasser Dieu et l'univers, l'éternité et le temps, la création et les lois du monde.

Il ne s'agit pas en effet ici des idées arbitraires que l'on s'est faites quelquefois sur cette doctrine fondamentale, mais de cet article du Symbole chrétien et de la foi du genre humain sur une Providence universelle et souveraine, c'est-à-dire une Providence à laquelle tout est soumis d'une manière absolue, et qui s'étend à toutes choses sans exception.

L'idée chrétienne de Providence est tout entière dans les premières paroles du Symbole des Apôtres et du symbole de Nicée : *Credo in unum Deum, Patrem omnipotentem, factorem cœli et terræ, visibilium omnium et invisibilium.* Si Dieu est tout-puissant, παντοκράτωρ, il peut tout, il a toute puissance, il est cause, dans le sens le plus absolu du mot, et de lui émanent originairement toute puissance, toute force, toute activité, toute opération, toute vie.

De même, si Dieu est le créateur du ciel et de la terre, c'est-à-dire de tout ce qui existe, des choses visibles et matérielles et des êtres invisibles et spirituels, il ne peut pas ne pas en être le maître absolu. Car, dépendant de la volonté suprême de Dieu quant à l'existence, comment l'ensemble des êtres créés n'en dépendraient-ils pas quant à leurs lois, à leurs modes et à toutes les manières d'être.

L'idée la plus exacte et la plus juste de la providence de Dieu, c'est donc celle qu'en donne le catéchisme, en disant que rien n'arrive que ce qu'il ordonne, ou que ce qu'il permet, ou que ce qu'il laisse faire, et que toutes choses, même les plus mauvaises et les plus imparfaites, rentrent de quelque manière dans l'ordre général, par l'obéissance qui légitime, ou par la justice qui répare, ou par la vie future qui rétablira l'ordre parfait en toutes choses (1).

Si la matière était éternelle, comme les Grecs l'enseignaient, pour la plupart, et, après eux, les dualistes manichéens, il est évident que la notion de Providence serait compromise. Car si la matière est indépendante de Dieu quant à l'existence, elle en est aussi indépendante quant à ses modes d'être essentiels et distinctifs. Et si ces modes d'être étaient, comme l'enseignaient les philosophes grecs et les manichéens, le chaos, la confusion, le désordre, l'inertie ou le mouvement désordonné, l'obscurité et les ténèbres, comment Dieu aurait-il pu donner à la matière l'ordre, la beauté, le mouvement et la vie?

Aussi voyez, dans le *Timée* de Platon, comme Dieu lutte péniblement contre ces qualités de la matière rebelles à tout bien, à toute lumière, à toute sagesse. Les manichéens ont trouvé plus logique de supposer que les deux principes, Dieu et la Matière, étant nécessaires et infinis, ils n'étaient jamais ni vainqueurs ni vaincus, ou qu'ils étaient alternativement vainqueurs et vaincus, dans leur lutte éternelle. Dans le système dualiste, toute Providence est donc impossible.

Il en est de même de l'athéisme et du matérialisme, à plus forte raison. Car ces deux systèmes, non seulement excluent formellement l'idée de Providence divine, mais ils semblent encore n'avoir été inventés que pour contredire cette croyance. En effet, premièrement, si vous supposez, avec Démocrite et Épicure, que toutes choses sont formées par le mouvement et l'agrégation des atômes dans le vide, sous la triple loi du hasard, de la nécessité et des forces mécaniques; que ce qu'on appelle Dieu ou les dieux ne sont que des agrégations d'atômes plus grandes, plus puissantes, plus intelligentes que les autres, et exerçant sur elles une influence irrésistible; si vous admettez cette doctrine atomiste, mécaniste, fataliste, il n'y a pas lieu à la Providence; l'application

(1) Voy. *Specul. natural.*, lib. XXIX, cap. LXXVI : Quod solus bonus Deus creat universa... Potentia Dei facit ea quæ faciunt causæ secundæ... Quælibet causæ, corporales vel seminales, angelorum vel hominum, ipsas naturas non facit nisi summus Deus, cujus occulta potentia, cuncta penetrans, incommutabili præsentiâ facit esse quicquid est aliquo modo existens.....Voy. aussi le chapitre LXVI : Quod Dei voluntas sit prima et summa rerum omnium causa... Et tous les chapitres qui établissent l'universalité de la Providence.

de ce mot à cet ordre de choses serait dérisoire, impie, blasphématoire.

Si vous supposez que la matière est une substance fluide, subtile et quasi-spirituelle ; qu'elle se meut, se développe et se transforme physiologiquement en vertu d'une puissance dynamique, vitale, intelligente même, qui lui est inhérente, mais qui n'est pas un principe distinct, ni une substance particulière; qu'elle produit toutes choses de sa substance, et que tous les phénomènes sont comme évolutions naturelles de ses énergies et de ses propriétés essentielles; si vous admettez cette théorie dynamiste, vitaliste et animiste, il n'y a pas lieu non plus à la Providence; la matière est tout, ses propriétés sont tout, et il serait ridicule et contradictoire d'appeler de ce nom l'ordre réel ou matériel, ou l'expression mathématique ou physiologique de cet ordre.

Le panthéisme exclut aussi l'idée de Providence, bien qu'il ait l'air de l'exagérer, en disant que Dieu est tout et que tout est Dieu. En effet, en le prenant dans cette forme simple et absolue, il s'ensuit que Dieu est le monde, que le monde est Dieu, et que tous les êtres sont une portion de Dieu, non distincte de Dieu, du moins quant à l'essence et à l'existence. S'il n'y a au monde qu'un seul être, qui est tout, et que sont toutes choses, il n'y a aussi au monde qu'une seule cause, une seule pensée, une seule volonté. Il s'ensuivrait d'abord que le monde est illusoire, et le panthéisme absurde et contradictoire dans sa formule et son énoncé; ensuite que tout est bien et se fait pour le mieux, puisque c'est Dieu, l'être infiniment parfait, qui est tout et fait tout en toutes choses. En conséquence, le mal n'est pas, il n'est ni concevable ni possible, dans l'ordre physique comme dans l'ordre moral.

Subtilisez tant que vous voudrez, modifiez, corrigez, transformez le système panthéiste comme il vous plaira, vous arriverez toujours aux mêmes conséquences. Admettrez-vous le système des émanations? Dieu étant infini, où voulez-vous qu'il rayonne, si ce n'est au dedans de lui-même? Ce système, s'il est sérieux, supposerait du reste, dans la substance divine, amoindrissement, division, altérabilité, corruptibilité, puisque c'est en s'éloignant de leur source que les émanations s'obscurcissent, s'épaississent, deviennent mauvaises.

Aurez-vous recours au système de limitation et de circonscription de la substance divine dans le sein même de Dieu, et attribuerez-vous à ces limites les imperfections et la corruptibilité des êtres ? Vous retomberez, par une autre voie, dans les mêmes inconvénients : c'est toujours la substance divine qui est amoindrie, divisée, corrompue dans les êtres particuliers, puisqu'ils sont composés de cette substance.

Si l'on demande aux panthéistes l'origine de la création, ils répondent que Dieu est nécessairement cause, cause absolue, cause éternelle ; ce qui tend de plus en plus à identifier le monde avec Dieu, à diviniser le monde ou à soutenir que la création est illusoire. Il suit évidemment de là que la liberté et le mal sont impossibles, et que la nécessité et l'optimisme sont la loi universelle et absolue : ce qui contredit l'idée de Providence : il serait absurde et contradictoire d'appeler de ce nom la formule métaphysique de cet ordre divin, fatal, nécessaire du Dieu-Univers ou de l'Univers-Dieu.

Ainsi les panthéistes, les dualistes, les matérialistes et les athées méconnaissent l'idée de Providence, ils n'ont pas droit de la proclamer ; et ce mot, dans leur langage, a un tout autre sens que son sens véritable. Lors donc que l'on demande si un philosophe ou un système religieux admettent la Providence, il ne suffit pas, pour l'affirmer, que ce mot se trouve dans leurs doctrines, il faut surtout que leurs doctrines contiennent virtuellement ou explicitement la vraie notion de la Providence, et qu'elles ne reposent pas sur des principes incompatibles avec cette idée.

Or, une des croyances les plus explicites et les plus complètes de la religion chrétienne, c'est, sans aucun doute, ce soin paternel et affectueux que Dieu prend de toutes ses créatures ; c'est cette sagesse infinie et toute-puissante avec laquelle il gouverne toutes choses en les soumettant aux lois de la raison, de la bonté, de l'ordre et de l'harmonie ; c'est enfin cette action continue, universelle et permanente de la puissance, de la sagesse et de la bonté de Dieu dans la création, l'ordre, le gouvernement et la conservation du monde.

Sur ce sujet important, comme sur tant d'autres, la religion chrétienne a rectifié et complété les anciennes croyances du genre humain, soit en réprouvant nettement toutes les doctrines opposées à l'idée de Providence, soit en donnant à cette doctrine fondamentale toutes sortes de développements philosophiques et poétiques. Tout ce qu'enseignent les docteurs catholiques sur l'existence de Dieu, ses attributs et ses opérations, sur le monde et les lois qui le régissent, sur l'histoire du genre humain et la mission de Jésus-Christ, en un mot, toute la théologie et toute la philosophie chrétiennes ont pour but ou pour résultat la glorification de la puissance, de la sagesse et de la bonté divines, et l'exaltation de l'amour de l'homme pour un Dieu si bon, si sage et si puissant. Aussi, parmi les chrétiens, ne parle-t-on de Dieu qu'en l'appelant *notre Père* ou le *bon Dieu.*

Vincent de Beauvais suppose donc cette croyance de la divine Providence admise dans toute son intégrité et sa pureté par ses contemporains et ses lecteurs. Ensuite il expose avec une certaine étendue les principaux articles de la théologie chrétienne où cette croyance brille d'un éclat particulier, tels que le récit biblique de la création et de la rédemption, l'histoire de l'homme et les lois de la nature. Enfin il résout, chemin faisant, quelques difficultés; il répond à plusieurs questions difficiles; il établit les règles que l'on doit suivre en traitant ce sujet délicat; il pose plusieurs principes généraux que l'on ne devrait jamais perdre de vue dans ces sortes de controverses. Esquissons à grands traits ces aperçus rapides et ingénieux que Vincent de Beauvais a jetés sur cette doctrine de la Providence.

Quand Dieu eut créé le monde, disent nos livres saints, il considéra son œuvre qu'il avait faite, et il la trouva bonne et très bonne dans toutes ses parties. *Viditque Deus cuncta quæ fecerat, et erant valdè bona.*

Cette considération et cette complaisance de Dieu ne différaient pas de la contemplation et de l'amour de ses idées divines et éternelles, quand tout était vie seulement dans le Verbe, avant que les siècles eussent été produits au jour avec toutes les créatures. Il n'y a donc pas en Dieu deux sciences ni une double vue du monde, l'une idéale, et l'autre tirée de la réalité par l'expérience et l'observation; celle-ci variable et sujette à l'erreur ou au doute, et celle-là immuable et absolument certaine.

En considérant ses créatures, Dieu vit que toutes étaient bonnes et très bonnes, et qu'aucune n'était mauvaise. En effet, si l'idée de ses créatures lui déplaisait, pourquoi les aurait-il réalisées; si cette idée lui plaisait, comment, les ayant créées librement, pourraient-elles lui déplaire ?

Toutefois, ni le monde ni aucun être n'étaient doués d'une perfection infinie; ce qui n'appartient qu'à Dieu. Toutes les créatures avaient aussi une bonté inégale et des qualités différentes, et il devait en être ainsi : 1° par là même qu'il y en avait plusieurs, et qu'elles devaient réaliser tous les genres et tous les degrés de bonté; 2° pour que leur variété contribuât à la beauté et à l'harmonie de l'univers...

Il y en a qui jugent de la bonté des choses seulement au point de vue de leurs avantages ou de leurs inconvénients. Ce point de vue est mesquin et égoïste : c'est d'après la raison, et non d'après l'usage ou l'utilité, que l'on doit juger de la bonté essentielle des créatures et de l'ordre du monde. Car c'est la raison qui nous fait concevoir et juger l'union ou les rapports, la convenance ou l'harmonie des choses différentes, des disparates et des contrastes, des opposés et des contraires...

C'est encore la raison qui nous fait concevoir que la succession des temps, la différence des lieux, la variabilité de toutes les créatures, et la diversité infinie des genres, des espèces, des individus, sont des lois essentielles de la nature, et qu'elles contribuent à la beauté et à l'harmonie universelles de la création...

Souvent on trouve qu'une chose n'est pas bien ou qu'elle est mal, uniquement parce qu'elle n'est pas aussi bonne ou aussi parfaite qu'une autre à laquelle on la compare : on devrait comprendre qu'une chose ne saurait être mauvaise uniquement pour cette raison qu'elle n'a pas toute la perfection et toute la bonté d'une autre chose : pour qu'elle soit bonne, il suffit qu'elle ait ce degré de bonté et de perfection qui convient à sa nature et à sa destinée.

La difformité même du mal ne nuit pas plus à la bonté ni à la beauté de l'ensemble que les ombres à un tableau, qui servent au contraire à en faire ressortir la fidélité et le coloris. Les poisons, les maladies, les humeurs, les plus viles matières, employés à propos, peuvent être un bien, ont leur utilité particulière, et servent au moins à faire apprécier les biens qui leur sont opposés.

Il en est de même de tous les maux de l'âme et du corps : ils nous font apprécier le bien moral, la vertu et la sainteté, la justice de Dieu et les bienfaits de la Divinité... Tout, dans le monde, contribue en définitive au bien de l'ensemble ou au bien des particuliers. Il n'y a pas jusqu'au guerrier qui ne veuille la paix, qui ne fasse la guerre pour la paisible jouissance de certains biens qu'il possède ou qu'il veut acquérir. C'est ainsi que Dieu tire le bien du mal, qu'il n'a pas fait, mais qu'il laisse faire, en le faisant contribuer, malgré lui, au bien général de l'ensemble, en faisant rentrer les actes qui en sont la manifestation dans l'harmonie universelle de l'ordre de la nature (1).

Dieu, qui est partout, unit tout et harmonise tout, mais pas de la même manière : toutes choses ont en lui l'existence, le mouvement, la vie, mais pas au même degré de perfection. En tant qu'elles sont, toutes les créatures sont bonnes; en tant qu'elles sont douées de certaines qualités, et soumises à certaines lois générales, elles sont encore bonnes; en tant qu'elles sont admirablement disposées dans le temps et l'espace, distinguées et harmonisées entre elles avec un art merveilleux par le grand artiste et le grand architecte de l'univers, les créatures sont à la fois bonnes et belles. Existence, qualités, ordre et proportion, soumission à la loi divine et naturelle : voilà ce que les créatures ne pourront jamais abdiquer complétement, quelque mauvaises qu'elles soient : sous ce rapport, elles seront toujours bonnes, elles le seront nécessairement.

Quant aux créatures raisonnables, si, conformément à leur destination et à leur fin, elles restent unies à Dieu et tendent à lui par toutes leurs puissances spirituelles, Dieu est en elles et elles en Dieu, non seulement substantiellement, comme tous les êtres, mais moralement, par raison, par amour, par la contemplation, par l'extase de la vision intuitive, par les transports de la vie unitive et du suprême bonheur.

Depuis les créatures les plus excellentes jusqu'aux moins parfaites et aux plus viles en apparence, toutes rappellent quelque chose de Dieu, son unité, sa bonté, sa beauté, sa sagesse, sa trinité elle-même. Car toutes sont et existent; toutes existent d'une certaine manière et ont certaines qualités; toutes sont pour le bien, pour être bonnes et heureuses, pour contribuer à la bonté et à la beauté universelles, pour concourir à la manifestation de la gloire et des attributs de Dieu dans la création du monde.

L'être et le mode, la bonté et la beauté, l'harmonie et l'ordre; la connaissance, l'amour, l'activité intelligente, volontaire et libre; le nombre, les proportions, les forces; l'arithmétique, la géométrie, la mécanique; les belles-lettres, les beaux-arts, les sciences; les idées, les vérités-principes, la philosophie : tels sont les principaux vestiges de Dieu dans l'univers et dans toutes les créatures...

(1) *Specul. natural.*, lib. XXIX, cap. I-XIII.

Toutes vaines qu'elles sont, les créatures peuvent donc nous aider à nous élever vers la connaissance de l'Être suprême. La variété infinie de leurs qualités et de leurs espèces sont comme les rayons infiniment variés de la sagesse multiforme de Dieu ; leur contingence rappelle l'Être nécessaire ; leur fragilité démontre la nécessité de la divine Providence ; leur durée dans le temps et leurs limites dans l'espace nous font soupirer après cette existence infinie et souverainement parfaite, qui remplit l'éternité et l'immensité... « Ils sont donc bien vains, ces hommes qui n'ont pas la connaissance du vrai Dieu, et qui, par les choses bonnes que nous voyons, n'ont pas pu comprendre quel est ce Dieu ; ou qui, considérant ses ouvrages, n'ont pas voulu reconnaître quel en était l'auteur (1). »

En créant le monde dans la plénitude de la vie et de la puissance, Dieu donna aussi aux créatures la causalité et la fécondité ; il créa les sciences et les causes secondes, les principes et les éléments des choses, et établit les lois selon lesquelles elles devaient se reproduire et se perpétuer ; il donna encore l'existence à une multitude infinie de causes, de lois, d'énergies et de puissances diverses qui nous sont inconnues, dont la découverte est lente et partielle, qu'il connaît seul parfaitement, dont il peut seul disposer, et dont il se sert ensuite pour faire des miracles et convertir les âmes (2).

La création du monde en six jours mystérieux, après lesquels Dieu se reposa le septième, a fait place à la divine Providence, qui

(1) *Specul. natural.*, lib. XXIX, cap. XIV-XXXIII : De pace divinâ quæ adunat et copulat omnia... Qualiter Deus ubique totus implet omnia... Quod etiam in ipso sunt omnia... Quod ipsum esse Deum ostendunt omnia... Qualiter apparent in omni creatura vestigia Trinitatis... Qualiter cognoscitur Deus ex motu creaturæ ; omnium rerum modo, specie et ordine ; mensurâ, numero et pondere... De consideratione creaturarum : ad Creatoris agnitionem ; ad vitæ correctionem ; ad concupiscentiæ provocationem ; ad ædificationem vitæ ; ad vanam cognitionem creaturarum...

(2) Cette explication des miracles a été admise par plusieurs apologistes de la religion chrétienne, comme pouvant concilier l'ordre naturel avec l'ordre surnaturel, sans altérer la notion ni de l'un, ni de l'autre. Voy. *Specul. natural.*, lib. XXIX, cap. XXXIV : De causis futurorum seminalibus quas mundo tum Deus inseruit... De causis miraculorum quas apud se retinuit... Quod inter illas causas fuit abscondita quæ peccatores salvificat... Quod inferiores causas mundo insertas ad libitum suum vertit...

est la continuation des opérations divines dans la perpétuation, le gouvernement et la conservation du monde. En un sens, la Providence n'est que la continuation de l'acte créateur et ordonnateur par lequel Dieu fait le monde et le gouverne; mais elle varie ses actes et ses dispositions selon les changements et les accidents survenus dans les créatures.

La variété des opérations de la divine Providence n'emporte pas, du côté de Dieu, inconstance, contradiction, opposition aux lois de la nature : la variabilité et l'inconstance sont le propre des créatures; Dieu ne fait que s'y conformer dans son action providentielle, et en agissant invariablement d'après les lois divines et éternelles.

On peut ramener à deux catégories principales tous les actes de la divine Providence : 1° elle agit sur les *natures*, pour qu'elles deviennent, qu'elles existent et qu'elles soient bonnes; 2° elle agit sur les *volontés*, pour que rien n'arrive que ce qu'il ordonne, ou que ce qu'il permet ou laisse faire. Cette permanence de l'action universelle de la Providence, comme cause première et souveraine, n'empêche point les causes secondes d'avoir leurs énergies et leurs opérations propres; la nécessité de leur concours dans les phénomènes de la nature ne s'oppose pas à leur distinction, surtout en ce qui regarde la liberté humaine (1).

Dieu pourvoit donc aux besoins de toutes ses créatures; il dirige leurs mouvements, leurs appétences, leurs opérations, leurs tendances, leurs développements. Cette direction et cette providence de Dieu s'étendent à tout, même aux plus petits êtres et aux plus petites choses, aussi bien qu'aux royaumes, aux empires et au monde entier; aux choses les plus excellentes et à celles qui sont les plus désordonnées en apparence; aux bons et aux méchants, au mal comme au bien.

Mais la divine Providence embrasse toutes ces choses de plusieurs manières bien différentes : elle s'étend aux bons pour conserver en eux la bonté, pour qu'ils deviennent meilleurs, pour les béatifier et les récompenser; aux méchants, pour qu'ils de-

(1) *Specul. natural.*, lib. XXIX, cap. XXXIX-LII : De illâ requie quâ Deus ab operibus suis requievit... De operationum ejus continuatione... De assiduâ rerum propagatione... De distinctione operum Creatoris et creaturæ in administratione naturæ... Quod hæc omnia Dei potentiâ et providentiâ moderantur pro meritis animarum... Quod Dei providentia sit gubernatrix omnium...

viennent bons, pour leur conserver l'être et le peu de bonté qui leur reste, pour les punir et faire éclater en eux sa justice, s'ils persévèrent dans le mal et refusent de se convertir; à toutes les créatures, enfin, à tout le genre humain, à tous les hommes, selon les temps, les circonstances et les nécessités variables de leur nature, et en se proportionnant à leurs besoins, à leur excellence, à leur mérite, à leurs facultés et à leur liberté (1).

Il ne faut point confondre la Providence avec la fortune, le hasard, le destin, la fatalité; systèmes tout à fait païens, qui absorbaient et anéantissaient toutes les facultés de l'homme dans une seule puissance universelle et absolue, Dieu ou la nature. Son action comme cause première, universelle et souveraine, comme nous l'avons déjà dit, n'exclut pas les causes secondes qu'elle a créées elle-même; sa puissance n'absorbe pas leurs énergies ni leurs facultés; son action et sa préscience ne les empêchent pas d'agir librement.

Si la Providence divine excluait ou absorbait la causalité humaine, toutes les volontés s'anéantiraient ou agiraient de la même manière; or, il n'en est pas ainsi. La providence de Dieu embrasse donc toutes les choses contingentes qu'il a créées, sans les rendre nécessaires, sans nuire à la liberté des causes libres qui les produisent. Il en est de même de la préscience de Dieu, de la prédestination, de la grâce, dans leurs rapports avec la liberté : les actions libres, qu'il prévoit devoir arriver librement, se feront certainement comme il les a prévues, c'est-à-dire librement; la grâce de Dieu aide notre volonté et notre liberté, sans les absorber ni les détruire, comme l'homme aide un animal ou une plante à naître ou à se développer, selon leurs lois et leurs énergies naturelles. Quant à la prédestination, Dieu ne destine personne au mal, mais seulement au bien, à la récompense éternelle, ou à la peine éternelle, si l'on abuse de ses facultés contre la volonté de Dieu.

La divine Providence, telle que l'enseignent les catholiques, n'exclut donc pas et n'absorbe pas toutes les volontés, toutes les énergies, ni toutes les facultés des causes secondes, comme les

(1) *Specul. natural.*, lib. XXIX, cap. LII-LVI : Quod Dei providentia omnium naturarum indigentias implet.... Qualiter eadem providentia cunctorum animantium appetitus movet ac dirigit... Qualiter hominibus bona pro meritis objicit et subtrahit... Quod omnia regna disponit. Ces chapitres mériteraient d'être cités en entier.

systèmes panthéistes, dualistes, naturalistes, polythéistes et fatalistes dont nous avons parlé plus haut.

N'allez pas croire, cependant, que certaines volontés puissent échapper à la divine Providence, ni qu'elles puissent se soustraire à son influence jusqu'à un certain point et sous certains rapports. Non; car c'est Dieu qui les a créées pour qu'elles puissent agir librement, et en faisant usage de leur liberté, elles ne font que suivre leur nature et la loi que Dieu leur a donnée. Sous ce rapport, ces volontés libres ont tout reçu de Dieu, et sont à son égard dans une dépendance absolue.

Que si ces mêmes volontés se servent de leur liberté pour faire le mal et agir contre les lois de leur nature ou contre les lois que Dieu leur a imposées, Dieu, qui les a créées pour qu'elles pussent agir librement, fait concourir leur mauvais vouloir au bien général, en tirant, malgré elles, le bien du mal. Si donc ces volontés parviennent à s'affranchir de fait, dans certains actes, de la loi divine et éternelle, elles ne cessent pas pour cela de lui être soumises en droit comme en fait, mais à leur manière.

En effet, cette loi leur étant imposée pour leur bien, s'en éloigner est le souverain mal; lui désobéir, c'est se punir soi-même; le châtiment, qui n'est que le triomphe de la justice et la sanction de la loi, faisant lui-même partie de la loi, lui assure, sous ce rapport, une soumission ou une domination complète.

Enfin, quelque mauvaise que soit la volonté d'une créature, elle ne pourra jamais s'affranchir complétement de cette partie des lois divines qui sont la condition même de son existence : il ne saurait être en son pouvoir d'agir toujours méchamment, ni d'une manière constamment contraire à la volonté de Dieu. Bien plus, toutes les créatures désirent et recherchent naturellement le bien, et témoignent par là de la bonté de Dieu, qui les a faites pour le bien et non pour le mal (1).

(1) *Specul. natural.*, lib. XXIX, cap. LIII-LXXV : De differentiâ fati et Providentiæ... De ratione casûs et fortunæ... Quod ea quæ in universo confusa et conturbata videntur, per providentiam Dei ordinantur... Quod præscientia necessitatem in rebus non ponit... Quod Providentia libertatem arbitrii non excludit... Quod Dei voluntas sit prima et summa rerum omnium causa... Cur et qualiter vult Deus esse mala... Qualiter voluntas divina moderatur malas voluntates... Quod naturalis ordo præcipitur observari lege divinâ æternâ et mentibus humanis naturaliter impressâ... Qualiter bonitate divinâ perfusa est omnis creatura...

Donc, conclut Vincent de Beauvais, la bonté divine est répandue sur toutes les créatures, celles qui sont purement intelligibles et intelligentes, et celles qui sont matérielles et sensibles : ce que Vincent de Beauvais explique par un long extrait de saint Denys l'Aréopagite, que nous transcrivons en français :

« Comme le soleil, ce symbole expressif de la Divinité, par le seul fait de son existence, éclaire toutes les choses que leur organisation rend susceptibles de sa lumière ; de même le bon répand sur tous les êtres, autant qu'ils en sont capables, la douce influence de ses rayons. C'est par là que sont produites les natures, puissances et perfections intelligibles et intelligentes ; c'est par là qu'elles subsistent et possèdent une vie éternelle, inaltérable ; qu'elles sont affranchies de la corruption, de la mort, de la matière, de la génération ; qu'elles échappent à l'instabilité, à la décadence, aux perpétuels changements.

» Par là elles sont intelligibles, à cause de leur parfaite immatérialité ; et, purs esprits, elles sont surhumainement intelligentes, éclairées sur les raisons propres des choses, transmettant la lumière reçue aux autres essences angéliques. Là encore, elles trouvent leur permanence, leur fixité, leur maintien, la protection et un asile assurés ; là, elles s'affermissent dans l'existence et dans la félicité par le désir qu'elles ont de cette bonté suprême ; et, s'appliquant à l'imiter autant que possible, elles contractent sa ressemblance, et, d'après le précepte divin, communiquent aux anges inférieurs les heureux bienfaits dont elles furent comblées les premières.....

» La bonté de Dieu infini pénètre tous les êtres, sans qu'aucun puisse échapper à son heureuse influence ; elle répand sa lumière sur tout ce qui en est susceptible ; elle crée, vivifie, maintient et perfectionne tout ce qui existe ; elle est la mesure, la durée, le nombre, l'harmonie, le lien, le principe et la fin de toutes choses...

» Le soleil lui-même, cette image imparfaite et cependant très expressive de la Divinité, peut nous aider à concevoir jusqu'à un certain point ces opérations sublimes de la divine bonté. Car le soleil visible concourt à la production des êtres organisés ; il les amène à la vie, les alimente, leur donne accroissement et perfection, les purifie et les renouvelle. Sa lumière nous mesure et nous compte les saisons, les jours, les heures et les autres divisions du temps... La divine bonté, comme la lumière du soleil, attire tout à elle, et en tant que source divine et cause féconde d'unité, elle rassemble en son sein la foule des êtres dispersés dans l'univers, et toutes choses aspirent à elle comme à leur principe, à leur sauvegarde et à leur fin...

» De même aussi que tout ce qui subsiste vient de la bonté, a été conservé par sa puissance parfaite, et se conserve maintenu et conservé en elle comme en un fond incorruptible; ainsi tout revient vers elle, tout la désire à sa manière comme étant sa fin dernière: les purs esprits et les âmes avec intelligence; les animaux par leurs facultés sensibles et instinctives; les plantes par ce mouvement végétatif qui est comme un désir de vivre; les choses sans vie et douées de la simple existence, par leur aptitude même à entrer en participation d'une existence plus parfaite...

» La bonté est cependant appelée lumière spirituelle, parce qu'elle remplit de sa splendeur intelligible tout esprit céleste; parce qu'elle chasse l'ignorance et l'erreur des âmes où elles se réfugient. Dispensant à tous les esprits la lumière sacrée qui purifie leur entendement des ténèbres de l'ignorance, elle réveille et dessille leur œil intérieur, appesanti et fermé par l'obscurité de l'ignorance, de l'erreur et des passions. C'est ainsi que la bonté divine, principe immanent de toute splendeur, résume en soi toute puissance d'illumination, et qu'elle rassemble et tient étroitement unies les pures intelligences et les âmes raisonnables.....

» Car, comme l'ignorance et l'erreur créent la division, ainsi la lumière spirituelle, en apparaissant, rappelle et ramasse en un tout compacte les choses qu'elle atteint, les perfectionne, les tourne vers l'être réel, corrige leurs vaines opinions, ramène leurs vues multiples, ou plutôt leurs imaginations capricieuses en une connaissance unique, véritable, pure et simple, et les remplit d'une lumière qui est unité et qui produit l'unité...

» Le beau et la beauté se confondent dans cette cause qui résume tout en sa puissante unité. Voilà pourquoi, dans le fini, nous nommons beau ce qui participe à la beauté, et nous nommons beauté ce vestige imprimé sur la créature par le principe qui fait toutes choses belles. Mais l'infini est appelé beauté, parce que tous les êtres, chacun à sa manière, empruntent de lui leur beauté; car c'est lui qui crée en eux l'harmonie des proportions et les charmes éblouissants, leur versant, comme un flot de lumière, les radieuses émanations de sa beauté originale et féconde.....

» C'est de cette beauté suprême, infinie, absolue que tous les êtres ont reçu la beauté dont ils sont susceptibles; c'est par elle que tous se coordonnent, sympathisent et s'allient; c'est en elle que tous ne font qu'un. Elle est leur principe; car elle les produit, les meut et les conserve par amour pour leur beauté relative. Elle est leur fin, et ils la poursuivent comme leur fin dernière; car c'est pour elle que tout a été fait. Elle est leur exemplaire, et ils ont été conçus sur ce type sublime. Dieu, disent nos livres saints, a fait toutes choses pour que chacune fût belle en son temps (1).... »

(1) Saint Denys l'Aréopagite, *De divinis Nominib.* Ces passages sont cités à peu près intégralement par Vincent de Beauvais.

CHAPITRE XI.

SUITE DE LA DOCTRINE CATHOLIQUE SUR LA DIVINE PROVIDENCE.

Vincent de Beauvais essaie ensuite de répondre à plusieurs questions de pure curiosité, qu'il est dangereux, dit-il, de laisser à la discussion, et dont les impies ont fait des objections contre la divine Providence. Voici les principales :

I. D'abord comment Dieu peut-il demeurer un, immuable et semblable à lui-même dans cette variété infinie de créatures qu'il produit et qu'il gouverne? Dans le système panthéiste, d'après lequel Dieu est tout et tout est Dieu, l'objection est insoluble: l'unité et l'immutabilité de l'essence divine sont plus que compromises par la multiplicité, les variations et les vicissitudes des créatures; puisque les créatures sont la substance divine elle-même. Il en est de même du système dualiste, d'après lequel le monde est composé d'émanations provenant des deux principes. Quant aux athées, ils admettent l'immutabilité de la substance matérielle en général, et la variabilité infinie de ses formes : ce qui est opposé à toute idée de principe, de loi et d'ordre dans l'univers.

Quant à nous, sans nous flatter de résoudre complétement la difficulté, nous échappons à ces divers inconvénients. Dieu est immuable, parce qu'il est infiniment parfait, et qu'il ne peut ni perdre, ni acquérir des perfections, ni changer celles qu'il a en d'autres qu'il n'aurait pas. Les opérations de Dieu dans la création sont *ad extrà* et ne produisent pas de changement *ad intrà*. Vincent de Beauvais explique cela par un exemple.

De même, dit-il, qu'un seul et même soleil éclaire les êtres qui naissent et ceux qui périssent, les yeux clairvoyants et les yeux faibles ou malades, les êtres les plus parfaits comme les plus abjects et les plus vils : ainsi Dieu fait lever son soleil sur les bons et sur les méchants, et il crée et gouverne par sa providence les êtres les plus divers et les plus changeants, sans participer à leurs variations, à leurs imperfections ni à leurs vicissitudes. Il en est de même de tous les grands agents de la nature, qui semblent en ceci imiter l'immutabilité de Dieu et la variété infinie de ses opérations dans la nature. Le changement, la variabilité, la contingence ne peuvent atteindre que les êtres qui sont limités dans le temps, l'espace, leurs attributs et leurs perfections, et non l'Être suprême, infini, éternel, souverainement parfait (1).

Reste toujours à expliquer la coexistence de l'infini et du fini, comment le fini a pu provenir de l'infini, le temps successif de l'immobile éternité, le lieu et l'espace divisibles de l'immensité indivisible de la Divinité, le multiple et le contingent du un et du nécessaire. Comment ces deux termes extrêmes ont-ils pu provenir l'un de l'autre, et comment peuvent-ils coexister l'un dans l'autre, ou l'un avec l'autre?

Là est un grand mystère, une difficulté sérieuse, entrevue seulement par Vincent de Beauvais. Mais ce mystère et cette difficulté se retrouvent aussi dans tous les systèmes, et d'une manière encore plus choquante pour la raison. Dans le système panthéiste, c'est Dieu lui-même qui est à la fois éternité et temps, immensité et étendue, l'infini et la limite, la matière et l'esprit, le repos et le mouvement, la cause et l'effet, Dieu et le monde, le parfait et l'imparfait : toutes les antithèses imaginables. Il doit en être de même dans le système dualiste, où les émanations du principe du bien sont limitées et corrompues par les émanations du principe du mal. Dans le système matérialiste, la matière éternelle est essentiellement divisible, successive dans sa durée, limitée dans ses manifestations : resterait à expliquer comment, de son état de repos et de non-production, cette matière passe au mouvement et à la production, sans l'intervention d'une cause, sans un principe des formes, du mouvement et de la causalité (2).

Mystère pour mystère, les adversaires du dogme catholique n'ont rien à nous reprocher ; puisqu'ils ont, dans leur système, des

(1) *Specul. natural.*, lib. XXIX, cap. LXXVII-LXXVIII : Quod immutabilis permanens Deus mutat vel innovat inferiora... Qualiter stabilis in se manens movet omnia... Trinitas incommutabilis et æterna, sine tempore et loco in se manens, movet tamen per tempus et locum sibi subditam creaturam...

(2) Nous pourrions démontrer, par des raisonnements analogues à ceux qui sont au commencement du chapitre x[e], la supériorité du dogme chrétien sur la nature et l'origine du mal, comme sur l'origine et la nature des choses créées, comparativement aux systèmes de philosophie, le panthéisme, le dualisme, le matérialisme et l'athéisme.

difficultés qui ne sont pas dans le nôtre. Leurs doctrines impliquent absurdité et contradiction; les nôtres, une obscurité et un mystère que Vincent de Beauvais explique ainsi :

Dieu, dit-il, fait toutes choses sans changer, sans s'appauvrir, sans s'amoindrir, sans cesser d'être infini et souverainement parfait; de la même manière que l'âme produit tous les mouvements du corps, sans éprouver d'altération ; comme elle produit, anime et fait grandir le corps, sans cesser d'être tout entière présente dans chacune de ses parties.

Nous avons encore d'autres exemples de ce phénomène : toutes choses se font dans le temps et l'espace, sans que ceux-ci changent de nature; tous les êtres sont plus ou moins participants du vrai, du bon, du beau, sans que la vérité, la bonté, la beauté, cessent d'être en soi infinies, nécessaires, absolues, immuables; toutes choses naissent, se transforment, passent, périssent et disparaissent, sans que les forces, les lois et les grands agents de la nature paraissent éprouver ni changement ni altération (1).

Enfin, pour répondre sommairement à une foule de questions de même genre que les précédentes, et qui sont aussi un effet de notre ignorance ou de notre curiosité, Vincent de Beauvais établit les maximes suivantes :

1° Dieu laisse faire le mal, parce qu'il contribue au bien de l'ensemble et particulièrement au bien des élus, et même à faire ressortir les beautés morales de l'univers. *Universitas est pulchra peccatis.*

2° Dieu a permis que l'ange et l'homme fussent tentés, pour exercer leur vertu et éprouver leur fidélité. L'épreuve est de l'essence morale des êtres libres : voilà pourquoi Dieu a créé les anges et les hommes, bien qu'il eût prévu que plusieurs succomberaient dans leur épreuve.

3° Dieu veut que les hommes soient libres et qu'ils fassent un bon usage de leur liberté; il le veut, non d'une volonté de contrainte ou nécessitante, mais d'une volonté impérative qui commande : distinction ignorée ou méconnue des fatalistes.

4° Rien ne peut nuire à Dieu, lui être efficacement opposé, contrarier ses projets, bouleverser ses plans; parce qu'il est tout-puissant, qu'il a tout créé librement, que tout, à titre de création, dépend de lui d'une manière absolue. Sa sagesse, qui a tout

(1) Voy. les deux notes précédentes.

prévu, triomphe de tous les maux et de tous les obstacles, tirant souvent le bien du mal, ramenant le mal au bien par sa justice, empêchant efficacement tout le mal qu'il veut empêcher, mettant à la dépravation et à l'impiété des bornes que leur fureur n'a jamais pu franchir.

Quant à notre condition actuelle, quant au péché originel et à ses conséquences, on a tort de les regarder comme contraires à la justice de Dieu, comme si nous n'avions pas péché en Adam. En effet, le péché nuit à celui qui le commet, et ne peut nuire qu'à lui et non à Dieu; c'est la volonté, partie essentielle de notre nature, qui le commet; donc le péché d'Adam et d'Ève a dû les blesser dans leur nature, eux et toute leur postérité. Que nous ayons reçu de nos premiers parents une nature viciée, blessée dans ses facultés les plus essentielles, qu'y a-t-il là d'étonnant? C'est une conséquence nécessaire du principe de causalité, de l'enchaînement des causes et des effets, de la solidarité universelle de tous les êtres, surtout entre ceux qu'unissent une même nature et une même origine.

Nos plaintes envers la divine Providence seraient d'autant plus injustes, que Dieu, par pure miséricorde, donne à tous les hommes, dans leur état de déchéance, aux bons comme aux méchants, des grâces abondantes et tous les moyens de salut. C'est donc à tort que nous nous plaignons des maux de la vie présente, qui sont une conséquence du péché originel; puisque Dieu convertit tous les maux en biens, par la grâce du repentir, par l'efficacité qu'il accorde à nos vertus, par sa justice rémunératoire, dont les effets, après cette courte vie, seront de faire régner l'ordre parfait pendant toute l'éternité.

Cette apologie de la divine Providence a donc pour complément nécessaire l'exposé théologique des justes jugements de Dieu, de ses châtiments et de ses récompenses, soit dans la vie présente, soit dans la vie future (1).

(1) *Specul. natural.*, lib. XXIX, cap. LXXVI-CLXX. Quod Deus sit omnium gubernator... Quod non sit malorum auctor, sed ordinator... Cur Deus in mundo mala fieri permittit... Quod nec malitia nec essentia ulla Deo nocere vel adversari potest .. Quod divina voluntas etiam illos qui conantur resistere sibi servire cogit... Qualiter divina justitia vel providentia voluntates bonas et malas ordinat... Cur pro peccato primi hominis puniat totam massam generis humani... Quod circa ista periculosum est studium humanæ discussionis... De remediis peccati origi-

A ces principes généraux se rattachent naturellement : 1° la question du mal et de son origine; 2° l'histoire de la création et de la chute de l'homme, l. XXX du *Speculum naturale*; 3° l'histoire du genre humain, depuis son origine et sa chute, l. XXXII du *Speculum naturale*, et tout le *Speculum historiale*; 4° toute l'histoire naturelle et toutes les sciences, le *Speculum naturale* et le *Speculum doctrinale* tout entiers; 5° enfin, toute la science anthropologique, répandue çà et là dans tous les ouvrages de Vincent de Beauvais. Bornons-nous, pour le moment, à reproduire ce que Vincent de Beauvais enseigne sur l'origine première et la nature essentielle du mal.

II. Vincent de Beauvais, traitant l'explication allégorique, morale et mystique de la séparation de la lumière et des ténèbres, y voit, comme plusieurs Pères de l'Église, la séparation des mauvais anges d'avec les bons anges; il nous entretient de Lucifer, de son état primitif, de sa chute, de ses complices, de leurs châtiments, de leur persévérance dans l'orgueil et dans leur volonté désordonnée. Car il est certain que les mauvais anges ne sont pas tels originairement, ni par nature. Créés dans le Verbe, comme le monde entier lui-même (1), ils étaient lumière, participants de cette lumière éternelle, qui est la Sagesse de Dieu, Fils de Dieu, et qui éclaire tout homme et tout ange, afin qu'ils soient lumière dans le Seigneur. Ce fut en s'éloignant, en se détournant du Seigneur Dieu et de sa Sagesse consubstantielle, que Lucifer et les anges rebelles devinrent mauvais. Telle est l'origine historique du mal (2). Reste à examiner quelle est son origine métaphysique, et quelle est sa nature essentielle et intrinsèque.

Qu'est-ce donc que le mal? Comment a-t-il pu naître dans le monde? Quelle en a été la cause ou l'auteur? Vincent de Beauvais soutient avec raison que le mal ne saurait avoir été produit par Dieu, ni subsister par lui-même, sans le bien; que le mal ne

nalis... Qualiter Deus bonis et malis gratiæ suæ dona rependit... Qualiter utrosque tangit veritas et justitia...

(1) *In quo condita sunt omnia.* Saint Paul, parlant de Jésus-Christ.

(2) « Cùm enim in Verbo Dei angeli facti sunt lux, profecto participes facti sunt lucis æternæ, quæ est Dei Sapientia, et dicitur Filius illuminans omnem hominem et angelum ut sit in Domino lux; à quo si avertitur angelus, fit immundus. » Vincent de Beauvais, *Specul. natural.*, lib. II, cap. LXXXIV. Voy., plus haut, ce qui a été dit sur les *anges* et sur *l'état* dans lequel ils ont été créés.

se conçoit pas comme quelque chose subsistant en soi, mais comme l'absence d'un bien qui devrait être et qui n'est pas; et enfin, que le souverain mal n'existe pas, et qu'il n'y a pas un principe du mal nécessaire et absolu, infini et éternel, comme l'ont imaginé les manichéens. « Le mal, dit saint Denys l'Aréopagite, le mal ne saurait avoir la nature de Dieu, c'est-à-dire de ce qui est le plus excellent, le plus parfait, le meilleur, et n'a aucun besoin; car le mal, comme tel, manque de tout, ne produit rien, ne vivifie rien, ne sauve rien; puisque, là où est le mal, Dieu se retire, et, avec lui, toute espèce de bien. » Le mal ne saurait donc être qu'une déchéance, malheureuse ou coupable, d'un bien qui était ou qui devait être.

Mais cette déchéance même était un mystère qui avait besoin d'être expliqué, et Vincent de Beauvais en donne, d'après saint Augustin, cette explication métaphysique: « La créature, dit ce docteur de l'Eglise, a été faite de telle sorte et douée d'une si grande excellence, que, bien que variable de sa nature, elle pût être heureuse en s'attachant au bien suprême et immuable. Mais si Dieu seul peut compléter son indigence, sans doute que c'est un vice de ne pas s'attacher à lui: or, tout vice nuit à la nature, est contre nature; donc une créature qui s'éloigne de Dieu diffère de celle qui s'y attache, non par nature, mais par le vice qui la détériore. » « Le mal n'est donc que la corruption volontaire et coupable d'un mode d'être, d'une qualité spécifique, de l'ordre naturel et raisonnable voulu et établi de Dieu. Sa cause est donc moins une cause *efficiente* qu'une cause *déficiente* : c'est une volonté défaillante qui cesse de s'attacher au souverain bien, qui se laisse aller à l'amour des faux biens et à une activité désordonnée contraire à sa nature; c'est une déchéance volontaire et coupable d'un état de perfection où Dieu avait placé sa créature (1). »

Dieu n'est donc pas l'auteur du mal, car le souverain bien ne peut produire ce qui est contraire à sa nature; et le mal n'est pas quelque chose subsistant réellement, mais une défaillance dans le bien, éprouvée ou produite par une créature bonne, mais qui n'avait pas une bonté absolue et immuable comme la bonté divine. Le mal suppose le bien, ne peut arriver que dans ce qui est bien; et il n'y a pas de souverain mal comme il y a un

(1) Voy. *Specul. natural.*, lib. II, cap. XCI-XCV; saint Augustin, et les autres Pères, cités *ibid.*

souverain bien, ni un mal absolu comme il y a un bien absolu. L'existence du mal moral ne saurait donc être attribuée à Dieu, ni à un principe du mal, rival du principe du bien; on ne pourrait se prévaloir de son existence, qui est l'œuvre de la créature, contre la divine Providence, qui ne veut que le bien et ne peut faire que ce qui est bien. Quant aux maux qui sont la punition du mal moral, ils sont justes comme châtiments, sages et utiles comme préservatifs ; on n'a donc pas droit de s'en plaindre (1).

Vincent de Beauvais expose ensuite assez longuement la doctrine catholique sur les démons ou les mauvais anges ; sur la science, les pouvoirs et les autres facultés qui leur sont restés après leur chute; sur les tentations qu'ils suscitent aux hommes; sur leurs apparitions sous différentes formes; sur leur condamnation à demeurer relégués dans les régions inférieures de la création ; sur le pouvoir qu'ont les hommes de leur résister ou d'entrer en communication avec eux; sur les possédés du démon et les sorciers, sur leur hiérarchie et leur libre arbitre ; sur les pouvoirs de l'Eglise relativement aux mauvais anges; sur leur perte irréparable. Sur ces divers sujets, notre philosophe se renferme dans les strictes limites de l'orthodoxie, bien que l'on puisse remarquer un peu de crédulité facile dans sa manière d'exposer les choses (2).

De tout temps, les hommes se sont préoccupés de l'origine du mal et de l'existence des mauvais génies : la conscience du genre humain ne pouvait attribuer l'origine du mal à Dieu, auteur et principe de tous les biens, et une croyance universelle, émanée de la révélation primitive, attribuait le mal et tous les maux tantôt à des génies d'un ordre supérieur à l'homme, tantôt aux premiers ancêtres du genre humain. Mais ces traditions s'étaient altérées par la suite des temps et par les progrès de l'idolâtrie et du polythéisme. De là les mauvais génies et les génies malfaisants, les dieux infernaux du paganisme, auxquels on immolait, pour les apaiser, des victimes humaines, et que l'on honorait par mille autres pratiques bizarres, cruelles ou infâmes : on en était venu jusqu'à leur sacrifier la pudeur, la vertu, et toute dignité humaine, dans d'infâmes orgies. Toutes ces horreurs ont disparu partout où ont pénétré les pures et éclatantes lumières du christianisme.

(1) *Specul. natural.*, lib. II, cap. XCIV-XCVII.

(2) *Specul. natural.*, lib. II, cap. XCVIII-CXXXI.

La philosophie n'avait pu venir à bout de les dissiper : elle n'avait trouvé, pour expliquer l'origine et l'existence du mal, que le dualisme et le manichéisme, d'après lesquels il y a deux principes des choses, l'esprit et la matière, le principe du bien et le principe du mal. De leurs émanations et de leur substance sont formés tous les êtres, qui sont bons ou mauvais, ou un mélange de bien et de mal, selon la prédominance, dans ces êtres, de l'un ou de l'autre de ces deux principes.

Le fatalisme dans le bien comme dans le mal, dans le monde moral comme dans le monde physique, avait été la conséquence la plus constamment adoptée par les manichéens : c'était le fatalisme dans toute sa rigueur et dans toute son étendue, dans les deux principes comme dans les créatures ; car les deux principes agissaient nécessairement selon leur nature propre, et toutes les créatures n'étaient que des effets et des émanations de ces deux principes, qui étaient comme deux dieux, l'un du bien et l'autre du mal, dans les idées des manichéens.

Les prédestinatiens, au moyen-âge, sans admettre deux principes des choses, enseignaient que Dieu, unique créateur du monde, prédestine tous les êtres au bien ou au mal, au ciel ou à l'enfer, au salut ou à la damnation, indépendamment de leur volonté et de leur mérite, et faisaient ainsi le Dieu de toute bonté auteur du mal comme du bien.

Ces doctrines, le manichéisme, le fatalisme, le prédestinatianisme, avec leurs conséquences funestes pour la religion et la morale, étaient en pleine vigueur au moyen-âge, chez les Albigeois, vers l'époque où vivait Vincent de Beauvais. L'explication de l'origine et de la nature du mal, adoptée par ce philosophe, d'après l'enseignement catholique, n'est-elle pas préférable aux vaines imaginations des prédestinatiens et des manichéens, des philosophes grecs et des païens ? Il s'agit d'un fait : l'origine du mal; et l'on vous la raconte simplement comme un fait historique, facile à comprendre. Vous demandez comment ce fait a pu arriver, comment le mal a pu être commis : on vous répond que le mal est l'œuvre d'une volonté créée, imparfaite et libre, qui ne s'attache pas au souverain bien d'une manière nécessaire, absolue, immuable, infinie; ce qui n'appartient qu'à Dieu. Cette solution catholique est plus conforme au sentiment que nous avons de l'imperfection naturelle de toutes les créatures, ainsi qu'à la conscience de notre dignité, de notre liberté, de notre responsabilité morale et de l'imputabilité à mérite ou à démérite de toutes nos actions.

Pour expliquer la création, le mal, la matière et l'existence du monde, tout imparfait qu'il est, Vincent de Beauvais n'éprouva pas le besoin de recourir à l'hypothèse dualiste ou manichéenne de deux principes éternels, l'un du bien, l'autre du mal, le premier spirituel, et le second matériel. La toute-puissance de Dieu lui suffit pour concevoir la création des deux substances, spirituelle et matérielle; et l'imperfection naturelle des créatures, pour concevoir l'origine et l'existence du mal. Notre philosophe trouve même, dans la contemplation de la nature, des motifs plus que suffisants pour louer la divine Providence, c'est-à-dire la puissance, la sagesse et la bonté de Dieu. Ceux qui n'y ont vu que le mal, le désordre ou le hasard, n'ont pas bien considéré ni réfléchi : car, suivant cette hypothèse, les sciences physiques, la connaissance des phénomènes de la nature par leurs lois, seraient tout à fait impossibles. Car le mal, le désordre et le hasard excluent toute idée de loi, de constance, de sagesse et de régularité, sur lesquelles reposent les sciences et les beaux-arts.

Cette question de l'*origine* et de l'*existence* du mal est double. Ici, Vincent de Beauvais l'envisage seulement au point de vue abstrait et métaphysique de sa nature, de sa possibilité et de son origine : plus tard, quand on connaîtra mieux l'histoire de la création et l'action constante et universelle de la divine Providence dans l'univers, notre philosophe conclura par une sorte d'épopée philosophique sur la Providence et le beau spectacle de la nature; alors il traitera de l'existence du mal, et il expliquera comment elle peut se concilier avec la divine Providence. Car l'histoire naturelle, les lois de la nature, l'histoire du genre humain et les sciences, sont la plus belle apologie que l'on puisse faire de la divine Providence.

CHAPITRE XII.

PHILOSOPHIE NATURELLE; SCIENCES PHYSIQUES (1).

Cette partie de la philosophie et des sciences, que l'on appelle *physique* ou *philosophie naturelle*, a pour objet de nous faire connaître les corps naturels, leurs principes et leurs éléments, leur matière et leur forme, leur essence et leurs accidents, leur organisation et leur constitution, leurs lois et leurs fins, leurs propriétés et leurs opérations.

Les corps artificiels, comme le verre, les tissus, une maison, les remèdes, ont des propriétés naturelles d'où découlent leurs propriétés artificielles : sous ce rapport, ils sont aussi du domaine de la physique. Tous les corps et tous les phénomènes sensibles par lesquels ils se manifestent sont l'objet de cette science.

Le physicien considère les corps comme composés de matière et de forme, et comme sujets au mouvement, au repos, aux changements.

Le mathématicien considère les corps sous le rapport de leurs quantités en nombre, en grandeur, en forces, en étendue.

Le devin considère l'être, l'essence, la substance des corps, leurs causes cachées, leurs propriétés secrètes, leurs vertus occultes.

En unissant ces trois points de vue inséparables, vous avez les sciences physico-mathématiques, la philosophie physique et le lien qui rattache la physique à la psychologie, la cosmologie à la théologie.

L'intention des physiciens, de ceux qui s'occupent de la philosophie naturelle, est, en effet, de nous faire connaître : 1° les principes des choses, c'est-à-dire leurs quatre causes principales, savoir : les causes matérielles, les causes efficientes, les causes

(1) *Specul. doctrinal.*, lib. XV, cap. I-XXX. Ce livre n'est qu'un abrégé des doctrines déjà exposées dans le *Specul. natural.*, lib. II, cap. I-LXXX, lib. III, cap. I-CXXXI, et alibi, passim.

formelles, les causes finales; 2° les accidents des choses, c'est-à-dire leurs formes, leurs couleurs, leurs circonstances, leurs propriétés, leurs différences, leur situation dans le temps et l'espace, etc.

La physique traite donc des causes invisibles des choses visibles, c'est-à-dire des corps; et, par là, elle se rattache à la métaphysique, à la philosophie première, à la théologie.

Quant aux corps eux-mêmes, la physique les considère sous plusieurs aspects : 1° en général (physique générale); 2° en particulier (physique spéciale). La physique spéciale considère, à son tour, les corps : 1° comme animés ou inanimés; 2° comme corruptibles ou incorruptibles; 3° comme organiques ou inorganiques; 4° comme simples ou composés.

La physique de ces temps-là comportait depuis longtemps toutes ces distinctions. La Matière première, le Ciel, la Nature, les Éléments, la Divinité, étaient regardés comme incorruptibles, impérissables, éternels. Les autres divisions de la physique sont reçues encore aujourd'hui.

Ce mot *nature*, φυσις, se prend en plusieurs sens. Il désigne en général la cause universelle de l'ordre dans l'univers, la raison de l'existence des choses et de leurs modes d'être. Il signifie aussi cette même nature universelle, individualisée dans les êtres particuliers, et devenue alors la cause spéciale de leur existence, de leurs mouvements, de leur repos, de leurs formes, de leurs propriétés, de tous leurs modes d'être naturels.

Comme cause universelle, *natura naturans*, dit Vincent de Beauvais, la nature n'est autre chose que la loi suprême de la nature, c'est-à-dire Dieu lui-même, dont saint Augustin a dit : « Contre cette loi suprême de la nature, que ne connaissent ni » les infirmes ni les impies, Dieu ne peut rien faire, pas plus que » contre lui-même, » tant elle est absolue et immuable en soi. Comme cause spéciale des choses qui existent, *natura naturata*, la nature s'entend, soit de cette énergie inhérente aux choses et qui les fait exister, se transformer, se reproduire; soit de leurs propriétés et de leurs opérations, de leurs mouvements et de leur repos; soit enfin du cours ordinaire des événements dans le monde physique, tel qu'il nous est connu d'après une observation superficielle ou nos sciences incomplètes.

La nature fait en toutes choses le nécessaire, le meilleur, le plus convenable; elle ne fait rien d'inutile ni d'excessif; son action n'est point défectueuse, mais complète dans les choses qui sont nécessaires. La nature est un artiste qui fait bien toutes choses quant au fond et quant à la forme. Bien plus, tout ce que l'art humain peut accomplir de plus parfait a ses principes et son commencement dans la nature.

Tel est le premier principe des choses : la nature, Dieu lui-même, ou cette volonté éternelle de Dieu relative à la création considérée en général. Quant à la nature particulière des êtres, elle n'est, comme dit encore saint Augustin, que ce que Dieu, de toute éternité, a pensé et voulu qu'ils fussent.

Le second principe des choses, c'est la matière première, universelle, unique; substance existante par elle-même, c'est-à-dire indépendamment des formes, des propriétés et des accidents; *substratum* et support unique et universel de la diversité des formes; réceptacle de tous les êtres, c'est-à-dire de toutes les formes et de tous les modes particuliers de l'existence.

Toutefois, la *matière* n'est rien par elle-même, si elle n'est complétée par la *forme;* car, par elle-même, elle n'a pas l'être actuellement, *actu*, dans le sens absolu du mot, mais seulement en puissance, *potentiâ*. L'être, en effet, n'est pas sans la forme ou le mode d'être; tout ce qui existe est nécessairement de quelque manière; la forme ou le mode est l'essence de toutes choses; c'est elle qui complète l'essence ou l'existence de la matière. L'être actuel ou réel, *actu*, ne peut donc exister que par l'union de la matière et de la forme; ce qui le constitue, c'est l'existence de la forme dans la matière. La matière ne peut donc pas plus exister réellement sans la forme, que la forme sans la matière.

En toutes choses, cependant, ce qu'il y a de matériel vient de la matière, et ce qu'il y a de formel vient de la forme. La matière, une dans son essence et son universalité, a cependant la propriété de se diviser et de se multiplier : de là la variété des formes de l'existence. Mais c'est de la forme que proviennent la multiplication et la division elles-mêmes, la variété et les changements que nous remarquons dans tous les êtres. Ainsi, la matière est une par elle-même, mais susceptible de multiplication, de division, de variété et de changement; la forme, multiple par elle-même, ne produit cependant les divisions, les variations et la diversité qu'à cause de la matière, et parce que la matière est susceptible de tous ces modes d'être variés et accidentels.

La matière et la forme constituent la fin des choses, leur limite, leur distinction, leur différence : l'intelligence et l'âme ne les perçoivent que par leurs formes. L'intelligence est le lieu ou le sujet des formes intelligibles, comme la matière première est le lieu ou le sujet des formes naturelles; et, de même que la matière première est le principe primordial de tous les êtres, la première forme universelle est la source et le principe générateur de toute forme, et c'est de sa connaissance que découle la science de toutes les formes. En un mot, la forme des universaux est la substance, la sagesse parfaite, la lumière très pure, qui constituent l'essence de toutes les formes.

Il ne faut donc pas entendre dans un sens rigoureux et absolu cette tradition biblique et universellement répandue d'une *matière informe*, d'où toutes choses auraient tiré leur existence; car, d'après ce qui vient d'être dit, elle ne pourrait exister si Dieu ne l'avait créée, et ayant reçu de Dieu l'existence, elle a nécessairement une forme déterminée, une manière d'être particulière. Ces mots *chaos*, *informis*, ne doivent donc pas s'entendre de l'absence de toute forme, mais seulement de l'absence de formes bien ordonnées, comme nous les voyons aujourd'hui.

La matière primordiale, avant son union avec la forme, avant d'être informée, n'existe pas *actuellement*, mais seulement en puissance : la forme est ce qui lui donne la réalité, est le principe de son existence réelle. Mais qui a uni cette forme constitutive de l'être réel avec la matière qui n'existait qu'en puissance? Où était cette forme créatrice et vivifiante avant son union avec la matière? Qui a fait passer la matière première de son état confus et chaotique, mais qui n'était pas l'absence absolue de toute forme, à l'état d'ordre et d'organisation où nous la voyons? Pour peu que l'on y fasse attention, la doctrine de la matière informe, préexistante au monde de toute éternité, ne saurait donc exclure la nécessité d'un premier créateur et d'un ordonnateur de la matière.

« Toute cette masse matérielle, informe, invisible, confuse, ténébreuse, chaotique, dit saint Augustin, que pouvait-elle être, sinon quelque chose de très incompréhensible et presque un pur néant? Ce n'était ni quelque chose de purement intelligible, comme la vie et la justice, puisque c'était la matière dont les corps ont été formés; ni quelque chose de sensible, puisque les sens ne peuvent percevoir ce qui n'a nulle forme et n'est pas visible...

» N'est-ce pas vous, Seigneur, qui m'avez appris qu'avant que vous eussiez donné quelque forme à cette matière informe, et que vous en eussiez tiré les divers êtres, elle n'était rien de ce que nous connaissons, c'est-à-dire rien de coloré, de figuré, de distinct, puisqu'elle n'était ni corps ni esprit? On ne peut pas dire, cependant, que ce ne fût absolument rien ; mais c'était quelque chose d'informe, c'est-à-dire quelque chose dénué de toute forme et de toute beauté...

» Mais, pendant que la pensée cherche dans cette absence de toute forme ce que les sens peuvent percevoir, pour s'en former quelque idée, elle arrive à ce résultat : que toute connaissance que nous pouvons en avoir consiste à savoir que nous ne saurions la connaître...

» Car, quand je voulais auparavant me représenter cette matière informe, mon esprit imaginait des formes hideuses, horribles, confuses; mais c'étaient des formes, cependant; et ce que je me représentais était informe, non par l'absence de toute forme, mais seulement par comparaison avec d'autres choses de forme plus belle. Mais la droite raison voulait que, pour me former quelque idée de cette matière informe, je la dépouillasse absolument de toute forme, et je ne le pouvais pas. J'aurais plutôt cru que ce qui n'avait aucune forme n'était absolument rien, que je n'aurais compris qu'entre le néant et ce qui n'a aucune forme il pût y avoir quelque chose qui ne fût ni l'un ni l'autre, et qui ne fût pas plus proche du néant que d'une réalité.

» Je cessai enfin d'interroger mon imagination, remplie des images des corps tout formés, qu'elle variait à son gré d'une infinité de manières, et je considérai les corps eux-mêmes pour connaître plus à fond cette propriété qu'ils ont de changer en cessant d'être ce qu'ils sont et en devenant ce qu'ils n'étaient pas. Il me vint alors à l'esprit que ce passage d'une forme à une autre forme se faisait par quelque chose d'informe, et non pas par le pur néant. Ce principe de la mutabilité des choses créées et variables, capable lui-même de toutes les formes par lesquelles passent les choses variables, qu'est-ce?

» Je dirais volontiers, ajoute saint Augustin, que c'est un néant qui est quelque chose, ou quelque chose qui n'est rien, si l'un ou l'autre pouvaient se dire ; car il fallait que ce fût déjà quelque chose pour être capable des formes de l'existence, et, sans ces formes, peut-on dire que ce soit quelque chose de réellement existant? C'est pourquoi je me résous à dire avec Aristote (*Métaphys.*, lib. VIII) : « La matière est ce qui est non actuellement, mais

» en puissance, et la forme est le principe de l'existence réelle et » actuelle (1). »

Tout ce qui se fait et devient, dit encore Aristote, vient donc d'une matière qui en est le sujet ou le substratum, et se compose toujours de matière et de forme : et ce qui devient ou se fait est quelque chose, comme la forme dans la matière ; et ce qui, en se faisant, devient cette chose, est lui-même quelque chose, savoir l'être caché sous la forme. Il y a donc, à proprement parler, deux principes constitutifs des choses : la matière dont elles sont faites, *causa ex quâ,* et la forme, qui est quelque chose de divin, par quoi elles sont faites et parfaites, *causa per quam.* La privation est aussi un principe des choses, non intrinsèquement et par soi-même dans un sens véritable, mais par accident et d'une manière négative, étant tout l'opposé de la matière et de la forme : la privation est le principe de la limite, de la distinction, de la différence, dans les êtres créés.

Les autres principes des choses sont les quatre éléments, leurs qualités fondamentales, leurs combinaisons, et les nouvelles propriétés qui en résultent : d'où les diverses espèces de corps.

Les éléments sont les corps primitifs et simples, principes de tous les autres corps : ils existent dans tous les corps en nature, *actu,* ou en puissance, *potentiâ.* Tous les corps se résolvent en éléments, parce qu'ils sont composés : mais les éléments ne se résolvent en aucune autre espèce de corps, parce qu'ils sont simples, immuables et incorruptibles.

Les corps élémentaires sont au nombre de quatre : le feu, l'air, l'eau et la terre. Deux sont légers : le feu et l'air ; deux sont pesants : l'eau et la terre. Le feu a pour propriétés le chaud et le sec ; l'eau, le froid et l'humide ; l'air, le chaud et l'humide ; la terre, le froid et le sec. Nous ne suivrons pas toutes les combinaisons et échanges que les éléments peuvent faire de leurs propriétés respectives, pour donner naissance à tous les phénomènes du monde physique et à toutes les espèces de corps organiques ou inorganiques : d'autant que toute cette physique aboutit à soutenir, avec Anaxagoras et Sénèque : 1° que tous les éléments peuvent se transformer l'un dans l'autre ; 2° qu'ils ne sont point purs, mais toujours mélangés ; 3° qu'il y a de tout en tous, et que

(1) Saint Augustin, *Confession.*, lib. XII, passim., cité dans le *Specul. doctrinal.*, lib. XV, cap. VI.

tout est en tout : ce qui explique la transformation des êtres, la transmutabilité des métaux, l'origine des choses, leur reproduction continuelle de causes souvent très disparates; car rien ne périt, mais tout change, et ce qui paraît périr pour un être, ou un élément, devient quelque chose et passe dans un autre être ou dans un autre élément (1). Cette théorie suppose l'unité, l'homogénéité et l'inaltérabilité de l'essence de la matière.

Parmi les principes des choses, il faut remarquer les propriétés actives et passives des éléments et de certains êtres, qui sont la cause qu'ils s'attirent et s'unissent en vertu de la loi des contrastes, pour donner naissance à d'autres phénomènes ou à d'autres êtres. Ces propriétés nous sont représentées par les qualités mâles et par les qualités femelles, qui, sous une forme ou sous une autre, se retrouvent partout pour représenter le principe actif et le principe passif. Ces propriétés sont du nombre de celles qui demandent à être considérées le plus attentivement, pour bien reconnaître leur côté absolu et leur côté relatif.

Par exemple : l'homme, par rapport à la femme, est le principe actif de la génération des enfants; et la femme, par rapport à l'homme, en est le principe passif : cependant, par rapport à l'enfant formé dans son sein, nourri et élevé par elle, la mère est le principe actif, et la vitalité de l'enfant est le principe passif que fécondent tous ces soins maternels. L'air ou le vent est le principe actif et mâle par rapport à l'air épais, nuageux ou chargé de vapeurs, regardé comme passif et femelle. Les eaux de la mer sont actives et mâles comparativement à toutes les autres eaux, appelées passives et femelles. Le feu est principe actif et mâle, et la flamme est principe passif et femelle. La terre ferme, les rochers, les montagnes, les collines sont la partie active et mâle du globe terrestre, et la terre humide, les terrains meubles et labourables en sont la partie passive et femelle.

La raison de ces locutions est une loi de la grammaire et une loi de la nature, d'après lesquelles on appelle actif tout ce qui agit et produit une action, et passif tout ce qui souffre l'action et en est le terme ou la fin. Tel est l'homme par rapport à la femme, la mère par rapport à l'enfant, l'âme par rapport au corps, l'esprit par rapport à la matière, l'élément producteur par rapport à

(1) Priscianus, Aristote, Sénèque, cités dans le *Specul. doctrinal.*, lib. XV, cap. IX.

tout ce qui est produit, la mer par rapport aux sources et aux rivières, que l'on croyait provenir toutes originairement de la mer, etc., etc.

Les autres principes des choses sont l'ordre, l'harmonie, la proportion, la convenance, le lieu, le temps, le mouvement, le repos, les forces, le poids, la figure, l'étendue, la mesure, le nombre, la génération, la corruption, les combinaisons, les changements, l'augmentation et la diminution, la finitude et l'infinitude. Comment ces principes, tout différents qu'ils sont, peuvent-ils concourir au même but, à la même fin, au même résultat, qui est la production des êtres, des phénomènes, du monde entier? C'est un fait constant et universel : il commence à la combinaison de la matière et de la forme : qu'y a-t-il de plus disparate que ces deux entités? Et cependant, avant leur union, elles ne sont rien; après leur union, elles sont tout et partout; l'une est nécessaire pour constituer l'autre, et celle-ci pour constituer celle-là.

Il en est de même des autres principes, de l'âme et du corps, du principe actif et du principe passif, et de tous les autres principes, quelque différents qu'ils puissent être. Bien plus, en les étudiant, ils nous paraîtront tellement corrélatifs, connexes, supposés l'un par l'autre, inséparables, malgré leur extrême diversité, qu'il y aura lieu vraiment d'en être étonné, pour peu que l'on y fasse attention. Comment notre esprit peut-il lui-même concevoir des choses si différentes dont est formé le monde, l'univers, le κοσμος (1)?

« L'organisateur de l'univers, dit Aristote, a rempli l'espace

(1) *Specul. doctrinal.*, lib. XV, cap. I-XI : De naturali philosophiâ et ejus partibus... De naturâ et ejus operationibus... De principiis naturalibus : id est, materia, forma, privatione.... De informitate primæ materiæ... Materia non est actu, sed potentia ; forma vero est principium rei... De qualitatibus elementorum et commixtionibus eorum... Elementum est ad quod cætera corpora resolvuntur, et est in eis potentia vel actu : sed ipsum non resolvitur, neque permutatur, neque cadit sub corruptione... Omnia elementa in omnibus sunt et omnium alteris recursus sunt... Quidquid alteri perit, in alterum transit... Elementa pura non sunt, et ideo facilior in se invicem transitus... Remarquez que Sénèque était panthéiste, comme tous les stoïciens; qu'Aristote était dualiste et reconnaissait deux principes des choses, l'esprit et la matière; que l'unité et l'homogénéité originaires et fondamentales de la matière première étaient également admises dans les deux systèmes : aux éléments commence la création, la variété, la distinction, l'ordre et le gouvernement du monde.

sensible des diverses espèces d'animaux et de pierres dont il est impossible de concevoir, par nos sens et notre esprit, les causes et les natures, selon un certain ordre et une certaine harmonie qu'ils ont naturellement. Il nous est tout aussi difficile de concevoir leur variété infinie, leur concours, leurs formes, leur utilité, leurs avantages, ainsi que la cause et la puissance productrice qui les unit et qui établit entre les différents êtres des rapports si naturels, si habituels, si intimes. Comment l'auteur de l'univers, principe de toute bonté, amène-t-il à l'existence les êtres non existants? Comment les a-t-il doués de natures si différentes et si belles? Comment fait-il les uns simples et intelligibles, et les autres composés et sensibles? Comment donne-t-il à tous et à chacun, par leur constitution même, une sorte de nature commune, une utilité générale et réciproque, cette excellence et cette grandeur majestueuse qui sont un effet de leur union intime, de l'ordre et de l'enchaînement de tous les phénomènes de la nature? Tout cela est encore fort difficile à concevoir; car les opérations de l'Être souverainement bon, qui fait toutes choses, sont tout à fait identiques et semblables à elles-mêmes, bien qu'il ait introduit dans les différentes parties de l'univers des antipathies, des combats, des antagonismes, qui proviennent de la diversité et du mélange de leurs qualités intrinsèques. Mais ce n'est pas sans des raisons très sages que le suprême auteur de toutes choses a établi que, dans les animaux, les végétaux et les minéraux, il y aurait des vertus et des qualités destructives, et d'autres utiles et salutaires (1). » Il n'y a que le

(1) Aristote, *De Vegetabilibus*, cité dans le *Specul. doctrinal.*, lib. XV, cap. XI. « Universitatis constitutor, dit Aristote, variis animalium generibus et lapidibus omnem sensibilem ornavit locum : quorum causas et naturas secundum quemdam ordinem et harmoniam genitivam impossibile est partibile animo et sensu accipere, varietatem quoque concursûs, et formæ, et utilitatum, sive etiam ad se invicem connaturalis habitudinis connexivam omnium causam et virtutem ; quomodo factor universitatis bonus ex non existentibus adducit existentia, et naturis variis exornat ; quædam quidem simpla et intelligibilia, quædam vero composita et visibilia formans, unam ipsis invicem, et universitati constituens utilitatem et connaturalitatem, velut ex unâ conjunctione concatenationis præstantiam. Optimi vero facturæ omnino eædem, etsi quibusdam partium contrarietates introducantur et pugna ex mixturâ est et qualitatum differentiâ. Ex hoc enim non sine artificis ratione constitutum est,

Dieu très grand, très bon, très sage, qui puisse faire de tels prodiges.

Comme les éléments se distinguent par leurs qualités, ils occupent aussi des lieux différents : cette localisation est déterminée par leur pesanteur spécifique. Le monde forme en effet, comme il est dit dans le *Speculum naturale*, quatre sphères ou sphéroïdes concentriques : la plus extérieure est le ciel, séjour du feu, le plus léger et le plus subtil des éléments; après le ciel vient l'air ou l'atmosphère, qui est l'élément le plus léger après le feu; au-dessous est la région humide de l'air, et l'eau qui est à la surface de la terre; enfin, au milieu, ou au-dessous de tous les autres, est la terre, le globe terrestre. Les eaux des fleuves, des mers, des rivières, des lacs et autres courants et réservoirs, peuvent encore être considérées comme étant entre la terre et l'air, à raison de l'extrême profondeur de l'atmosphère et du globe terrestre : il en est de même de cette portion inférieure et humide de l'air, et qui a reçu, pour cette raison, le nom d'atmosphère; elle est au-dessus de la terre et au-dessous de l'air, bien qu'elle soit mêlée aux couches inférieures de l'un et aux couches supérieures de l'autre.

Mais nous avons déjà vu que les éléments ne sont purs nulle part; qu'il y a de tous en tout; qu'ils échangent leurs propriétés les plus essentielles avec la plus grande facilité; et qu'ils ne sont au fond et originairement qu'une seule substance homogène, appelée matière. Il n'y a donc rien d'absolu dans cette détermination des régions concentriques du monde; elles sont déterminées par ce qui domine dans l'élément qui les occupe. Vincent de Beauvais a suivi ici encore les données scientifiques des Grecs et des Arabes, qui avaient tous l'habitude de diviser ainsi le monde en plusieurs régions ou sphères. Il reproduit aussi, d'après les mêmes sources, ce qu'il y a de plus remarquable dans la pesanteur spécifique des corps et dans les impressions ordinaires qu'ils produisent sur nos sens.

Telle est la position relative des quatre éléments et des quatre régions principales du monde : nous pourrions essayer de localiser de la même manière toutes les autres parties du monde, tous les êtres dont il se compose, tous les phénomènes qui s'y accomplissent. Nous pourrions entreprendre le même travail pour

» quod et animalibus, et herbis, et lapidibus corruptivæ quædam sunt
» virtutes et qualitates, quædam iterum utiles et salutares. »

assigner aux différentes parties de l'univers la place qu'elles occupent dans le temps, leur durée et leur ordre chronologique. Ce double exercice, si nécessaire pour développer en nous ces deux idées, l'espace et le temps, et pour nous initier à la connaissance, ou plutôt à l'étude du monde physique, ne nous apprendrait cependant rien sur leur nature, qui demeure toujours pour nous un mystère, malgré les définitions et les descriptions.

Qu'est-ce que le temps? Qu'est-ce que l'espace? — Le temps et l'espace sont-ils finis ou infinis, divisibles et successifs, ou permanents, indivisibles et parfaitement uns, identiques et semblables à eux-mêmes? Comment les choses sont-elles dans le temps et l'espace, et où sont eux-mêmes l'espace et le temps? Sont-ils distincts entre eux et des choses qui ont en eux l'être, le mouvement et la vie? Comment mesure-t-on l'étendue dans le temps et l'espace, et quelle est la valeur de cette appréciation? Le temps, l'espace, le mouvement, les forces, l'existence, la durée, l'étendue, le nombre, se mesurent l'un par l'autre; comment cela peut-il se faire? Comment ces notions sont-elles dans Dieu, dans la nature, dans notre âme? etc., etc.

La réponse à toutes ces questions, quelle qu'elle soit, est sujette à des difficultés et à des obscurités sans nombre. Il en est de même des questions que l'on peut faire sur les autres catégories ou universaux d'Aristote, appliqués à l'étude de la physique, c'est-à-dire de la philosophie générale de la nature. Il ne nous paraît pas utile de reproduire toutes les réflexions que fait Vincent de Beauvais sur ces notions, d'après le philosophe grec; notions qui ne dépassent pas les limites et les formules d'une observation superficielle des phénomènes physiques, et qui ne sauraient résoudre les grandes questions métaphysiques que nous venons d'énoncer; notions qui sont cependant nécessaires pour l'étude de la nature physique et pour le développement intellectuel et scientifique de la raison humaine.

Quant à la question métaphysique en elle-même, nous n'entreprendrons pas de la résoudre, après que des génies puissants comme Platon, Aristote, Vincent de Beauvais et tant d'autres, ont échoué dans cette entreprise (1). Nous exprimerons seulement le

(1) Voy., sur ces questions de temps, de lieu, d'espace, de durée, de fini, d'infini, etc., Fénelon, *De l'existence de Dieu;* — saint Augustin, *Confession.*, lib. XII, et alibi, passim; — saint Anselme, sa doctrine philosophique dans notre *Programme d'un cours de phil.*

regret que l'étude de la métaphysique soit si négligée aujourd'hui, bien qu'elle soit si nécessaire pour l'intelligence et le progrès des sciences physiques, mathématiques et physico-mathématiques.

Considérée par rapport à la religion, à la morale, aux destinées de l'homme dans la vie présente et au delà, la métaphysique nous apparaîtra encore plus nécessaire et plus utile. Nous craignons que l'abus qu'en ont fait certains scolastiques n'ait déprécié cette branche importante de la philosophie, qui a été si longtemps sa partie la plus considérable, que Descartes l'appelait encore la philosophie première. Elle était et elle est encore, bon gré mal gré, la science des sciences, la reine des sciences, l'âme et la vie de toutes les sciences; puisque toutes lui empruntent leurs idées fondamentales, leurs notions premières, leurs formules et leurs démonstrations les plus exactes et les plus rigoureuses.

Vincent de Beauvais traite plusieurs fois de métaphysique.

1° Dans le *Speculum doctrinale*, lib. XVI et XVII, dans lesquels cette science se trouve sur le même rang que la théologie, la philosophie première, les mathématiques, la musique, l'astronomie. Lib. II, où l'on trouve un ensemble considérable de notions abstraites et métaphysiques, qui pourraient servir de base à une grammaire générale. Lib. III, qui traite expressément des catégories d'Aristote, des notions et des opérations les plus abstraites de la raison, du raisonnement, de ses principes, de ses règles, des rapports de nos idées, de la rhétorique, de l'art poétique; toutes choses fort métaphysiques. Lib. IV et V, où notre philosophe traite des notions premières et des principes fondamentaux de la morale; les qualités, les vertus, les facultés mentales, l'idée du bien et du beau dans l'ordre moral, la connaissance de la loi divine et naturelle, la religion, le culte, et toutes les autres notions qui sont le fondement de la morale, ne sont-elles pas abstraites et métaphysiques? Lib. VII, dans lequel notre philosophe établit les principes généraux du droit public, de la morale publique, de la sociabilité humaine, de la communauté d'idées, de sentiments et d'intérêts à conserver ou à défendre, de la justice, de l'égalité, de l'humanité et des autres droits, devoirs et pouvoirs, qui sont le fondement de la société : toutes ces notions sont encore de l'ordre abstrait et métaphysique. Lib. XV, qui traite de la *physique* ou *philosophie naturelle*, et dont la première partie est consacrée à en exposer les principes généraux et les notions les plus fondamentales, toutes empruntées à la métaphysique.

2° Dans le *Speculum naturale*, lib. I, qui traite du Créateur, de la création, de Dieu et de la Trinité, des idées divines et éternelles, des attributs de Dieu, des anges, de la hiérarchie angélique..... Lib. II, où sont établis les principes généraux de la physique que nous traitons ici, et particulièrement en ce qui regarde la lumière, ses propriétés vivificatrices, son universalité, ses rapports avec les organes de la vision et avec le monde visible. Lib. III, dans lequel Vincent de Beauvais traite expressément et fort au long de toutes ces notions métaphysiques, qui ne sont rappelées qu'en abrégé dans le livre XV du *Speculum doctrinale*, qui a rapport à la physique. Lib. XXII, où il est traité des appétits et des instincts des animaux. Lib. XXIII, XXIV, XXV, XXVI, XXVII, dans lesquels notre philosophe traite longuement de l'âme, des forces naturelles de l'âme végétale et de l'âme animale, des forces et des facultés de l'âme humaine, des propriétés de l'âme humaine, de son immortalité, de sa spiritualité et de son immatérialité, de ses opérations, de sa distinction d'avec les organes, etc., etc. Toutes questions essentiellement abstraites et métaphysiques (1).

(1) Voy., sur ce sujet, le chapitre intitulé : *Théologie, métaphysique, philosophie ; leur union dans la sagesse complète*, dans ce volume.

CHAPITRE XIII.

COSMOGONIE ET COSMOGRAPHIE (1).

Le *Monde* (motus, κοσμος) est ordre, mouvement, vie, beauté, harmonie ; rien n'est plus beau aux yeux du corps que le spectacle de la *nature;* on donne encore le nom de *ciel* à l'universalité et à l'ensemble des choses créées. Chacun de ces mots peut donc être employé indifféremment pour désigner l'univers créé, la création tout entière et le bel ordre qui y règne. C'est le sens du mot *ciel* dans le livre d'Aristote, *De Cœlo.*

La forme du monde n'est pas parfaitement sphérique, mais seulement sphéroïdale et ovale. On y distingue les quatre points cardinaux, les quatre saisons, les deux termes de son mouvement universel d'orient en occident. Il se divise en cinq régions principales, au centre desquelles est la terre, savoir : le Ciel étoilé, d'où le feu ; l'Éther, qui s'étend jusqu'à la sphère lunaire ; l'Air ou l'atmosphère ; l'Eau ou l'humide, qui comprend les parties inférieures de l'air et les eaux ; la Terre ou le sec, tout à fait au-dessous, ou plutôt au centre ; car toutes ces régions forment tout autant de sphéroïdes concentriques.

Le système épicurien des atômes, d'après lequel tout serait venu d'atômes éternels, des parties indivisibles de la matière éternelle, de cette poussière imperceptible et impalpable, de la matière subtile, de ces molécules ou particules se mouvant en tous sens et à tout hasard dans le vide éternel, pour former ensuite, par leur agrégation, les quatre éléments et tous les êtres ; ce système, dis-je, est absurde et impie, puisque Dieu seul n'a ni principe ni commencement, et que lui seul est éternel et l'auteur de toutes choses. Cependant, on peut dire, avec les anciens philosophes, que toutes choses sont décomposables en quatre éléments primitifs : l'*Eau*, la *Terre*, le *Feu*, et l'*Air*, lesquels, par leurs combinaisons et

(1) Voy. *Specul. natural.*, lib. II, çap. I-LXXX. — *Specul. doctrinal.*, lib. XV.

par celles de leurs qualités fondamentales, l'*Humide*, le *Froid*, le *Chaud*, le *Sec*, l'*Activité* et la *Passivité*, constituent la substance et l'essence de tous les êtres, avec leurs propriétés et leurs qualités.

L'analyse chimique, à cette époque, ne remontait pas plus haut que les quatre ou cinq éléments des anciens, l'Eau, la Terre, le Feu et l'Air; car on y en ajoutait souvent un cinquième, l'*Éther*, déjà reconnu par les anciens, et, au moyen-âge, on connaissait déjà des substances, des essences, des esprits, des propriétés et des qualités que l'on ne pouvait pas, avec la meilleure volonté du monde, ramener aux éléments des anciens ou à leurs propriétés fondamentales, ni expliquer par les combinaisons diverses de ces éléments et de leurs propriétés. La théorie sur la divisibilité à l'infini du temps, de l'espace, des quantités, des forces et de la matière, permettait aussi de soupçonner l'existence de plusieurs autres substances élémentaires, également douées de propriétés particulières, qui ne permettaient pas de les assimiler avec les substances connues des anciens, ni de les considérer comme de simples combinaisons de ces mêmes substances.

Rien n'empêche d'admettre aussi la confusion primitive des éléments, appelée par les Grecs χαως ou ὕλη; cette idée est conforme aux antiques traditions et à l'Écriture sainte, et la science moderne sur les révolutions du globe terrestre confirme la vérité de cet état chaotique, que les traditions placent à l'origine de toutes choses. Dieu a voulu créer le monde dans cet état, pour montrer qu'il est le maître et l'auteur de l'ordre du monde, comme de son existence; et il n'aurait pas sur le monde une autorité absolue, s'il n'était pas l'auteur de sa substance et de tous ses modes d'être (1).

Vincent de Beauvais explique ensuite, d'après l'ancienne philosophie grecque, comment ces éléments et leurs différentes qualités peuvent former tous les êtres, sous l'action de la cause première, par la force attractive et répulsive du feu, qui est répandue partout, par les diverses combinaisons ou syzygies des éléments et de leurs qualités, selon les analogies qu'ils ont entre eux, par

(1) Voy. le beau passage de Guillaume de Conches, cité dans le *Specul. natural.*, lib. II, cap. v, dont nous n'avons reproduit que la pensée fondamentale. Dieu, dit-il, agit comme créateur, comme auteur de la nature, comme artisan ou artiste.

les lois de l'ordre et du mouvement, de la génération et de la destruction; et enfin, par la propriété qu'ont les éléments et leurs qualités, de se transformer les uns dans les autres. La transformation d'un élément dans un autre, par voie de condensation ou de dilatation, de commixtion ou de combinaison, d'agrégation ou de dissolution, de génération ou de corruption, était un principe de philosophie naturelle admis par Aristote, chez les Arabes et au moyen-âge (1).

La prédominance d'un élément, ou d'une qualité, ou d'une propriété, dans une combinaison quelconque, détermine la nature des choses, celle des métaux, par exemple : elle va même jusqu'à déterminer la nature des tempéraments, et, par là, des caractères, au degré où le physique peut influer sur le moral de l'être humain. De là les quatre tempéraments principaux et leurs intermédiaires, dont il sera traité plus longuement dans la partie physiologique de l'anthropologie.

Or, Dieu a fait toutes choses successives, variables, sujettes aux changements; et cette mobilité a pour cause immédiate la mobilité même des éléments, leurs mutations perpétuelles, leurs modifications incessantes, leurs générations et leurs corruptions constantes et perpétuelles (2).

De là l'œuvre des six jours, les six âges du monde, le caractère sacré du nombre six et ses propriétés merveilleuses. On peut donner bien des raisons de convenances sur ce nombre six et sur l'ordre marqué par ce nombre pour la création des choses. En effet, sous cette expression, *œuvre des six jours*, l'Écriture indique la disposition, la création et l'ordonnance du monde. Or, pour peu que l'on y fasse attention, on trouvera aisément combien l'ordre successif de l'œuvre des six jours est vraiment raisonnable; combien, aussi, il est raisonnable de croire que le monde a été créé dans la saison du printemps, dans laquelle tout naît ou prend une nouvelle existence, et l'homme au printemps de la vie, dans la plénitude de l'usage de ses facultés (3).

La division de l'histoire de la création du monde et de la forma-

(1) Omnia elementa omnibus insunt, sed unumquodque eorum ex eo quod amplius habet, accipit vocabulum. Saint Isidore, cité *ibid.*, cap. VI. — In igne est particula frigida; in aquâ particula sicca. Voy. tout ce passage de Guillaume de Conches, *ibid.*

(2) *Specul. natural.*, lib. II, cap. XII-XIII.

(3) *Specul. natural.*, lib. II, cap. XV-XXV.

tion de notre globe en plusieurs époques ou périodes, est une hypothèse admise, non seulement par les Pères de l'Église, qui en ont donné différentes raisons, mais encore par plusieurs savants, par des philosophes, par les traditions de plusieurs peuples (1).

Parmi les éléments, le plus important, c'est la lumière : voilà pourquoi elle a été créée la première. Vincent de Beauvais en donne encore d'autres raisons tirées de la théologie. Dieu, dit-il, a tout créé dans le Verbe, son Fils, son image, sa sagesse consubstantielle, en qui était la vie, dans lequel tout ce qui a été fait était vie, et dont la plus fidèle image ici-bas est la lumière ou le feu. Sans la lumière, tout est dans les ténèbres, la confusion, la mort, le néant; mais la lumière, c'est l'être et la vie; elle est partout, comme le feu, indépendamment du soleil, des étoiles et de toute lumière artificielle.

Les propriétés de la lumière sont vraiment extraordinaires ; elle est en tout et partout; elle constitue la puissance vitale et la faculté cognitive; elle détermine la couleur et la forme des corps; elle est le principe de l'intelligibilité des choses, comme de la perception sensible et intellectuelle qui nous les fait connaître. La lumière est une et multiple, simple et variée à l'infini, et ses effets toujours également admirables; car, non seulement elle détermine la couleur et la forme des corps, mais encore l'essence, les qualités, les propriétés, les vertus, les forces actives de tous les êtres; elle communique à tous ses énergies, ses propriétés et ses vertus variées à l'infini, sans se détériorer ni s'appauvrir. Semblable à l'esprit, la lumière est partout, sans division de temps ni de lieu, une et semblable à elle-même, principe universel de la force, de la beauté, de l'arrangement, de l'ordre et de la vie dans l'univers. La lumière est, de tous les éléments, celui que ses propriétés essentielles et ses attributs rapprochent le plus de la nature de l'esprit; comme lui, elle paraît affranchie de toutes les conditions de l'espace et du temps, de toute altérabilité et de toute corruptibilité, malgré la variété des lieux et des milieux qu'elle traverse ou dans lesquels elle pénètre (2).

(1) Voy. Platon, *Républ.* et *Lois*, passim. — Cuvier, *Discours sur les révolut. du globe*, passim. — Herder, *Idées sur la phil. de l'hist.*, t. I, passim. — Boulanger, *Antiquité dévoilée*, passim. — Bossuet, *Discours sur l'hist. univ.*

(2) Voy. *Specul. natural.*, lib. II, cap. XXXI-XXXVIII.

Mais, qu'est-ce que la lumière en elle-même? Est-ce une qualité ou une substance, un corps ou un esprit? Est-elle une émanation ou une simple manifestation des êtres lumineux? Est-ce, enfin, une essence ou un accident, une substance particulière ou une simple qualité? Vincent de Beauvais fait d'abord remarquer que ce mot lumière est souvent pris dans ces divers sens, pour désigner, tantôt l'être lumineux ou la couleur des corps, tantôt la substance même de la lumière, ou le simple phénomène de sa manifestation. Puis il soutient les assertions suivantes, sur la nature intrinsèque de la lumière.

Selon Vincent de Beauvais : 1° la lumière n'est pas un corps, et elle n'a pas un mouvement de va-et-vient, comme on se l'imagine faussement, dans les phénomènes d'émission et de réflexion ; 2° la lumière n'est pas une substance spirituelle ; car elle est une propriété des corps, et a, comme eux, quantité et étendue; 3° la lumière n'est pas non plus une simple apparence, un simple phénomène, une simple manifestation ou splendeur accidentelle des corps, comme la couleur, le blanc, le noir, etc.; car la lumière est elle-même la cause des couleurs, et une cause est quelque chose de réel; 4° la lumière, considérée en général, n'est pas non plus un simple accident des corps; soit parce qu'elle paraît avoir une existence indépendante, soit parce que, relativement aux corps lumineux, elle est tantôt une propriété essentielle, tantôt une propriété accidentelle, tantôt une simple réflexion d'une lumière venue d'un autre corps; 5° la lumière est une qualité empruntée ou communiquée, une propriété active, et elle suppose, dans les corps d'où elle émane, une disposition, une capacité, une faculté de la produire : tels sont tous les corps lumineux; quant aux corps opaques, la lumière, comme la couleur, est une forme purement accidentelle, un mode d'être qu'ils peuvent avoir ou ne pas avoir (1).

Ici, Vincent de Beauvais laisse sa pensée s'amoindrir par l'enseignement des philosophes grecs et arabes : il semble perdre de vue les belles idées qu'il nous donnait d'abord de la lumière, d'après saint Denys l'Aréopagite : il n'est pas ferme dans cette opinion, que le feu et la lumière sont la même chose, et que l'un et l'autre existent répandus dans toute la nature. Voilà pourquoi il se laisse aller, à la suite de ces mêmes philosophes, à une fausse

(1) Voy. *Specul. natural.*, lib. II, cap. XXXIX-XLIX.

explication d'une multitude de phénomènes lumineux, relatifs soit à l'émission même de la lumière par les corps lumineux, soit à la phosphorescence de certains corps, soit aux couleurs des corps, qu'il appelle, avec Aristote, des qualités secondaires, soit enfin à l'action de la lumière sur l'organe même de la vision. Il soutient aussi que les couleurs sont l'objet propre de la vision et le motif pour lequel nous voyons; que la couleur est un mélange de corps lumineux et de corps diaphane, comme l'avaient déjà enseigné Avicenne et Avenpace; et enfin que la lumière est, pour la couleur, la cause de la visibilité, comme l'ont enseigné Avicenne, Avenpace et Alfarabi (1).

Cependant Vincent de Beauvais soutient que la couleur n'est pas la cause de la lumière, et qu'elle n'en est pas même la cause excitatrice ; mais que c'est la lumière qui produit la couleur et la rend visible. Ici encore, notre philosophe nous transmet, d'après Aristote et les philosophes arabes, une multitude d'explications erronées ou imparfaites sur la production des couleurs par le chaud, le froid, le sec, l'humide, par les autres propriétés primitives des éléments et leurs diverses combinaisons. Il traite ensuite, d'après les mêmes philosophes et les mêmes principes, des sept couleurs primitives et de leurs nuances intermédiaires; du plaisir que nous éprouvons en voyant les couleurs, et dont la cause est l'harmonie et la proportion ; de la transformation des couleurs les unes dans les autres. Il essaie enfin un système d'explication sur la production et la nature de l'image des objets dans les miroirs de verre ou de métal, plans, convexes ou concaves, et sur la nature de cette lumière, qui est la substance des couleurs, et qui se décompose en elles et par elles, pour paraître sous des nuances différentes (2).

Notre philosophe s'étend longuement sur toutes ces questions relatives aux divers phénomènes de la lumière ; et il les a constamment traitées au point de vue de la philosophie d'Aristote, commentée par les Arabes ; c'est-à-dire à l'aide d'abstractions idéales et de catégories rationnelles, plus ou moins savamment combinées, à la manière des péripatéticiens. A cette époque, la méthode rationnelle dominait encore à peu près exclusivement dans l'étude des sciences physiques : l'expérience et l'observation

(1) *Specul. natural.*, lib. II, cap. L-LIX.
(2) *Specul. natural.*, lib. II, cap. LX-LXXXIII.

y avaient une faible part; l'expérimentation et l'analyse, presque aucune : on tâchait de se rendre compte, à l'aide de nomenclatures purement abstraites et métaphysiques, de ce qui arrivait, de ce que l'on éprouvait, de ce qui tombait de soi-même dans le domaine de l'expérience; mais on accordait peu à l'expérimentation proprement dite, à l'observation et à l'analyse des phénomènes, à leur explication directe et intrinsèque par les nouvelles lois dont ils pouvaient être la manifestation. Cette observation devra s'appliquer à beaucoup d'autres questions de physique, de chimie, de cosmographie, de météorologie et de physiologie, que Vincent de Beauvais a traitées d'après les mêmes philosophes, les mêmes principes et la même méthode.

L'ordre de l'œuvre des six jours, que Vincent de Beauvais a entrepris de décrire, l'amène à parler d'abord du firmament ou du ciel, comprenant dans ce mot, à l'exemple des anciens, l'universalité des choses : *quidquid cœli ambitu continetur*.

Il cite d'abord les opinions des anciens philosophes grecs et arabes, et celles que les écrivains ecclésiastiques se faisaient, d'après eux, sur la nature du ciel, sur son étendue, sa figure, ses propriétés, etc. Il consacre à ce sujet tout le livre troisième du *Speculum naturale*, qui est comme un traité de cosmographie, science très imparfaite encore dans ces temps-là, mêlant ensemble les notions élémentaires de sphère armillaire, d'après le système de Ptolémée, les opinions des philosophes grecs et arabes, et les données les plus certaines de l'astronomie et de l'astrologie, telles que les anciens les concevaient (1).

Vincent de Beauvais revient plus tard sur ce sujet, en traitant de l'œuvre du quatrième jour de la création, savoir : la création des astres du firmament, des grands luminaires du ciel : c'est l'objet du livre quinzième du *Speculum naturale*.

Quoique placé au point de vue du système imparfait de Ptolémée, notre philosophe nous transmet cependant sur la cosmographie, les divisions du temps, les constellations, les planètes, le soleil, la lune et les étoiles, des notions et des observations importantes. Leurs influences sur les phénomènes de ce monde inférieur sont évidentes. Le soleil, image de la Divinité, est pour nous le principe de la lumière, de la chaleur, de la vie, de la fécondité de la naissance, de la croissance, du bien-être et du bonheur.

(1) *Specul. natural.*, lib. III, cap. I-CV. — Lib. IV, cap. I-CXIV.

La lune reçoit sa lumière du soleil ; c'est de lui qu'elle tient le pouvoir d'agir sur le monde inférieur : les éclipses du soleil ou de la lune ont lieu lorsque les trois astres viennent à se trouver sur le même axe, dans le plan de l'écliptique. Vincent de Beauvais reproduit les autres notions astronomiques de ses contemporains et de ses devanciers sur les étoiles fixes et les planètes, sur les constellations et les signes du zodiaque, et sur leurs divers mouvements autour de la terre. Nous avons déjà dit que ses explications sont empruntées aux anciens, qu'elles sont conçues au point de vue du système imparfait de Ptolémée, et que, sans manquer tout à fait de justesse et d'importance, elles sont des descriptions d'histoire naturelle et de sphère armillaire, tirées du spectacle de la nature, plutôt que des connaissances vraiment astronomiques et scientifiques. Il a fait tout ce que l'on pouvait faire de mieux dans ces temps-là.

Le ciel n'est pas composé d'éléments ; mais les étoiles et les autres astres ont, comme les corps terrestres, une composition élémentaire. De là leur influence sur les choses d'ici-bas. Ces influences ont encore beaucoup d'autres causes plus ou moins secrètes, mais que l'on peut chercher à découvrir en observant les effets. Ainsi, on ne saurait nier l'influence du soleil, des planètes, des comètes, des constellations, des différents astres, sur tous les phénomènes du monde physique, considérés en général.

Mais en est-il de même de la conception, de la naissance, de la destinée, de la santé et des dispositions du corps et de l'âme? Beaucoup le croient. Vincent de Beauvais est disposé à y croire en général ; ou plutôt il ne rejette pas cette influence d'une manière absolue. Dans ses explications de ces deux sortes d'influences, il y a un peu d'alchimie et d'astrologie : cependant il rejette en masse l'astrologie judiciaire, c'est-à-dire la prétendue correspondance fatale et nécessaire entre tous les événements célestes et tous les événements humains (1).

Vincent de Beauvais s'arrête à la doctrine d'après laquelle le ciel n'est pas un corps matériel et grossier comme ceux que nous connaissons, mais une substance subtile, éthérée, impalpable, invisible, d'une nature de feu ou de lumière, réceptacle de toutes les existences, immense et infini, nonobstant sa forme ronde ou sphérique en apparence, sans haut ni bas, ni droite ni gauche,

(1) *Specul. natural.*, lib. XV, cap. I-C.

ni avant ni arrière, ni aucune des autres propriétés locales et purement relatives à nos manières d'être particulières et limitées.

Il admet aussi les résultats erronés ou superficiels de la science des anciens sur le mouvement, l'état de repos et les changements du ciel, et il dit que le mouvement du ciel est la cause de tous les autres mouvements, qu'il aura une fin, et que de ce mouvement procèdent tous les changements qui arrivent dans le monde. Mais il ne faut point entendre ceci comme s'il n'y avait que des mouvements mécaniques dans l'univers, mais en ce sens qu'il y a des correspondances et des influences entre les phénomènes célestes et les phénomènes terrestres, en vertu des lois de l'ordre et de l'harmonie universels, qui unissent tous les êtres entre eux.

Ce que notre philosophe dit ensuite sur la génération des êtres et leur destruction, sur le lieu et les diverses situations dans l'espace, sur le mouvement circulaire et les autres espèces de mouvement, sur les changements par altération, augmentation ou diminution, est trop élémentaire, trop didactiquè, trop empreint de péripatétisme pour trouver place ici. Cela ne veut pas dire que toutes les notions qu'il en donne soient fausses, ou superficielles, ou inutiles ; non.

Ainsi Vincent de Beauvais fait remarquer les rapports entre le temps, l'espace, le mouvement : il dit que l'un se mesure par comparaison avec l'autre ; il croit que de ces trois termes résultent trois autres termes, la durée, les lieux, les forces ; et que de leurs divisions et de leurs combinaisons résultent les différentes parties du temps et de l'espace et les divers degrés d'intensité ou de vitesse que peut avoir le mouvement. Ces idées, si elles avaient été mieux comprises, et qu'on en eût essayé l'application, auraient suffi pour faire progresser d'une manière extraordinaire la mécanique, la physique, l'astronomie et les sciences physico-mathématiques. Mais les mathématiques elles-mêmes étaient trop imparfaites pour se prêter à ces nouvelles applications.

C'est pourquoi Vincent de Beauvais s'applique plutôt à développer ces notions et à résoudre certaines questions métaphysiques qui s'y rattachent : par exemple, si le temps, l'espace, les forces, ont une existence propre, indépendante, distincte, ou s'ils ne sont que de simples abstractions de l'esprit, une simple propriété, un simple mode d'être de notre âme qui les conçoit, ou un mode des objets qui subsistent en eux et par eux. Il examine aussi si le temps, l'espace, les forces et le mouvement sont créés ou incréés. Selon lui, on peut dire que ce qui est représenté par ces mots est un être ou un mode d'être, une abstraction de l'esprit ou une réalité dans les choses, quelque chose de créé ou d'incréé, une sorte d'entité indépendante ou une propriété inhérente et identique avec les objets : ces diverses assertions, quoique opposées en apparence, peuvent être vraies dans un sens, selon la manière de les expliquer et de les entendre (1).

Enfin Vincent de Beauvais se met en peine de justifier certaines locutions de l'Écriture, par des fragments des philosophes et des savants qui semblent pouvoir s'y rapporter; pour expliquer, par exemple, ce qu'il faut entendre par le ciel empyrée, par le ciel des eaux ou le ciel de cristal, par les sept cieux, les armées du ciel, les étoiles, les planètes, etc., etc. Notre philosophe ne faisait pas attention que, le plus souvent, en ce qui peut regarder la physique, l'Écriture emploie le langage ordinaire au naturel ou au figuré, sans aucune intention de dogmatiser sur les questions de physique auxquelles son langage fait allusion. Cependant il pense que l'on peut, sans aller contre la foi, admettre une âme du monde et une intelligence motrice dans chaque être (2).

Toute la psychologie de Vincent de Beauvais suppose l'existence de trois sortes d'âmes : l'âme végétative, l'âme animale, l'âme raisonnable ; il va même jusqu'à admettre une sorte d'âme inférieure, principe du mouvement, des forces et des opérations aveugles de la matière et des corps. L'âme humaine remplit pour l'homme toutes les fonctions de ces différentes sortes d'âmes (3).

(1) Voy. aussi sur ce paragraphe le *Specul. doctrinal.*, lib. XV, dont nous avons donné une analyse dans le chapitre intitulé : *Philosophie naturelle*, en ce volume.

(2) *Specul. natural.*, lib. III, cap. I-LV. — Lib. XV, cap. I-C.

(3) Voyez, plus bas, le chapitre sur l'âme, ses forces, ses propriétés, ses facultés et ses opérations.

CHAPITRE XIV.

HISTOIRE NATURELLE ; SCIENCES PHYSIQUES.

Cosmographie. — Astronomie. — Géographie. — Météorologie. — Géologie. — Minéralogie. — Botanique. — Zoologie. — Anatomie. — Physiologie. — Médecine. — Économique.

Ces deux expressions générales, *histoire naturelle*, *sciences physiques*, font connaître notre jugement sur les travaux de Vincent de Beauvais, consignés dans le *Speculum naturale*. Ces travaux ne dépassent guère les limites d'une description détaillée des phénomènes de la nature, d'après les observations les plus constantes et les plus universelles faites jusqu'alors : toutefois ils contiennent les théories scientifiques par lesquelles les physiciens et les philosophes les plus célèbres avaient essayé de se rendre raison de ces phénomènes, en les ramenant à quelques notions et à quelques lois fondamentales.

Cette partie des œuvres de notre savant philosophe était certainement l'ouvrage le plus complet et le plus exact qui eût paru jusque-là sur les sciences physiques ou naturelles. Elle forme une longue suite de livres et de chapitres dans le *Speculum naturale*, auxquels il faut rattacher encore le livre VI sur l'*Économique*, le livre XI, sur les *Arts mécaniques*, les livres XII, XIII, XIV, sur la *Médecine*, et le livre XV sur la *Physique*, du *Speculum doctrinale*.

Malgré l'imperfection inévitable de ces sciences dans l'ouvrage de Vincent de Beauvais, comparativement aux progrès qu'elles ont faits aujourd'hui, comme histoire naturelle, comme description des phénomènes de la nature, comme théorie des arts pratiques, les livres de ce philosophe qui traitent de ces sciences ne sont point dénués de tout intérêt ni de toute valeur scientifique. Constamment, il emprunte aux écrivains grecs, latins, arabes, avec un rare bonheur dans son choix, tout ce qu'ils avaient dit de mieux sur le beau spectacle de la nature, sur les sciences physiques, sur les arts industriels et les beaux-arts. Il y a un grand nombre de ces connaissances que la science moderne n'a point contredites : elles forment ce fonds solide de richesses scientifiques que chaque siècle transmet au suivant, en le modifiant plus ou moins, selon les circonstances.

En un mot, Vincent de Beauvais eut toute la science possible à son époque; il la comprenait parfaitement, et il savait l'exposer avec talent. Sans avoir le mérite de faire progresser les sciences naturelles, il surpassait de beaucoup, en ces sortes de connaissances, tous ceux de son temps et de son pays, et il contribua plus que personne à en propager partout le goût, l'étude et l'intelligence.

Pour peu que l'on soit juste et impartial, on sera étonné de l'immense étendue de connaissances que notre philosophe a pu réunir sur les diverses branches des sciences physiques et naturelles. Son livre comprend toute la science antérieure et contemporaine, et pouvait satisfaire tous ceux qui, de son temps, aspiraient à une science encyclopédique, et recherchaient dans l'étude de la nature un aliment à leur imagination, à leur intelligence et à leurs sentiments religieux.

Mais n'oublions pas que c'est surtout comme description du beau spectacle de la nature, comme histoire naturelle, que le *Speculum naturale* de Vincent de Beauvais est utile, intéressant, et rempli d'une science véritable. Les explications théoriques et scientifiques, les démonstrations physico-mathématiques, l'application en grand de l'analyse, de l'expérience et de l'expérimentation, la connaissance des phénomènes du monde physique par leurs lois, leurs causes, leurs rapports, leurs qualités, leur idée abstraite et métaphysique, toute cette partie vraiment philosophique des sciences naturelles, qui est due aux méthodes modernes, était faible dans Vincent de Beauvais, comme chez ses contemporains et tous ses prédécesseurs.

De tout temps, les hommes ont été plus près de la nature physique, et les phénomènes de la nature ont toujours été de leur part l'objet d'une attention particulière et plus sérieuse. Leurs besoins, leurs instincts, leurs sens, la faiblesse de leurs facultés intellectuelles les placent d'abord et les retiennent ensuite plus ou moins enfermés dans cet ordre d'observations et de perceptions sensibles, qui sont l'objet de l'histoire naturelle proprement dite ; la foi religieuse et la science philosophique peuvent seules les élever à la conception des vérités d'un ordre supérieur.

C'est ce que se propose constamment Vincent de Beauvais dans sa *Grande Contemplation de la nature*, *Speculum majus;* partout, on y découvre des tendances vers une science supérieure. Nous ne pouvons pas donner une notion plus exacte, une idée plus avantageuse de son ouvrage qu'en le comparant au *Spectacle de la nature*, par l'abbé Pluche.

Suivez, dans l'abbé Pluche et dans Vincent de Beauvais, les titres généraux, les grandes divisions, les intentions et l'esprit de leurs ouvrages : partout, vous les voyez préoccupés du même objet, savoir : de célébrer la Providence par l'épopée de la création, d'exalter la nature humaine en faisant une sorte d'épopée humanitaire, de faire de l'histoire naturelle et de la philosophie physique une espèce de préparation évangélique pour ceux qui ignorent la vraie religion ou qui ne croient pas à la divinité de la religion chrétienne.

Si donc Vincent de Beauvais ne fit pas progresser les sciences naturelles, s'il ne put les affranchir de la méthode péripatéticienne, trop exclusivement abstraite et rationnelle, il avait préalablement une autre mission à remplir, c'était de mettre son siècle en possession de toutes les connaissances acquises dans les siècles précédents par les Grecs, les Latins et les Arabes, et de préparer les matériaux nécessaires pour la philosophie naturelle et les progrès ultérieurs des sciences physiques. L'entreprise était difficile, puisque, près de quatre siècles plus tard, les savants bénédictins de Douai, éditeurs du *Speculum majus*, de cette *Grande Contemplation de la nature*, pouvaient l'intituler encore, sans s'exposer à être accusés d'ignorance, *Bibliothèque du monde, Histoire de toute la nature, Encyclopédie de toutes les sciences*, etc., etc. (1).

Nous empruntons, soit à Vincent de Beauvais, soit aux sciences modernes, les expressions et les titres qui nous paraissent résumer plus exactement les sujets nombreux traités par ce savant philosophe; car on ne s'attend ici, de notre part, qu'à une esquisse rapide, à un abrégé succinct de ce *Speculum naturale*, dont la table des matières forme, à elle seule, trente pages in-folio, soixante colonnes de soixante-quinze lignes, dont à peu près chaque ligne forme le titre d'un chapitre, c'est-à-dire d'un sujet différent. Ajoutez à cela les cinq ou six cents chapitres qu'il nous faut emprunter au *Speculum doctrinale*, et qui ont aussi rapport aux sciences physiques.

(1) Voy. le chapitre : *Idée générale du Speculum majus*.

I. Météorologie.

Dans la partie du *Spectacle de la nature* que nous pourrions appeler *météorologie*, Vincent de Beauvais adopte la division du ciel, ou plutôt de l'univers, en trois régions : 1° l'espace rempli par le feu ou le pur éther, le ciel empyrée ou étoilé, séjour de la lumière ; 2° l'espace rempli par l'air, le ciel atmosphérique ou aérien, et qui est concentrique au premier ; 3° l'espace que la terre occupe et qui est au centre, séjour de la pesanteur, du froid et des ténèbres.

Le feu, comme la lumière est une, substance simple et répandue partout ; ses propriétés sont infiniment variées et vraiment merveilleuses, et ses effets prodigieux, innombrables, très différents ; car il est répandu partout, et c'est lui qui donne à toutes choses le mouvement, la vie, la fécondité, les formes nouvelles, une nouvelle existence.

« Le feu, dit saint Denys l'Aréopagite, a, si l'on peut parler ainsi, plusieurs propriétés de la grâce divine (ou de la puissance de Dieu) ; car le feu, même le feu sensible, est le plus excellent de tous les éléments ; il est par lui-même invisible, caché, latent, incommensurable, maître de tout, toujours en mouvement, se communiquant à tout, même à la matière ; il est le principe de la lumière resplendissante, et cependant il est incompréhensible en lui-même ; il sert à discerner clairement les objets, par exemple, le plomb de l'argent, ou l'argent de l'or ou du fer ; il est immuable, inaltérable, impassible, se mouvant lui-même en tous sens, mouvant tous les êtres de la nature et n'étant mis en mouvement par aucun. Ses propriétés principales sont de brûler, de purifier, de chauffer, d'éclairer ; par lui-même, il est incorporel, invisible, répandu partout et d'une nature spirituelle ; il ne paraît matériel, circonscrit dans le lieu et le temps, et doué de qualités corporelles, comme la couleur, l'augmentation, la diminution, que dans son union avec la matière et les corps. »

De là la nature divine du feu, ses espèces infiniment variées, ses effets plus nombreux encore, sa diffusion dans tout l'univers, et son immensité ; sa subtilité, qui le rend insaisissable et incoërcible ; sa puissance, qui le rend maître de tout ; sa force irrésistible, qui ne peut être maîtrisée par rien ; le culte qui lui a été rendu comme à l'image la plus vivante de la Divinité (1).

L'air ou l'éther, car on prenait souvent l'un pour l'autre, comme d'autres fois on les distinguait avec soin; l'air ou l'éther, dis-je, est, selon Vincent de Beauvais, une espèce de corps fluide et élastique, sujet à la dilatation et à la condensation par l'effet de la chaleur et du froid. Il remplit notre atmosphère; il est nécessaire à la respiration, à la végétation, à la production du son.

C'est dans l'immensité de l'air atmosphérique que s'accomplissent une multitude de phénomènes météorologiques, tels que les nuées, les vapeurs, les pluies, la neige, les vents, le chaud, le froid, les tempêtes, les tourbillons, la grêle, les éclairs, les tonnerres, la foudre et ses effets prodigieux, les étoiles tombantes ou les étoiles filantes, les feux célestes, l'arc-en-ciel et ses couleurs, la rosée et ses effets, la manne, le miel, le givre, la gelée blanche, les évaporations et les exhalaisons qui s'échappent de l'eau et de la terre, des végétaux et des animaux, du corps humain et de tous les autres corps, les odeurs et les goûts, les fumées des corps qui brûlent, les vapeurs des corps liquides ou humides, les émanations pestilentielles et contagieuses, les fermentations putrides sur la terre et les coruscations ignées ou lumineuses dans le ciel (2).

Ce qui domine ici, comme dans toutes les parties du *Speculum naturale*, c'est la multitude d'observations justes, faites sur les phénomènes de la nature. Quant à l'explication de ces phénomènes, Vincent de Beauvais s'en tient ou à une description plus détaillée, ou à des conjectures qui pouvaient paraître plus ou moins vraisemblables, ou aux explications péripatéticiennes des philosophes grecs ou arabes, tirées de la nature des éléments, de leurs propriétés fondamentales, de leurs transformations et de leurs combinaisons. Ces explications ne se déduisaient pas de l'examen plus approfondi des phénomènes et des lois qui les régissent.

(1) *Specul. natural.*, lib. IV, cap. I-VIII. Remarquez : De proprietatibus ignis in quibus assimilatur Divinitati. Quod ignis omnia vegetat et movet. In generatis juvat... Effectus et species ignis.

(2) *Specul. natural.*, lib. IV, cap. I-CXIV.

II. Hydrographie.

Le livre V du *Speculum naturale* est une sorte d'*hydrographie*, dans laquelle Vincent de Beauvais traite de l'eau, de ses éléments, de ses sources, de ses diverses espèces, des grands amas d'eau, de ses fonctions et de ses mouvements dans la nature.

D'après les livres saints, c'est Dieu qui, à l'origine des choses, sépara l'eau de la terre, auparavant confondues ensemble en une seule masse boueuse. Les grands amas d'eau furent appelés les mers; le reste prit le nom de terre sèche et de continent.

L'eau est une substance élémentaire, un corps liquide, qui n'existe pas toujours à l'état de pureté, même dans la nature, et dont les propriétés sont très différentes, selon les substances qu'elle tient en dissolution. Saturée de sel, elle est amère et plus pesante; elle redevient douce et légère par la vaporisation, la distillation, la filtration.

Les principaux amas d'eau sont l'Océan et la Méditerranée. La terre a été recouverte par les eaux du déluge universel; l'histoire mentionne plusieurs autres déluges partiels et divers cataclysmes qui l'ont ravagée ou qui ont grandement modifié l'état des continents. Il ne faut pas confondre avec ces événements le flux et le reflux de l'Océan, selon les phases de la lune; ni les diverses fluctuations de la mer, qui arrivent d'une manière à peu près périodique et régulière, et qui ont pour cause les vents et les tempêtes, les orages et les ouragans, les changements de saison, les équinoxes et les solstices.

Vincent de Beauvais traite ensuite longuement des pluies, des fontaines, des sources, des propriétés merveilleuses de quelques-unes d'entre elles; des torrents, des grands fleuves, des rivières, des lacs les plus célèbres, des effets extraordinaires que l'on attribue à plusieurs d'entre eux; des puits, des citernes, des eaux minérales, des eaux thermales, de leurs propriétés et de leurs effets, de leur emploi comme bains et comme boissons, relativement à l'hygiène, à la santé et à la guérison de certaines maladies.

Les sources des fleuves, des rivières ou des fontaines qui s'échappent du côté ou du pied des montagnes, ou qui jaillissent du sein de la terre, ne sont point attribuées aux eaux des pluies, aux glaciers, aux amas d'eaux et aux courants perpétuels qui en sont formés, mais à des courants souterrains d'eaux venant de la mer elle-même, et absorbés jusqu'aux plus grandes hauteurs par la spongiosité des collines, des montagnes et des continents, d'où elles découlent.

Les diverses propriétés des eaux dépendent des substances qu'elles tiennent en dissolution, de leur état de mouvement ou de stagnation, de la nature des lits où elles coulent, ou des milieux qu'elles traversent. De là, d'abord, les eaux de mer et les eaux douces, les eaux minérales et les eaux thermales, les eaux saines dans l'usage ordinaire et dans leur emploi médical, et les eaux malsaines, putrides, fiévreuses, vénéneuses ou empoisonnées.

Les substances ainsi tenues en dissolution dans l'eau sont très nombreuses; il y en a qui sont organiques, comme les végétaux et les animaux; d'autres qui sont inorganiques, comme le sel, le nitre, l'alumine, le bitume, les métaux, le soufre. A cette occasion, notre philosophe traite aussi des divers produits de l'eau, comme l'écume de la mer, les éponges, les plantes aquatiques; et des divers milieux que l'eau peut traverser, comme les sables, les pierres, les rochers, les diverses couches de la terre, les terrains volcaniques.

Vincent de Beauvais donne quelques détails sur l'usage que l'on faisait déjà de ces substances et de ces eaux, soit en médecine, soit dans les arts industriels (1).

III. Géographie physique.

Nous mettons sous ce titre les matières contenues dans le livre VI du *Speculum naturale*; parce que ce livre traite en effet de la terre et du globe terrestre, de sa forme générale, de sa situation dans l'espace, de ses principales parties constitutives, des principales divisions naturelles de sa surface, des divers corps terrestres et de leurs propriétés.

L'usage fait d'abord dire à Vincent de Beauvais, avec tous les anciens physiciens, que la terre est un corps simple, un des quatre ou cinq éléments; mais bientôt il nous apprendra lui-même qu'elle se compose de plusieurs corps, doués d'une nature et de propriétés bien différentes, tels que les minéraux, les métaux,

(1) *Specul. natural.*, lib. V, cap. I-XCV.

l'eau, le feu, la terre végétale, les rochers, les pierres précieuses et les cailloux.

La forme générale de la terre est ronde, sphérique ou sphéroïdale, avec des inégalités plus ou moins considérables, formées par les mouvements de terrains, les vallées, les collines et les montagnes. Sa circonférence est d'environ cent quatre-vingt mille stades; avec cette donnée, on peut connaître approximativement l'étendue de sa surface et la grosseur de son volume. Elle se divise en cinq zones, distinctes par des températures différentes, et le grand fleuve Océan, à la surface polie et arrondie, l'enveloppe comme une ceinture humide et brillante.

La place du globe terrestre est au centre du monde, car le ciel en est à une égale distance de tous côtés; il est suspendu, avec son atmosphère, au milieu de l'espace ambiant, sans être appuyé sur aucun corps solide, mais seulement sur la puissance de Dieu, dont il est écrit : *Qui appendit terram super nihilum, qui fundavit terram super stabilitatem suam.* Ce qui est dit ailleurs, que Dieu fonda la terre sur les eaux, peut s'entendre de deux manières: 1° que la terre ferme est partout humide et traversée par des courants souterrains; 2° que l'Océan enveloppe l'enceinte du globe terrestre comme une ceinture, ce qui, à le bien prendre, peut lui donner l'apparence d'un globe reposant sur l'eau : *Abyssus sicut vestimentum amictus ejus.*

Cette suspension de la terre au milieu de l'air et de l'espace, dans un équilibre plus ou moins stable; sa forme, généralement arrondie d'une manière irrégulière, étaient des vérités admises par Vincent de Beauvais. Il connaissait aussi la for e centrale de la terre; il va jusqu'à faire cette supposition, que, le globe terrestre étant perforé en droite ligne par le centre, une pierre jetée dans l'espace creusé s'arrêterait au milieu. La pesanteur, conclut-il, n'est donc que la force d'attraction centrale de la terre, et la tendance des corps vers ce qu'ils aiment et où ils trouvent le repos, l'aliment, leur vie. Ce que l'on regarde comme la cause de la chute des corps est donc le principe de leur solidité, de leur stabilité, de leur force de cohésion.

Le globe terrestre, considéré en lui-même, se divise en mers et en continents, en montagnes et en vallées, en plaines et en collines, etc., etc. Déjà on avait remarqué qu'il y avait des terres mouvantes, des îles flottantes, des terres et des îles qui apparaissaient et d'autres qui disparaissaient. Les tremblements de terre, les volcans, les pestes et les autres désastres qui en sont la suite étaient bien plus fréquents autrefois qu'ils ne le sont aujourd'hui. Vincent de Beauvais rapporte ce que les anciens et ses contemporains avaient dit de plus intéressant et de plus certain sur ces matières, sans omettre la moralité qu'ils avaient tirée de certains phénomènes.

Pour ne parler ici que de la fécondité de cette mère commune de tous les hommes, notre philosophe fait remarquer avec raison qu'une infinité de motifs doivent nous la rendre chère et vénérable, et nous engager à la cultiver avec soin ; car, dès le premier instant de notre existence, elle nous comble de ses faveurs, et elle contient dans son sein une source inépuisable de richesses, qui seront le fruit de notre travail, si nous la cultivons avec intelligence et persévérance.

La fécondité de la terre est très variable, selon la différence des terrains et des soins que l'on donne à sa culture. C'est le feu caché dans ses entrailles qui est le principe physique de la végétation, et qui en est l'agent principal. Notre philosophe est amené à donner ici, par anticipation, des notions d'agriculture et de l'art d'extraire du sein de la terre certaines substances très utiles et très usitées dans l'industrie.

Le feu terrestre peut exister à l'état latent, à l'état sensible, à l'état de fumée, de chaleur, de lumière, à divers degrés d'incandescence. Il existe à ces divers états dans le sein de la terre et y produit les vapeurs, les exhalaisons, les volcans, les eaux chaudes et divers autres phénomènes. L'homme l'emploie à ces divers états, à l'instar de la nature, pour les arts de se nourrir, de se vêtir, de se créer des habitations, de forger les métaux, de fondre le verre, de faire des briques, etc., etc... Quoique cet élément soit d'une nature insaisissable et indomptable, Vincent de Beauvais, en traitant de ces arts industriels, donne divers moyens physiques d'exciter le feu et de le maîtriser (1).

IV. Métallurgie et Minéralogie.

Les métaux sont des substances terrestres, douées de propriétés particulières, telles que la ductilité, la malléabilité, la fusibilité, la solubilité, la solidité, l'éclat métallique. L'éclat métallique a

(1) *Specul. natural.*, lib. VI, cap. I-LXXXII.

d'abord fixé l'attention des hommes sur les métaux; ensuite ils ont monnayé l'airain, le fer, l'argent et l'or; enfin ils les ont fait servir à divers usages, dans la chasse, la guerre, l'agriculture, l'architecture, la médecine, les arts d'agrément et les beaux-arts. Vincent de Beauvais rapporte ensuite les conjectures des anciens sur la formation des métaux au sein de la terre, sur la découverte des mines ou gisements terrestres qui les contiennent, et sur l'art de les extraire et de les travailler.

Les métaux connus depuis longtemps étaient au nombre de sept, désignés mystérieusement en alchimie par des noms particuliers tirés de leurs propriétés les plus apparentes, savoir : l'or, l'argent, l'étain, le cuivre, le fer, le plomb, l'ambre.

Les anciens connaissaient aussi le mercure, ou vif-argent, qu'ils regardaient comme de l'argent liquide; l'airain et le bronze, qu'ils prenaient souvent l'un pour l'autre, et qu'ils ont reconnu plus tard pour un alliage de cuivre et d'étain; l'antimoine, qu'ils croyaient n'être que du plomb, à l'état de mélange ou d'alliage. Ils ne connaissaient pas la nature ni l'origine de ces substances; mais seulement quelques-unes de leurs propriétés les plus apparentes : par exemple, quand ils comparaient l'or au soleil, l'argent à la lune, le mercure à l'argent fondu, ou qu'ils appelaient l'or le roi des métaux ou le métal des rois; et le fer le vainqueur des métaux, les domptant tous et n'étant dompté par aucun.

A la suite des métaux, Vincent de Beauvais traite encore du soufre, de l'arsenic, du sel ammoniaque, de l'alun, du verre, du cristal, des pierres minérales, de la chaux, du borax, du minium, de l'ochre, du topaze, du chrysocale, de la sandaraque, de la pourpre, de leur emploi en médecine et dans les arts, de plusieurs autres substances formées naturellement au sein de la terre, ou dans les laboratoires, par l'art alchimique ou pharmaceutique.

Ce que notre philosophe rapporte sur l'art d'extraire les métaux par le lavage, la calcination, la fusion, la percussion, la dissolution au moyen de réactifs; sur les oxydes et les sels de ces métaux; sur l'art de faire subir à tous les minéraux et à tous les métaux des transformations, des combinaisons, de nouvelles manières d'être, avec des propriétés toutes différentes; tout cela peut nous paraître très imparfait, d'autant que, de son temps, l'alchimie était encore une science occulte et dans l'enfance.

Toutefois, ses connaissances alchimiques le portèrent à croire que les métaux, les pierres, les minerais et les autres minéraux étaient formés au sein de la terre par voie d'agrégation, d'attraction, de calcination et d'affinité entre substances hétérogènes, dont les combinaisons donnent lieu quelquefois, comme il l'avait remarqué, à des agrégations plus solides que les susbtances homogènes. Les esprits de corps, les vapeurs, la cinquième essence ou un cinquième élément, les propriétés primaires et secondaires des quatre ou cinq éléments, les raisons abstraites et les catégories péripatéticiennes, jouent un grand rôle dans ses explications (1).

Vincent de Beauvais traite ensuite des pierres les plus communes, les plus célèbres, les plus précieuses et les plus utiles ; de leurs espèces, de leurs propriétés, de leurs couleurs, de leur emploi, de leur utilité ; de l'art de les travailler et de les utiliser dans l'architecture, les arts de luxe et la médecine. Voici les principales :

Pierres à bâtir, très nombreuses variétés ; sarcophages, et pierres ayant des propriétés médicales ; calcaires, tufs, pierres ponces, chaux ; cailloux roulés, silex, sables ; des marbres et de leurs différentes espèces ; de l'albâtre, du porphyre, du granit ; de l'aimant et de ses effets merveilleux ; des pierres précieuses, de leurs couleurs, de leur transparence ; du diamant, du cristal de roche et autres pierres précieuses.

Vincent de Beauvais ne se contente pas de généralités : il fait la monographie de plus de cent espèces de pierres ; il décrit leurs propriétés, leurs couleurs, l'art de les travailler, leur emploi dans les constructions et les arts de luxe, les applications médicales et superstitieuses que l'on a faites de quelques-unes, leurs origines et l'art de les extraire des carrières, etc., etc. (2). Ici encore notre philosophe empiète nécessairement un peu sur ce qu'il dira plus tard dans le *Speculum doctrinale.*

V. Botanique.

« La terre, dit Vincent de Beauvais, a reçu de Dieu le pouvoir de produire toute espèce de plantes : *germinet terra*... Toutefois, elle a besoin de l'action fécondante des rayons solaires, et, depuis la chute du genre humain, elle ne produit à notre gré qu'au moyen de la culture et du travail. Le nombre des plantes que la terre peut produire est infini ; leurs espèces et leurs variétés s'ac-

(1) *Specul. natural.*, lib. VII, cap. I-CVI.
(2) *Specul. natural.*, lib. VIII, cap. I-CVIII.

croissent sans cesse : nous ne pouvons même pas nommer toutes celles dont parle Vincent de Beauvais dans les six livres du *Speculum naturale*, consacrés à la botanique. » (Lib. IX-XIV.)

Cependant, malgré leur grande variété, toutes les plantes se ressemblent par la vie végétale, qui leur est commune, par les organes et les fonctions de cette vie, par le mode de leur naissance, de leur accroissement, de leur nutrition, de leur multiplication. Elles ont un type commun, une même organisation générale, les mêmes lois physiologiques, les mêmes fonctions vitales; elles naissent, elles se nourrissent, elles se reproduisent, elles se portent bien, elles sont malades, elles vivent, elles meurent, elles digèrent, elles respirent, elles ont une circulation, elles ont des organes sexuels et une sorte de fécondation générative. Dans les plantes, il y a aussi un principe unique, vital, interne de toutes ces fonctions : c'est l'âme végétative (1).

Après ces généralités sur la vie des plantes, Vincent de Beauvais fait la monographie de plus de cent cinquante de celles que l'on appelait alors *herbes communes* (2) : *herbæ seu plantæ communes, silvestres, agrestes, sponte et sine culturâ nascentes in locis communibus*. Il traite encore, avec plus d'étendue et d'intérêt, des plantes que l'on appelait *herbes ou plantes des jardins et des champs*, c'est-à-dire semées, plantées ou cultivées de la main des hommes : *herbæ, seu plantæ hortulanæ, domesticæ, sativæ*, etc.

Notre philosophe s'étend avec complaisance sur l'agriculture; il cite, sur l'art de cultiver les champs, les sentences, les passages des poètes, les traits historiques qui montrent combien les anciens l'avaient en honneur. Les rois eux-mêmes avaient leurs jardins, leurs champs, leurs terres, qu'ils cultivaient de leurs mains royales, au moins à certains jours de l'année, afin d'honorer cet art divin, si fécond en toutes sortes d'avantages et d'agréments. Les poètes et les philosophes n'avaient-ils pas célébré la vie des champs, si favorable à la religion et aux bonnes mœurs? Vincent de Beauvais ne pouvait demeurer indifférent à ces élo-

(1) *Specul. natural.*, lib. IX, cap. I-XX : De compositione plantarum et complexione : cutis, ossa, nervi, pili, ungues : de sexu plantarum et generatione; de vità earum, nutrimento et incremento : de plantarum digestione ; de foliorum et florum productione... Voy. aussi lib. XXVII, cap. I et seq. De viribus animæ vegetativis, appetitivis, nutritivis. Nous aurons bientôt un chapitre sur ce sujet.

(2) *Specul. natural.*, lib. IX, cap. I-CLVI.

ges. Il donne ici l'art de cultiver plus de cent soixante-dix espèces de plantes domestiques (1).

Notre philosophe consacre un livre tout entier aux semences, aux graines, aux grains, aux sucs des différentes plantes, au soin que l'on doit prendre de les cueillir, de les conserver, de les faire servir à la reproduction et à la multiplication des plantes elles-mêmes; puis il nous entretient de leur utilité pour la nourriture, la boisson, la médecine, et pour la confection du pain, des différentes pâtes et des liqueurs fermentées (2).

Les arbres se divisaient aussi en deux catégories : les arbres sauvages et stériles, et les arbres fruitiers et capables d'être cultivés. Ces divisions admettaient d'autres sous-divisions : voilà pourquoi Vincent de Beauvais explique d'abord ce qu'il faut entendre par ces mots : arbres, arbrisseaux, arbustes ; bois, forêts, vergers : *arbores, sylvæ, nemora, lucus, saltus,* etc., etc. Ces distinctions une fois établies, notre philosophe consacre trois livres entiers à cette partie de la botanique.

Vincent de Beauvais fait d'abord l'histoire naturelle des arbres les plus nombreux, savoir : les arbres des champs, des forêts, ou les arbres sauvages, en décrivant ce qu'ils ont de commun sous le rapport de leur forme générale et de leur constitution physiologique. Puis il fait remarquer leurs différences, leurs espèces, leurs variétés; ce qui l'amène à faire la monographie d'environ cent cinquante espèces d'arbres, avec leurs formes, leur organisation et leurs propriétés distinctives (3).

Notre philosophe fait le même travail sur plus de deux cent cinquante arbres fruitiers, en décrivant avec soin les fleurs, les fruits, les sucs, les résines, les huiles et autres substances que l'on en retire pour la nourriture, la boisson, ou d'autres usages (4).

Il nous serait impossible d'indiquer, même par leurs noms, la multitude infinie de détails intéressants que l'on trouve dans Vincent de Beauvais, sur la botanique, sur les formes des plantes, sur les avantages que l'on savait déjà retirer de toutes leurs parties dans les usages ordinaires de la vie, en médecine, dans les arts industriels, dans les beaux-arts.

(1) *Specul. natural.*, lib. X, cap. I-CLXXI.
(2) *Specul. natural.*, lib. XI, cap. I-CXXXIV.
(3) *Specul. natural.*, lib. XII, cap. I-CXII.
(4) *Specul. natural.*, lib. XIII, cap. I-CXV. — Lib. XIV, cap. I-CXL.

Il se sert de ces diverses considérations : 1° pour élever nos cœurs et nos esprits vers l'auteur de tant de biens ; 2° pour établir que rien n'est inutile dans la nature, ni surtout nuisible ou mauvais en soi. Chaque chose a son utilité propre, soit directe, par les avantages que nous pouvons en retirer, soit indirecte, par les fonctions qu'elle remplit dans la nature.

VI. Zoologie.

Après le ciel et la terre, les éléments et les végétaux, Dieu créa les animaux, et leur dit : *Croissez et multipliez* (1). Cette partie de l'histoire naturelle est une des scènes les plus admirables du beau *Spectacle de la nature* : c'est une scène animée et vivante. Vincent de Beauvais consacre à cette description historique sept livres entiers ; c'est une des parties les plus intéressantes de son grand ouvrage.

Après quelques généralités sur la forme extérieure, l'organisation, les instincts, les habitudes, la naissance et les principales espèces d'animaux, Vincent de Beauvais fait l'histoire naturelle :

I. De plus de cent cinquante espèces d'oiseaux les plus connus : ORNITHOLOGIE (2).

II. De plus de cent cinquante espèces de poissons les plus connus : ICHTHYOLOGIE (3).

III. De près de cent espèces d'animaux plus ou moins domestiques : *pecora*, *jumenta*, *armenta* (4).

IV. D'une centaine d'espèces d'animaux plus ou moins sauvages : *bestiæ*, *feræ* (5).

V. D'environ cent cinquante espèces de serpents, de reptiles, de vers, d'insectes : HERPÉTOLOGIE (6).

L'anatomie générale des animaux doués de l'organisation la plus complète, les vertébrés mammifères, remplit tout un livre (7).

La physiologie générale des mêmes animaux, c'est-à-dire la description de leurs principales fonctions organiques, de leurs sensa-

(1) *Genèse*, cap. I. Voyez le passage tout entier.
(2) *Specul. natural.*, lib. XVI, cap. I-CLXXI.
(3) *Specul. natural.*, lib. XVII, cap. I-CXLV.
(4) *Specul. natural.*, lib. XVIII, cap. I-XCVIII.
(5) *Specul. natural.*, lib. XIX, cap. I-CXXXIX.
(6) *Specul. natural.*, lib. XX, cap. I-CLXXIX.
(7) *Specul. natural.*, lib. XXI, cap. I-LXVI.

tions, de leurs relations, de leur nutrition, de leur état de sommeil et de veille, de leur reproduction, etc., occupe aussi un livre tout entier (1).

Dans cette partie du *Speculum naturale*, comme dans toutes les autres, Vincent de Beauvais ne sort pas des limites de l'*histoire naturelle*, c'est-à-dire de la description intelligente des phénomènes de la nature les plus remarquables, avec de rares essais d'explication pour se rendre compte de ces phénomènes, de leurs lois, de leurs causes et de leurs rapports avec l'ordre et la beauté universelle de l'univers.

La zoologie de notre philosophe contient une série de monographies intéressantes des principales espèces d'animaux, classés selon leurs différences d'organisation, d'instinct et d'habitudes les plus apparentes. Elle nous fait connaître aussi leur utilité pour l'alimentation et les travaux de l'homme, leur mode de reproduction et de fécondation, selon qu'ils sont vivipares ou ovipares, oiseaux ou poissons, mammifères ou mollusques, insectes ou reptiles, sauvages ou domestiques.

Les deux derniers livres, tout imparfaits qu'ils sont, comparativement à la science moderne, pourraient être intitulés : l'un *Anatomie comparée*, et l'autre *Physiologie comparée;* car ils traitent de la commune nature des animaux, de leur conformation générale, de leurs différentes parties, de leurs organes vitaux et de leurs fonctions. L'animal, dit Vincent de Beauvais, est un être animé, qui vit, sent, se meut, a des appétits, des instincts, un principe vital interne, une sorte d'esprit animal, une âme animale : la naissance, la nutrition, la croissance, le mouvement, les sensations, les appétits, les instincts, la génération, le sommeil, la veille, la santé, les maladies, la vie, la mort, sont les phases communes de l'existence de tous les animaux.

Toutes ces notions sur l'histoire naturelle des animaux et des végétaux seront complétées par l'histoire naturelle de l'homme, qui sera pour nous la partie la plus intéressante et la plus belle du *Spectacle de la nature.* L'anthropologie est aussi la partie la plus complète des œuvres de Vincent de Beauvais, soit comme histoire naturelle de l'homme physique et de l'homme moral, soit comme système philosophique, pour lequel il recevait des

(1) *Specul. natural.*, lib. XXII, cap. I-LXVIII.

lumières du christianisme plus de connaissances vraies et certaines que n'en avaient les anciens philosophes.

Aux livres XXI et XXII, qui traitent des différentes parties des animaux (anatomie) et de leurs fonctions (physiologie), il faut rattacher le traité d'anatomie et de physiologie humaines, l. XXVIII, ainsi que que le traité des forces végétatives, sensibles et animales de l'âme, l. XXIV, XXV, XXVI.

Vincent de Beauvais, dans sa physique générale, *Speculum doctrinale*, l. XV, revient sur plusieurs questions de cosmogonie, de cosmographie, de botanique, de minéralogie, de zoologie. Ce livre XV, semble n'être qu'un résumé de tout ce qu'il a dit sur ces matières dans le *Speculum naturale*.

CHAPITRE XV.

ANTHROPOLOGIE OU SCIENCE DE L'HOMME.

Considérations générales.

L'anthropologie de Vincent de Beauvais comprend sept livres entiers du *Speculum naturale*, tout le *Speculum historiale*, et tout ce qui a pu être dit sur ce sujet dans les autres parties du *Grand Spectacle de la nature* et dans ses autres ouvrages ; car, de même que tout dans ce monde a été fait pour l'homme et l'homme pour Dieu, ainsi, toutes les sciences aboutissent à la science de l'homme, à l'anthropologie, et celle-ci à la science de Dieu, à la théologie.

L'anthropologie doit naturellement commencer par l'histoire naturelle de l'homme : c'est l'objet du *Speculum historiale*, et des sept livres du *Speculum naturale* consacrés à ce sujet.

Vincent de Beauvais y traite, en général : 1° de l'origine et de la création de l'homme, de sa chute et de ses effets, de sa nature spirituelle et organique, et de ses diverses facultés ; 2° des divers lieux habités par les hommes, et des divisions ethnographiques, politiques et géographiques du globe terrestre; 3° des temps et des époques les plus mémorables, et des diverses divisions de l'histoire du genre humain ; 4° des manifestations progressives de la loi divine : loi de nature dans le paradis terrestre, loi de Moïse pour le peuple hébreu, loi de Jésus-Christ pour tous les hommes; 5° des progrès du droit et de la justice parmi les hommes, par suite de ces promulgations successives et plus complètes de la loi divine; 6° des temps passés, présents et à venir; du temps qui s'écoulera jusqu'à l'Antechrist, du jugement dernier, de la fin des temps, de la palingénésie universelle; 7° des louanges et des récompenses des justes, des élus, des saints; de la condamnation et des châtiments des pécheurs non repentants et morts dans l'impénitence; 8° enfin, de la régénération et de la réhabilitation de l'homme par la science et la vertu, par la philosophie et la religion chrétienne, par la grâce de Dieu et la sagesse qui nous est personnelle.

Ces aperçus généraux comprennent tout ce que l'on peut savoir de plus utile sur notre pauvre humanité, sur l'excellence de notre nature et l'étendue de nos devoirs.

En effet, Dieu, en créant l'homme, le fit à son image et ressemblance ; il forma son corps de terre et tira son âme du néant ou de son propre sein. Ainsi furent posés de ses mains divines les fondements de la famille et de la société humaine, de la fraternité universelle et de l'égalité, de la charité et de la justice, de l'excellence et de la dignité de notre nature.

Dieu, disent nos livres saints, créa l'homme à son image et ressemblance ; il a marqué sa face de son empreinte divine, en lui inspirant son âme et sa vie ; il lui donna puissance sur toute la nature, et le chargea de continuer ici-bas l'œuvre de la création ; il disposa toutes choses en ce monde en vue de son utilité et de son agrément. Les anciens philosophes avaient soupçonné cette vérité, et les philosophes modernes l'ont démontrée.

De là la supériorité évidente de l'homme sur tous les êtres de la nature ; cette sorte de domination et d'empire qu'il exerce sur les éléments et sur les lois du monde physique, en les domptant et en les faisant servir à ses volontés ou à ses avantages. Notre domination sur la nature, et notre activité intelligente, volontaire et libre, ont toujours été le privilége exclusif de l'humanité.

L'homme, placé sur les confins de deux mondes, l'un supérieur et l'autre inférieur, participe à la nature de tous les deux. Il tient au monde supérieur des pures intelligences, dont Dieu est le souverain monarque, par son âme et ses facultés mentales ; il tient au monde inférieur et aux divers règnes de la nature par son corps et ses propriétés organiques et inorganiques (1).

L'homme réfléchit donc en lui les deux mondes, et c'est avec

(1) *Specul. natural.*, lib. XXIII, cap. I-V. De causis hominis creandi. — De dignitate vel nobilitate conditionis humanæ. — De imagine Dei in homine. — De proprietatibus hominis. — Totum igitur bonum erat hominis... Omnia enim nostra sunt ; superiora ad perfruendum, ut Deus, Trinitas : æqualia ad convivendum, ut angeli qui nunc nobis inserviunt, et quorum concives et fratres erimus in cœlo... inferiora, ut terra, plantæ, animantia... Herder, philosophe chrétien, soutient aussi que tout a été fait pour l'homme, et l'homme pour une vie supérieure. *Idées sur la phil. de l'hist.*, t. I.

raison qu'on l'a appelé le *microcosme*, c'est-à-dire le petit univers, l'univers en petit, le petit monde représentatif du grand; car il peut, jusqu'à un certain point, contempler en lui-même l'image du monde et l'image de Dieu. Mais on l'a aussi appelé avec raison le *mégacosme*, car il est à lui seul un monde immense par la complexité de sa nature, par l'immensité de ses pensées et de ses désirs, par l'infinité de ses idées, qui embrassent tout, Dieu, l'univers, l'immensité, l'éternité.

Dieu a donc donné à l'homme une âme pour le connaître, l'aimer, le contempler et le posséder à jamais, par la vision intuitive, dans l'extase d'un éternel bonheur; il lui a donné un corps pour le mettre en rapport avec la nature physique; il a uni dans l'homme l'âme au corps, afin qu'il fût le médiateur entre le monde supérieur des purs esprits et le monde inférieur de la nature physique (1).

Mais qu'est-ce que le corps? qu'est-ce que l'âme? C'est ce que l'on ne saurait expliquer d'une manière satisfaisante avec de simples définitions, sans recourir aux investigations de la science.

L'âme, dit saint Jean Damascène, est une substance vivante, simple, incorporelle, invisible aux yeux du corps, raisonnable, intelligente, douée de volonté et de la faculté d'agir librement, se servant d'un corps, auquel elle est étroitement unie, et auquel elle est redevable d'être sujette à la naissance, à l'accroissement, aux sensations de douleur et de plaisir, ainsi qu'aux autres phénomènes de la vie organique.

Créée de Dieu, l'âme n'est pas pour cela une portion de la substance divine; car si Dieu l'avait faite de sa substance, elle ne serait ni vicieuse, ni sujette au changement, ni misérable; elle n'est pas d'une nature purement matérielle ni un composé d'éléments, puisqu'elle se distingue de la matière et des corps par des qualités essentielles; elle n'est pas un pur esprit comme les anges, puisqu'elle est intimement unie à un corps organisé, vivant, sensible, en l'unité de la nature humaine.

(1) *Specul. natural.*, lib. XXIII, cap. XLV : Qualiter in homine supremis infima connectuntur... Cap. LIII-LIV : Qualiter anima corpus vegetat, sensificat, vivificat. De cognitione animæ et multiplici ejus operatione... Cap. XXIV : De imagine Trinitatis in mente... Cap. VI : Cur Deus in homine spiritum rationalem univit terreno corpori... Cap. XXVI : Differentia animæ humanæ ad brutalem et ad angelum... Cap. VIII : De nobilitate animæ et virtute... Cap. XXV : De similitudine omnium rerum in animâ... Il faudrait citer ici en entier tous ces chap.

L'âme humaine n'est pas non plus la même que l'âme animale, puisque, outre les sensations, les relations, les appétits, les besoins et les instincts de la vie physique, elle a encore tous les attributs de la vie supérieure et supra-sensible, de la raison et de l'intelligence, de l'activité et de la liberté. Enfin, l'âme n'est pas identique avec le corps, une simple virtualité ou propriété de la matière organisée, un résultat de l'organisation parfaite : ce qui ferait de l'homme une masse organisée et sensible, et de l'âme une simple entéléchie ou perfectionnement du corps ; non, car elle se distingue du corps et des sens par une existence et des facultés qui lui sont propres, par l'empire et la domination qu'elle peut exercer sur son corps, ses sens et ses facultés organiques.

Créée à l'image et ressemblance de Dieu, l'âme humaine l'imite et le représente autant qu'elle peut dans ses attributs, ses facultés et ses modes d'être les plus essentiels. Comme Dieu, elle est un pur esprit, immortel, affranchi des limites de la matière, du temps et de l'espace ; elle embrasse par sa pensée le présent, le passé, l'avenir, l'infinité, l'immensité, l'éternité, l'être infiniment parfait, Dieu lui-même. Enfin elle représente la Trinité divine de plusieurs manières ; la sensibilité, l'imagination, la raison ; la mémoire, la raison, la volonté ; l'intelligence, le sentiment, la puissance.

Ainsi l'âme humaine ne vit pas seulement dans les choses terrestres, mais dans les choses célestes et divines : elle n'est pas dans le corps d'une manière circonscrite, locale, géométrique, comme un corps est dans un corps (*circumscriptivè et localiter*), mais à la manière des esprits et des puissances intelligentes et intelligibles (*virtualiter et spiritualiter*) ; elle est unie au corps, mais non identique avec le corps, bien que de cette union des deux substances, il ne résulte qu'une seule nature humaine (1).

Enfin, il n'y a dans l'homme qu'une seule âme, qui est le principe de sa triple vie, de la vie nutritive et végétative, de la vie animale et instinctive des sens, de la vie intelligente et raisonnable. C'est elle qui vit, qui sent, qui agit, qui pense, qui veut,

(1) Ces cinq paragraphes sont la reproduction textuelle des enseignements de Vincent de Beauvais : *Specul. natural.*, lib. XXIII, cap. VII-XLI : Anima non est pars, sed creatura Dei... De imagine et similitudine Trinitatis in animâ... De differentiâ animæ humanæ ad brutalem et ad angelum... Quod rationalis anima non sit virtus organica sive corporea...

qui jouit ou qui souffre dans le corps et par le moyen du corps auquel elle est unie (1).

Ces preuves de la spiritualité de l'âme humaine et de son excellence seront exposées plus longuement dans le chapitre suivant et dans celui où l'on traite de l'état primitif de l'homme relativement à la sagesse et à la morale.

Vincent de Beauvais, qui recherche avec tant de sollicitude ce que c'est que l'âme, ne s'enquiert nullement de la nature de la matière et du corps; question tout aussi difficile à résoudre. Supposé les quatre ou cinq éléments, leurs combinaisons pour former les divers règnes de la nature, il se contentera plus tard de faire un traité d'anatomie et de physiologie humaines. Ces investigations sur la nature, l'essence et les propriétés de la matière première, des éléments et des corps qui en sont formés, sont indispensables pour établir, au degré où cela est possible, la distinction essentielle entre l'âme et le corps, entre l'esprit et la matière, entre les facultés mentales et les facultés sensibles et organiques. Comment, en effet, démontrer la spiritualité de l'âme humaine et sa distinction d'avec le corps sans constater et définir les propriétés caractéristiques et les facultés distinctives, soit de l'âme vivante et intelligente, soit des corps animés ou inanimés, organiques ou inorganiques? L'esprit et la matière ne sont pas l'objet de l'intuition directe ou immédiate de la raison, quant à leur nature et à leur essence, mais seulement quant à leurs propriétés et à leurs opérations : ce n'est que par l'induction et le raisonnement que l'on s'élève de cette connaissance purement expérimentale ou empirique à la conception intelligible et rationnelle de la nature et de la distinction de ces deux substances.

(1) *Specul. natural.*, lib. XXIII, cap. XXXIV-LXI.

CHAPITRE XVI.

DE LA SPIRITUALITÉ DE L'AME HUMAINE ET DE SON IMMORTALITÉ. — ELLE N'EST PAS UN RÉSULTAT NI UNE PROPRIÉTÉ DE LA MATIÈRE ORGANISÉE.

Toutes ces considérations ont pour objet d'établir la spiritualité de l'âme humaine, sa distinction d'avec la matière et les corps, et son immortalité. Les preuves qu'en donne Vincent de Beauvais sont si nombreuses, que, pour les indiquer, nous sommes dans la nécéssité de les classer et de les grouper de cette manière :

ARTICLE I.

PREUVES DE LA SPIRITUALITÉ DE L'AME.

I. *Preuves tirées des propriétés de l'âme.* — L'âme humaine, c'est-à-dire le principe vivant, sentant, pensant, qui est en nous, malgré la variété infinie de ses opérations et de ses modes d'être, a cependant trois propriétés essentielles par lesquelles elle se distingue de la matière, de son propre corps et de son organisation :

1° L'unité et l'indivisibilité : c'est un seul et même sujet qui vit, qui perçoit, qui éprouve des sentiments, qui conçoit des idées, qui a des volontés et fait différents actes : unité et indivisibilité du moi vivant, sentant et pensant, qui est en nous ; unité de la personne humaine. La matière, les corps, l'espace, au contraire, sont divisibles et composés de parties dont l'une n'est pas l'autre ; on ne saurait leur attribuer cette unité et cette indivisibilité mathématiques que nous reconnaissons à l'âme ; ni cette simplicité qui la rend impérissable et immortelle.

2° L'identité et la permanence : c'est aussi un seul et même sujet qui vit, sent et pense, veut et agit en moi, malgré la succession et la divisibilité du temps, malgré la variabilité qui affecte tous les êtres matériels, et qui les change tellement que, d'un moment à l'autre, ils ne sont plus les mêmes, et qu'ils finissent par périr : tandis que mon être personnel est doué d'une sorte d'éternité, d'inaltérabilité et de permanence, qui me fait vivre à la fois dans le présent, le passé et l'avenir, ce qui n'appartient à aucun corps.

3° L'omni-présence et l'immensité : de même que c'est un seul et même être qui vit, sent, pense, veut et agit en moi, et qui me fait vivre en même temps dans le présent, le passé et l'avenir ; c'est aussi ce seul et même être spirituel qui, affranchi des limites de l'espace, me fait vivre et transporter par la pensée, si ce n'est substantiellement, dans le ciel, sur la terre, en tous lieux. Ma pensée, mes désirs, ma puissance, la substance même de mon âme, montrent à chaque instant qu'ils ne sont pas circonscrits dans un lieu, ni dans un corps, ni dans une sensation fugitive, mais qu'ils peuvent être partout et qu'ils embrassent l'infini (1).

Si donc l'âme paraît soumise à certaines conditions de la matière, du temps et de l'espace, qui sont les modes d'être essentiels de l'existence des corps, sous d'autres rapports, qui lui sont propres, elle paraît tout à fait libre et indépendante de toute limite et de toute entrave (2).

II. *Preuves tirées des facultés de l'âme.* — L'âme humaine, c'est-à-dire le principe vivant, sentant, pensant, qui est en nous, est douée de facultés par lesquelles elle se distingue de la matière, des corps et de son propre organisme. Ces facultés sont très nombreuses : nous les ramenons à trois principales :

1° L'intelligence et la raison. Par ces deux facultés, nous pouvons connaître, concevoir et commencer à comprendre les idées divines et éternelles, les notions du vrai, du bon, du beau, les axiômes et les vérités-principes, nécessaires et immuables, toutes les notions et les vérités de l'ordre absolu et infini ; par elles, enfin, l'âme connaît Dieu, l'Être infini et infiniment parfait, l'Être

(1) Sicut Deus ubique est in semetipso, sic anima ubique est in semetipsâ... Locus spiritualis animæ non accipitur secundùm ambitum dimensionis, sed virtutis...

(2) *Specul. natural.*, lib. XXIII, chap. déjà cités, passim : Anima tota est in partibus suis, nec alibi minor, alibi major; alicubi intensius, alibi remissius; colligit in unum membra sua vitali intentione... Cassiodore, cité cap. XXXIV. Tota igitur singulis partibus simul adest... Anima caret omni corporeà magnitudine.. Anima non est tanta quantitate, sed virtute... Anima habet in se vires quibus omnia investigat... Visiones cogitationum infinitè multiplicantur et variantur... Anima ad similitudinem totius sapientiæ facta, omnium similitudinem in se gerit... Anima omnes res apprehendit, et, sicut Deus, est omnium capax, capabilis et participabilis... De similitudine Trinitatis in memoriâ, sensu, et imaginatione.

nécessaire, absolu, immuable. La sensibilité et les sensations, la mémoire et la représentation des choses sensibles, étant elles-mêmes variables, finies, contingentes, fugitives, ne peuvent percevoir que le contingent, le fini, le matériel, le variable, ce qui passe et cesse d'être à chaque instant, ce dont les anciens disaient : *Fluxi nulla est scientia*, il n'y a pas de science du variable ; et saint Paul : *Transit figura hujus mundi*, la figure de ce monde passe.

2° L'amour et le désir. Toutes les propriétés sont corrélatives dans un être ; l'âme aime et désire naturellement le bien, le bonheur, la perfection, qui lui sont connus par la raison et l'intelligence. Or, quels sont ces biens? Ce n'est pas seulement son bien, comme être doué de sensation, ni même sa conservation comme être physique ; puisqu'il peut sacrifier ces deux sortes de biens, pour des motifs ou des biens d'un ordre supérieur. Les biens de l'âme sont la vérité, la science, la vertu, la perfection mentale et morale, les biens de l'ordre spirituel, la volonté et la liberté, la dignité humaine et la conscience, enfin le bien suprême, savoir, Dieu. Telle est la fin de l'homme ; tel est l'objet de son amour et de ses désirs ; tels sont les biens véritables, les biens au-dessus de tous les biens. Celui qui ne comprend ces choses n'est pas un homme, mais un animal, une brute : *Animalis homo non percipit ea quæ sunt spiritûs Dei...*

3° L'activité et la puissance. L'homme est doué d'une activité intelligente, volontaire, autocratique, libre ; voilà pourquoi on l'appelle aussi puissance et causalité ; car, sans la raison et le libre arbitre, vous avez des forces aveugles, mécaniques ou spontanées, mais vous n'avez pas la puissance et la causalité proprement dites, qui font ce qu'elles veulent. Or, l'objet de cette faculté multiple, c'est l'acquisition et la réalisation du vrai, du bon et du beau, proposés par l'intelligence et l'amour ; c'est-à-dire la perfection de l'homme par la science et la vertu, et son souverain bonheur par la connaissance et la possession du souverain bien, du bien infini, qui ne peut être autre que Dieu. Car l'homme a été créé pour connaître, aimer et servir Dieu ; et, par ce moyen, être heureux avec lui dans l'éternité.

Il y a donc un grand nombre de faits anthropologiques qui démontrent que penser n'est pas la même chose que sentir ; que l'âme n'est pas le résultat de l'organisation, mais en est plutôt le principe ; que le moral ne subit pas constamment les lois physiques de l'organisme; que les facultés mentales ne sont pas identiques avec les facultés sensibles et n'en dépendent pas absolument (1).

III. *Preuves théologiques de la spiritualité de l'âme.*—Ces preuves sont tirées, 1° de la ressemblance de l'homme avec Dieu; 2° des devoirs que l'on doit remplir pour sauver son âme à tout prix.

1° La ressemblance de l'âme avec Dieu se déduit, en premier lieu, de ses propriétés et de ses facultés, qui lui sont communes avec la Divinité, et qui la distinguent de tous les êtres matériels, soit organiques, soit inorganiques. Ces preuves ont été développées dans les deux premières parties de ce chapitre. Esquissons rapidement les autres traits de ressemblance de l'âme avec la nature divine.

2° L'empreinte de la Trinité apparaît d'abord dans les sensations, dans lesquelles la raison distingue: 1° le phénomène ou l'apparence que nous percevons; 2° l'impression produite dans les organes, l'imagination ou le principe sentant; 3° l'attention, la perception mentale et la mémoire, qui transforment la sensation en connaissance proprement dite. Cette manière de se représenter la Trinité dans l'homme est susceptible de plusieurs autres développements (2).

3° L'image de la Trinité se montre plus évidente dans l'âme pensante et dans les facultés mentales: 1° mémoire, intelligence, volonté, ne faisant qu'une essence, une vie, une nature humaine; 2° l'esprit ou l'intelligence, la connaissance de soi-même, l'amour de soi; tout cela ne faisant qu'une seule et même âme; 3° la foi, qui nous fait donner notre assentiment à Dieu, comme vérité suprême; l'espérance, qui nous fait placer notre confiance en Dieu, comme en notre fin dernière, parce qu'il est Dieu; la charité, qui nous fait aimer Dieu par-dessus tout, à cause de sa bonté infinie. En ces trois vertus, l'homme imite donc Dieu (3).

4° Enfin, l'image de la Trinité divine se développe, grande, majestueuse, évidente, dans la puissance, l'intelligence et l'amour; trois facultés fondamentales, par lesquelles l'âme participe aux attributs distinctifs du Père, du Fils et du Saint-Esprit.

(1) Voy. les notes précédentes et les suivantes.

(2) *Specul. natural.*, lib. XXIII, cap. XVII-XXI: De imagine et similitudine Trinitatis in sensu, in memoriâ, in imaginatione.

(3) *Specul. natural.*, lib. XXIII, cap. XXIV: De imagine Trinitatis in mente.

Pour être bien comprises, ces preuves supposent : 1° certaines connaissances sur les facultés de l'âme végétative, animale et raisonnable, que Vincent de Beauvais traite seulement plus tard, dans les livres **XXIV**, **XXV**, **XXVI**, **XXVII**; 2° quelques connaissances sur l'anatomie et la physiologie humaines, que notre philosophe traite plus tard, dans les livres **XXVIII**, **XXXI**. Voyez aussi les livres **XXI**, **XXII**, où il traite de la commune nature des animaux, de leurs différentes parties, de leur nutrition, de leurs mouvements, de leurs humeurs, de leur reproduction, et dans lesquels il est parlé de plusieurs propriétés physiologiques, communes aux animaux et à l'homme.

ARTICLE II.

IMMORTALITÉ DE L'AME (1).

L'immortalité de l'âme est une conséquence de sa spiritualité, de son immatérialité, de ses propriétés, de ses facultés et de sa ressemblance avec Dieu.

L'âme humaine n'étant pas de la même nature que le corps, elle ne meurt point avec lui, et elle lui survit, d'après l'enseignement des théologiens et des philosophes. Vincent de Beauvais ne cite pas longuement l'enseignement des théologiens; puisque l'immortalité de l'âme, comme sa spiritualité, a toujours été un des dogmes les plus fondamentaux de toutes les religions, et en particulier de la religion chrétienne. Il cite donc de préférence les témoignages des philosophes.

Les raisons que Vincent de Beauvais expose, d'après eux, pour prouver l'immortalité de l'âme humaine, sont très nombreuses; voici les principales :

1° L'âme humaine a été créée à l'image et ressemblance de Dieu; mais elle ne serait pas une image ressemblante de Dieu, si elle devait mourir avec le corps;

2° Pendant cette vie, souvent la vertu est sans récompense, et le crime est sans châtiment; il faut donc qu'il y ait une autre vie où la justice de Dieu soit satisfaite; autrement, Dieu ne serait pas juste; sa providence dans l'ordre moral serait en défaut;

3° L'âme a été créée pour la vérité, qui est immortelle; pour

(1) Revoyez en même temps le *lib.* XXIX, cap. CVII... CXL...

l'assimilation à Dieu, qui est éternel ; pour le souverain bien, qui est le but de son existence. Tant que l'âme n'aura pas atteint cette triple fin, à laquelle nous devons sacrifier notre vie même, et pour laquelle elle a été créée, elle ne peut mourir. Or, une telle fin est l'objet d'une poursuite éternelle... donc l'âme vivra éternellement ; donc, elle est immortelle. Ce raisonnement est tiré de saint Anselme.

4° Ce qui a sa substance, ses propriétés, ses actes distincts du corps et indépendamment de lui, doit avoir sa vie et son existence propre et indépendante ; or, l'âme est spirituelle ; ses facultés et ses propriétés la distinguent essentiellement du corps ; sa fin, c'est la vie, la vérité, le souverain bien, Dieu lui-même. Comment pourrait-elle donc mourir et n'être pas immortelle? Comment Dieu pourrait-il laisser mourir ou anéantir des âmes qu'il a créées pour cette fin sublime, avant qu'elles aient atteint cette fin pour laquelle elles ont été faites ?

5° Comment l'âme ne serait-elle pas immortelle après la mort du corps, puisque, même dans son union avec le corps, tout en elle est marqué du sceau de l'immortalité et de l'éternité, de l'immensité et de l'infinité, c'est-à-dire du sceau de Dieu même : d'abord ses propriétés et ses facultés purement mentales, comme nous l'avons démontré plus haut ; ensuite, les fonctions vitales qu'elle exerce par le moyen de l'organisme? En effet, comme principe de vie, que peut-elle être, sinon la vie? Que peut-elle devenir, si ce n'est vivre? Comme principe de la connaissance sensible, que perçoit-elle, si ce n'est les formes abstraites et idéales, les idées divines et éternelles, les lois et les essences naturelles et immuables des choses qui tombent sous les sens? Comme principe pensant, aimant, voulant, que peut-elle vouloir, sinon s'assimiler la vérité, qui est sa vie, être immortelle comme la vérité, aimer et posséder pendant toute l'éternité ce qui lui est représenté par elle, savoir : Dieu (1).

(1) *Specul. natural.*, lib. XXIII, cap. LXII-LXXXI : De immortalitate animæ... De quibusdam mediis ad illam probandam... Assertiones philosophorum de eodem... — Voy. aussi lib. XXIX, sur la Providence, cap. CVII, où il est parlé de la conduite de Dieu à l'égard des justes et des pécheurs, dans l'intérêt de leur salut...; cap. CXL, où il est traité des jugements et de la justice de Dieu dans la vie présente et dans la vie future.., Ces chapitres contiennent les preuves théologiques de l'immortalité de l'âme, pour les bons et les méchants : il y a aussi des preuves philosophiques dans ces mêmes chapitres.

Toutes ces preuves de la spiritualité et de l'immortalité de l'âme se rattachent plus ou moins à l'existence de Dieu, à la Providence, à la création de l'âme par Dieu, qui l'a faite à son image et ressemblance. Platon avait déjà esquissé ces preuves, en les rattachant à ses théories des idées divines et éternelles. Saint Augustin, Hugues de Saint-Victor et saint Anselme, souvent cité par notre philosophe, les ont développées avec éloquence.

ARTICLE III.

UNION DE L'AME ET DU CORPS ; RAPPORTS DU PHYSIQUE ET DU MORAL.

Les difficultés que l'on fait contre la spiritualité de l'âme humaine et son immortalité donnent à Vicent de Beauvais l'occasion de s'expliquer sur l'âme végétale, l'âme animale et l'âme raisonnable. Il nous fera connaître aussi les idées généralement reçues jusqu'à lui, parmi les philosophes spiritualistes, sur l'union de l'âme et du corps, et sur les rapports du physique et du moral. Du reste, notre philosophe voit dans ces difficultés, non des objections véritables, mais seulement de nouvelles explications à donner, de nouvelles questions à éclaircir.

Pour échapper à la force des preuves de la spiritualité et de l'immortalité de l'âme, n'allez donc pas dire à Vincent de Beauvais que la nature des fonctions végétatives et vitales, dans les végétaux et les animaux, supposerait aussi la spiritualité de leur principe vital interne, pour ramener toutes les fonctions et toutes les parties du végétal et de l'animal à l'unité vitale et individuelle.

Vincent de Beauvais admettait, en effet, avec tous les anciens philosophes spiritualistes, l'existence de trois sortes d'âmes : l'âme végétative, l'âme animale, l'âme humaine. Mais, de ce que les végétaux et les animaux ont une âme spirituelle, s'ensuit-il que l'homme n'en ait point? De ce que l'âme végétative et l'âme animale devraient périr avec le végétal et l'animal, qui n'ont qu'une existence et une destinée temporelles, s'ensuivrait-il que l'âme humaine doit périr avec le corps de l'homme, qui a une fin et des destinées infinies et éternelles (1) ?

N'allez pas dire aussi à Vincent de Beauvais que l'âme naît avec le corps, grandit et se développe avec lui ; qu'elle s'instruit

(1) *Specul. natural.*, lib. XXIII, cap. IX, X, XII, XIV, XV, XVI.

et se fortifie avec les organes; qu'elle souffre ou qu'elle éprouve du bien-être suivant leurs bonnes ou leurs mauvaises dispositions; pour conclure de là que l'âme est la même chose que le corps, qu'elle n'est qu'un résultat de l'organisation, et qu'elle doit périr avec lui.

Vincent de Beauvais vous répondra, d'abord, que tout cela prouve l'union intime de l'âme avec le corps, en l'unité de la nature humaine; leurs destinées étant communes, il n'est pas étonnant que l'âme et le corps soient dans une sorte de dépendance réciproque, aient une sorte d'existence solidaire, comme l'ouvrier par rapport à ses instruments, l'artiste par rapport à ses moyens d'action, et le philosophe par rapport aux méthodes logiques et scientifiques.

Ensuite, notre philosophe vous montrera que cette dépendance de l'âme, de ses facultés, de ses opérations, par rapport au corps, n'est pas absolue, comme on le suppose. En effet : 1° l'âme est dans tout le corps, non localement, mais virtuellement tout entière dans chaque partie du corps, dans chaque faculté, dans chaque opération, et par sa pensée, ses désirs et ses facultés, elle dépasse infiniment les limites et les puissances de son corps; 2° il n'est point vrai que l'âme soit dans une dépendance absolue par rapport au corps, ni que ses facultés soient en proportion de l'accroissement, des forces, de la santé et des dispositions du corps Que de choses l'âme pense, veut, exécute sans le corps, malgré le corps, contrairement à tous les intérêts du corps! Que de fois on a vu des âmes fortes dans des corps débiles, de belles âmes dans des corps fort laids, des âmes magnanimes dans de petits corps, la sagesse de l'âge mûr dans les enfants, l'inexpérience ou la légèreté ordinaire de l'enfance dans les hommes parvenus à la maturité de l'âge (1)!

Resterait à expliquer la nature, le degré et le mode d'union par

(1) *Specul. natural.*, lib. XXIII. Chapitres déjà cités, parmi lesquels on remarque : Differentia animæ humanæ ad brutalem... De quantitate animæ virtute et non mole... Quod crescente corpore anima non crescit nisi fortè virtute et disciplinâ... Quod nec fortitudo corporalis consistat in incrementis corporis vel ætatis... Quod anima de viribus corporis non crescat... Quod anima corpori non commensuratur... Quod rationalis anima non sit virtus organica... De unione animæ ad corpus... De differentiâ unionis animæ in homine, in animali, in plantâ... Quod fœdus animæ et corporis quandoque irrumpitur...

lesquels l'âme et le corps sont unis ensemble; question fort difficile et fort mystérieuse, dans laquelle il faut, avant tout, éviter les erreurs évidentes et s'attacher aux vérités certaines, plutôt que de scruter des mystères impénétrables ou de pure curiosité.

L'âme et le corps, deux substances tout à fait différentes, sont unis en l'unité de la nature humaine; par conséquent, l'âme n'est pas dans le corps comme dans un vêtement, dans une prison, dans un lieu, dans un vase qui la contient. Non; toutes ces manières d'être ne suffiraient pas pour expliquer l'intimité de l'union de l'âme et du corps, ni l'unité de nature humaine qui en résulte. C'est ce que nous avons établi jusqu'à présent.

L'âme n'est pas non plus, ni comme substance spirituelle, ni comme entité abstraite, une simple forme du corps, une simple vertu *perficiente* du corps, une *entéléchie* qui l'*informe* et le complète : elle est tout cela, elle fait tout cela dans le corps; mais elle est et elle fait beaucoup mieux et beaucoup plus. Elle est un principe vivant, sentant, pensant : c'est elle qui anime le corps, qui le rend capable de sentir, et qui vit, sent et pense par ses organes; car la matière et le corps, par eux-mêmes, sont inertes, insensibles, dénués de la faculté de se mouvoir, de vivre et de penser : *Anima vegetat, sensificat, vivificat corpus : dicitur anima dùm vegetat, sensus dùm sentit, spiritus dùm cogitat per rationem.* C'est encore ce que nous avons établi précédemment, et cela suppose la distinction substantielle de l'âme et du corps, ainsi que l'intimité ne leur union.

C'est tout ce que l'on peut dire sur la nature, le degré et le mode de cette union étroite qui existe entre l'âme et le corps : union si intime, que les actes corporels, comme les actes spirituels, sont le fait et la propriété de l'âme; que les facultés physiques, comme les facultés mentales, sont au pouvoir de l'âme; que l'âme est le principe vivant, sentant, pensant, voulant et agissant, qui est seul maître et seul responsable de tous les actes de l'homme. En vertu de cette étroite union, les deux natures échangent quelquefois leurs propriétés, comme quand on dit que l'homme est mortel et qu'il est immortel; qu'il est un animal raisonnable et qu'il est une intelligence servie par des organes, etc., etc. Ces manières de parler, passées universellement dans le langage, attestent en même temps la distinction essentielle de l'âme et du corps, et leur étroite union en l'unité de la nature humaine.

Quant au mode et au moyen dont s'accomplit cette union, l'incent de Beauvais croit qu'elle ne peut avoir lieu sans un moyen terme, sans une sorte de médiateur plastique. Ce *médium* n'est pas une âme animale; car cette distinction de deux âmes dans l'homme, assez usitée parmi les Pères de l'Église, qui l'avaient reçue des Grecs et des Orientaux, d'après Vincent de Beauvais, était définitivement rejetée par l'Église au moyen-âge. Notre philosophe soutient donc qu'il n'y a dans l'homme qu'une seule âme, principe de l'existence, de la vie, de la sensation et de la pensée.

Quel est le *médium* qui unit l'âme au corps? Vincent de Beauvais dit que le médiateur plastique entre l'âme et le corps est 1° le feu, la lumière, l'air, l'éther; 2° une sorte d'esprits de corps, animal, vital, naturel. Le feu et la lumière se confondent souvent avec la chaleur élémentaire; l'air et l'éther sont aussi dans toutes les compositions organiques; les esprits de corps sont répandus dans tous les corps, en général; mais dans le corps humain, ils ont des organes spéciaux; l'esprit animal est dans le cerveau, l'esprit vital dans le cœur, et l'esprit naturel ou physique dans le foie.

Ces substances ont la subtilité de l'âme et la matérialité des corps, sans être aussi matérielles que ceux-ci, ni aussi spirituelles que celle-là. Elles se transmettent avec la vie par la génération, et elles sont le principe physique ou naturel de la vie organique.

Le cerveau, le cœur, le foie sont, d'après Vincent de Beauvais, les principaux membres, les membres radicaux, les sources de tous les autres membres; parce qu'ils sont les organes spéciaux des trois esprits nécessaires à l'organisation et à la vie animale. Le cerveau est comme la source des sens et des mouvements volontaires; il est aussi la source des nerfs, qui sont les organes du mouvement et de la sensibilité. Le cœur est la source et l'origine de la chaleur naturelle, et de là, elle se répand, par les artères, dans tout le corps. Le foie est nécessaire pour changer la nourriture en sang, qui est ensuite porté dans tout le corps par les artères. Le sang se renouvelle au moyen des poumons, qui, par leurs mouvements de dilatation et de contraction, attirent l'air dans le cœur, le rafraîchissent et modifient son ardeur naturelle, purifient le cœur et le sang, exhalant au dehors les vapeurs superflues ou vicieuses qui s'y forment naturellement (1).

(1) Ces trois paragraphes sont extraits du *Specul. nat.*, lib. XXVIII.

Le corps périssant, ces diverses sortes de fluides se dissipent également ; ces esprits et ces fluides étant dissipés, le corps périt d'une manière inévitable, parce que cet esprit de corps et ce fluide vital sont inhérents ou identiques avec la matière, ou en sont la partie la plus essentielle et la plus subtile (1).

L'âme et le corps sont de natures trop différentes et trop contraires pour pouvoir s'unir immédiatement sans intermédiaire; l'âme s'unit au corps par le moyen de ces fluides ignés ou lumineux, éthérés ou aériens, et de ces esprits de corps que Vincent de Beauvais appelle animal, végétal, naturel (2).

Cette partie de la psychologie de Vincent de Beauvais rappelle plusieurs théories modernes qui ont eu ou qui ont encore de la

qui traite d'anatomie et de physiologie, cap. XLIII... LVIII... Qualiter *cerebrum* sit principium sensûs et motûs voluntarii... Qualiter à cerebro nucha (medulla) derivatur et per eam sensus et motus ad membra transfunduntur... Nervi quoque à cerebro protenduntur per nucham. id est medullam (la moëlle épinière, qui commence au cou)... Cerebrum est quasi fons sensuum et motûs voluntarii; nucha (seu medulla) quasi fluvius magnus ab eo manans; porrò nervi ab illâ procedentes sunt quasi rivuli parvuli à fluvio exeuntes... Nervi, in principio sui exitûs à cerebro vel nuchâ (seu medullâ) sunt valdè molles ipsique cerebro vel nuchæ similes... *Cor* fecit Deus ut esset fons et origo caloris naturalis, et ab eo totum corpus, per arterias quæ ab ipso procedunt ad omnia membra, calefieret... Pulmo dilatatur et constringitur, quia ministrat aerem cordi attrahendo, et cordis calorem mitigando, et cor ipsum depurando, superfluas fumositates ab ipso recipiendo et eas expellendo... Hepar est necessarium ut cibum mutet et sanguinem faciat, quem posteà per venas ad totius corporis membra trajiciat...

(1) *Specul. natural.*, lib. XXIII, cap. XLVI, XLVII, XLVIII : Spiritus autem qui est in naturâ corporis superioris, triplex est : est enim quidam qui dicitur animalis, et hic est in cerebro; quidam vitalis, et hic est in corde; quidam naturalis, et hic est in hepate... Et dicuntur fontes principalia et radicalia membra, scilicet cerebrum, cor et hepar... Influentia lucis cœli siderei disponit corpora vegetabilium ad susceptionem vitæ vegetabilis; influentia lucis cœli aquæi disponit corpora sensibilium ad susceptionem vitæ sensibilis; influentia verò lucis nobilissimæ, nempe cœli empyrei, disponit corpus humanum ad susceptionem vitæ nobilissimæ, quæ est anima rationalis.

(2) *Specul. natural.*, lib. XXIII, cap. XLII-LX. Remarquez les chapitres : De unione animæ ad corpus... De modo illius unionis... Quod nequaquàm sine medio possit fieri illa unio... De rebus ad illam unionem convenientibus... De differentiâ unionis animæ in homine, in animali, in plantâ... De fœdere animæ et corporis... Qualiter anima corpus vegetat, sensificat, vivificat... De multiplici ejus operatione.

célébrité : les esprits animaux, le fluide vital, le fluide nerveux, le principe animique, l'électro-magnétisme animal. Ces théories ont été avancées, soit dans le but de substituer ces fluides à l'âme humaine, comme ont fait les matérialistes, soit pour expliquer l'union de l'âme et du corps, que l'on supposait ne pouvoir s'unir autrement qu'à l'aide d'un médiateur plastique.

Ces explications sur l'union de l'âme et du corps, et sur les rapports du physique et du moral, seront complétées dans les articles suivants, et toutes les fois qu'il sera parlé de psychologie, de physiologie, des passions et des vertus.

CHAPITRE XVII.

DES DIVERSES PUISSANCES DE L'AME HUMAINE ET DES DIVERS DEGRÉS DE LA VIE CONSIDÉRÉS DANS L'HOMME.

Une seule et même âme nous fait exister, vivre et sentir; est en nous le principe de la vie végétative, de la vie animale et de la vie raisonnable; car l'homme réunit en lui tous les degrés de la vie, qui sont distincts et séparés dans tous les autres êtres. Nous voulons parler dans ce chapitre des facultés par lesquelles l'âme anime le corps, le meut, le vivifie, le rend sensible, et nous rend capables de la vie intelligente et raisonnable.

Nous rapportons tout naturellement à un être distinct du corps et de la matière toute force qui les meut ou les anime : cet être, on l'appelle l'âme. L'âme a donc des forces, des énergies, des puissances, des vertus particulières, qu'elle tient de Dieu, auteur de toutes choses, qui sont manifestées par ses actes, dans son union avec le corps, et qui prennent différents noms, selon la nature des fonctions qu'elles remplissent dans notre organisation.

Ces facultés et ces opérations de l'âme sont de trois sortes :

1° Les végétatives et les nutritives;

2° Les sensitives et les instinctives ;

3° Les intellectuelles et les rationnelles.

ARTICLE I.

DES PUISSANCES VÉGÉTATIVES ET NUTRITIVES DE L'AME.

Vincent de Beauvais classe ces facultés et ces fonctions organiques en quatre catégories principales :

1° *Les appétitives*, qui sont relatives aux besoins, aux appétits, aux inclinations et aux penchants instinctifs;

2° *Les rétentives*, qui ont rapport à la digestion, à l'appropriation, à l'assimilation des aliments, à la nutrition;

3° *Les expulsives*, qui président aux fonctions de transpiration, de sécrétion, d'expurgation, de déperdition;

4° *Les distributives*, qui répartissent aux diverses parties du corps la nourriture, les forces, le sang, tout travail de réparation et d'accroissement.

La puissance vitale, résultat complexe de l'action synergique de toutes les forces précédentes, est entretenue par la respiration de l'air, qui purifie le sang, le refoule dans tout le corps par les artères, dont les pulsations indiquent aux physiologistes la température ou le tempérament du cœur. La puissance vitale a donc pour organe principal le cœur; mais la puissance de la vie animale est dans le cerveau, d'où rayonnent les cinq sens, et dans lequel on distingue divers lobes, organes du mouvement, de la sensation, de la pensée et de la volonté.

La vie ainsi constituée se perpétue par la nutrition et se transmet par la génération. L'estomac et le foie sont les principaux organes de la nutrition, et par conséquent de la puissance naturelle ou de la vie physique. La génération produit ses effets en vertu de deux forces, la *transformation* et l'*information;* elle *transforme* le germe et elle l'*informe*.

La puissance nutritive agit depuis le commencement de l'acte générateur de l'être animé, jusqu'à sa mort; car elle est la puissance naturelle de la vie physique, fondement de toute l'existence. Il y a donc un grand rapport entre le travail de nutrition, dans l'estomac et par l'estomac, et le travail de génération dans la matrice et par la matrice; les mêmes puissances primordiales concourent dans l'un et l'autre cas (1).

C'est par le concours de toutes ces puissances que la vie est constituée dans l'homme. Mais qu'est-ce que la vie? On en a donné jusqu'ici beaucoup de définitions insuffisantes; mais qui, réunies, peuvent nous aider à concevoir ce mystérieux phénomène.

La vie est à la fois un mouvement continu, interne, spontané,

(1) *Specul. natural.*, lib. XXIV, cap. I-X : Aere puro purificatum sanguinem per totum corpus vis vitalis impellit per venas pulsatiles quæ arteriæ vocantur... Vis naturalis, generans, nutriens et faciens crescere, agit à principio generationis fœtûs... De actionibus prædictarum quatuor virtutum, appetitivæ, retentivæ, expulsivæ et distributivæ, in matrice... Vis animalis est in cerebro et indè vigere facit quinque sensus... Tres sunt in cerebro ventriculi : anterior à quo omnis sensus; posterior à quo omnis motus; medius à quo vita rationalis... Istæ vires tàm corporis quàm animæ dici possunt : quia ab animâ in corpore fiunt...

naturel ; son essence est toute spirituelle : c'est l'essence même de l'être vivant, c'est son âme ; car l'acte ou l'ensemble des actes les plus importants, qui constituent l'existence, ne se distinguent pas de l'être qui vit et qui existe. On ne peut appeler la vie une propriété, une abstraction, une chose accidentelle, que par abus des termes et dans des cas particuliers, quand on parle d'un degré de vie qu'un être peut avoir ou ne pas avoir ; car tout être a une vie propre qui lui est essentielle. La vie est donc en même temps la puissance vitale, la vie en acte et l'être lui-même qui est vivant ; c'est pourquoi elle lui est identique, et elle est aussi indéfectible que l'être lui-même en qui elle réside. En un mot, la vie est, comme la création même, une manifestation et une extension de la vie divine : *Formavit hominem Deus de limo terræ, et inspiravit in faciem ejus spiraculum vitæ : cur animam ipsum Dei flatum dicere dubitemus, dùm intelligitur esse de naturâ Dei atque substantiâ* (1) ?

La puissance vitale et la vie en acte sont indéfectibles et infinies en soi, c'est-à-dire en Dieu, qui est la vie même par excellence, la vie au-dessus de toute vie, la vie primordiale et inépuisable. Mais comment la vie passe-t-elle de Dieu à l'âme par la création ? Comment peut-elle croître, s'étendre, se multiplier, se transmettre d'un être à l'autre dans tous les règnes de la nature, conformément à l'ordre établi de Dieu : *Crescite et multiplicamini... Producet terra omnem herbam virentem ?...*

Le mode essentiel de la création des êtres est tout à fait obscur et mystérieux pour nous ; il en est de même de la multiplication et de la propagation de la vie dans les animaux et les végétaux, comme le prouve la diversité des opinions et des explications émises sur ce sujet par les philosophes. Observer plus attentivement et raconter en détail les phénomènes généalogiques par lesquels les plantes, les animaux et l'homme se multiplient et se propagent, c'est nous aider à mieux connaître et à mieux concevoir les faits ; mais ce n'est pas encore les expliquer. Recourir,

(1) *Specul. natural.*, lib. XXIV, cap. II-XXIII. Genèse et saint Augustin, cités cap. XXIII. Ces expressions ne doivent pas être prises dans le sens panthéistique d'émanation, comme nous en avons averti dans un des chapitres précédents, où Vincent de Beauvais repousse cette prétention des panthéistes, que l'âme soit une portion de la substance divine.

pour cette explication, à la génération de la ligne par le point, de la surface par la ligne, du solide par la surface, du nombre par l'unité, d'un nombre par d'autres nombres, de la lumière et de la chaleur par un foyer ardent, rayonnant le feu et la lumière, c'est expliquer un mystère par d'autres mystères. Mieux vaut la doctrine de Vincent de Beauvais, qui enseigne que Dieu, en créant le monde, a donné aux différents êtres la causalité, la faculté de produire d'autres êtres. C'est pour cela, ajoute-t-il, que le monde et les êtres qu'il contient sont pleins de raisons séminales pour la production de nouveaux êtres, et qu'ils n'attendent que l'occasion favorable de les produire et de les mettre au jour.

Tous les êtres sont, en effet, doués de cette puissance de communiquer le mouvement, la vie, l'existence, sous différentes formes et à divers degrés. De là la circulation universelle, le flux et le reflux perpétuels de la vie dans l'univers, par lesquels il imite, autant qu'il peut, cette *circumincession* ou *circuméation* de la vie dans la suprême et divine essence, où rien ne commence et ne finit, rien ne naît ni ne meurt; mais où tout est éternellement vivant, infini et souverainement parfait. Il ne faut donc pas entendre cette vie universelle, qui se reproduit sans cesse elle-même, dans un sens panthéistique, comme si une seule vie divine et incréée animait tout l'univers, mais dans le sens de vie cosmique et naturelle, de cause seconde et de causalité communiquée aux êtres avec l'existence; en un mot, dans le sens d'une vie créée, qui n'est, dans le monde et ses parties, qu'une participation, par voie de création et à divers degrés, à la vie éternelle et infinie qui est en Dieu (1).

Il n'y a donc qu'une seule vie primordiale et infinie, qui est la vie divine; et, dans le monde, il y a plusieurs sortes de vie, plusieurs degrés distincts dans la vie, comme on le voit par les différents êtres. Car les uns sont simplement existants, les autres sont

(1) *Specul. natural.*, lib. XXIV, cap. XXIII-XL : In elementis mundi indita est à conditore eorum natura quædam ut possit esse principium substantiæ... Rationes seminales inditæ sunt mundo sive partibus ejus, ex quibus mundus gravidus est : ex quo, acceptâ oportunitate, prodeunt plantæ et animalia... Sicut matres gravidæ sunt fœtibus, sic mundus gravidus est causis nascentium quæ in illo non creantur, nisi ab ipsâ summâ essentiâ ubi nec oritur, nec moritur aliquid, nec incipit esse, nec desinit... Saint Augustin, cité *ibid.*, cap. XXIX. Voyez ce chapitre

et vivent, les autres vivent et sentent, les autres sentent et pensent.

De là : 1° la vie infime, qui se manifeste par l'existence et le mouvement, par une vague participation à la vie universelle de la nature; 2° la vie végétale, qui se manifeste en outre par une vitalité et une individualité propres, par la nutrition, l'accroissement et la reproduction; 3° la vie animale, qui a de plus les appétits, les besoins, les sensations, les mouvements spontanés, une individualité plus prononcée, une sorte de volonté, d'intelligence et d'inclinations instinctives; 4° la vie raisonnable et mentale de l'homme, qui, à tous les degrés de vie dont nous venons de parler, ajoute des facultés si éminentes, si supérieures à toutes les merveilles de la vie physique, végétale ou animale (1).

Vincent de Beauvais reprend ensuite plus longuement ces facultés qu'ont les végétaux et les animaux de se nourrir, de vivre, de sentir et de se reproduire, en traitant spécialement de la physiologie humaine. C'est l'objet des livres XXV, XXVI, XXVII, XXVIII et XXXI du *Speculum naturale*. Il commence par les facultés sensibles, considérées dans l'homme.

ARTICLE II.

DES PUISSANCES SENSITIVES ET INSTINCTIVES DE L'AME.

C'est l'âme humaine qui est le principe et le sujet de toutes ces facultés; elle seule est sensible, sent et perçoit par les sens, qui, considérés physiologiquement, sont seulement les instruments ou les organes de la faculté de sentir. Toutefois, cette faculté ne se développe que dans l'organisme parvenu à l'état de vie par l'âme vivante qui l'anime.

Les facultés de l'âme unie à un corps sont de deux sortes : 1° les unes sont *cognitives* ou *appréhensives;* 2° les autres sont *affectives* ou *motrices.*

Ces deux sortes de facultés sont mises en activité de service par

(1) *Specul. natural.*, lib. XXIV, cap. XL-LXXXVIII, *ibid.* : Quod principia vitæ fundantur in essentialibus rei principiis... Quod res ex se vivens habet aliquid in se undè vitam alii tribuit... De duplici vitâ, scilicet creatâ et increatâ... De multiplici vitæ differentiâ... Vires animales dividuntur in tres : prima vegetabilis... secunda sensibilis... tertia humana seu rationabilis...

trois autres *principes*, qui sont dans l'âme unie à un corps, savoir: 1° le *rationnel;* 2° le *concupiscible;* 3° l'*irascible*.

Dans la puissance cognitive, il faut distinguer: 1° la *sensibilité;* 2° l'*imagination* et la *mémoire;* 3° la *raison*, l'*intellect* ou l'*entendement*.

Au-dessus de tous ces degrés et modes de la connaissance, est la *vision intuitive*, qui n'appartient qu'aux esprits bienheureux.

Les cinq sens ont chacun des rapports spéciaux avec les quatre éléments, leurs propriétés fondamentales et les principales qualités des corps; par exemple : le goût, avec l'eau et la terre; l'ouïe, avec l'air et les corps solides; la vue, avec la lumière et les couleurs; l'odorat, avec la terre et les vapeurs; le tact, avec les corps et la matière grossière. Les philosophes de l'Inde et de la Grèce avaient déjà remarqué ces analogies et ces rapports.

La sensation est, en général, une affection de l'âme à l'occasion d'une impression produite dans le corps par les objets extérieurs.

Comme facultés actives, les sens partent du cerveau et sont dirigés par lui; mais leur action sur les corps, l'action des corps sur les sens, leurs influences réciproques, les connaissances qui en résultent, la manière dont s'opère la perception par les sens, tout cela est très mystérieux pour nous, et nous parvenons difficilement à nous en faire une idée. C'est pourquoi tant de phénomènes de la connaissance sensible, qui nous paraissent tout simples et tout naturels, sont demeurés jusqu'à présent sans explication, ou tout à fait inexplicables.

Ainsi, entre autres exemples cités par Vincent de Beauvais, on n'explique pas d'une manière satisfaisante le nombre des cinq sens. Les Hindous regardaient la faculté générative comme un sixième sens; d'autres regardent le *sensorium commune* de chaque individu comme un sens particulier; des sectaires modernes mettaient au nombre des perfectionnements futurs de l'humanité, l'excroissance d'un sixième sens, par la prolongation de l'épine dorsale.

On n'explique pas davantage l'ordre des sens, leur disposition dans les corps, leurs moyens d'action, la manière dont ils opèrent, plusieurs phénomènes singuliers, comme la phosphorescence de certains animaux, qui s'éclairent eux-mêmes pendant la nuit; la clairvoyance de quelques autres et l'éclat brillant de leurs yeux dans les ténèbres les plus profondes; la vision ordinaire elle-même, la vue d'un seul objet avec les deux yeux, ou la vue de deux objets, quoiqu'il n'y en ait qu'un, comme cela a lieu dans l'ambliopie.

Enfin, on ne peut expliquer ni les phénomènes de la vision, de l'ouïe, du son, de la voix, de la parole, de la musique, de l'odorat, du goût, du sens musical, du sens esthétique, du sens mathématique, du sens moral, du sens du plaisir et de la douleur, de la joie et de la tristesse, ni d'aucun sens; car on ne saurait, sans s'abuser soi-même, prendre pour une explication claire et évidente la description plus ou moins détaillée, plus ou moins anatomique, de ces phénomènes ou de nos organes.

Supposé, d'ailleurs, que l'on pût décrire exactement le phénomène physiologique, c'est-à-dire la forme et les fonctions des organes, resterait à expliquer le phénomène psychologique, savoir : la transmission des impressions sensibles au *sensorium commune*, et de celui-ci au principe vivant, sentant et pensant, qui est en nous; la transformation de l'impression organique en impression sensible, et de l'impression sensible en impression mentale, en idée ou en pensée; et enfin, cette propriété particulière qu'a le *sensorium commune* et le *sensus communis*, de ramener à l'unité subjective et psychologique tous les sens, toutes leurs fonctions, toutes leurs impressions, dans l'unité d'un sens unique et universel, dans l'unité et l'identité du principe vital, interne, qui sent et pense tout en nous et dans chacun de nous.

Néanmoins, Vincent de Beauvais se livre à toutes ces investigations, n'ayant pour guides que les connaissances imparfaites des Grecs, des alexandrins et des Arabes; et il parvient à constater plusieurs circonstances intéressantes dans l'exercice de ces facultés physiologico-psychologiques.

Il aurait dû faire précéder ces explications de la théorie complète de l'anatomie et de la physiologie, qu'il traitera seulement plus tard, dans le livre XXVIII.

Mais la cause de ces phénomènes, leur mode essentiel, le rapport précis entre la cause et les effets, la nature même des phénomènes sensibles, demeuraient, pour Vincent de Beauvais comme pour nous, des mystères impénétrables, dont on n'a point encore donné des explications claires et évidentes.

Après avoir rapporté les opinions des philosophes et leurs explications plus ou moins empreintes de péripatétisme, Vincent de Beauvais s'en tint pour le moment aux deux explications suivantes, que nous transcrivons en français pour les rendre plus compréhensibles.

« 1° L'âme sensible, l'âme douée de la faculté de sentir, perçoit les formes sensibles, sans compréhension de la matière de ces formes : et il n'en est ainsi que parce que la matière est extrinsèque à l'essence de l'âme, tandis que les formes sont dans son essence. Or, tout être qui perçoit les choses par lui-même, les perçoit sans intermédiaire entre lui et l'objet perçu ; telle est la substance de l'âme, qui est simple, et en qui la forme de toutes choses est l'âme même. L'âme perçoit donc toutes les formes par la forme même de sa propre essence. Or, l'impression ne se fait que par l'application de ce qui la produit à l'être en qui elle est produite ; mais la sensibilité et l'intellect ne s'appliquent qu'à la forme sensible et intelligible ; l'intelligence et l'âme ne perçoivent donc les choses que par leurs formes (sensibles et intelligibles), et elles ne s'unissent probablement qu'avec ces formes, à cause de la similitude et de la convenance que ces formes ont avec elles en général.

» C'est pourquoi, de même que la matière première est une puissance capable de recevoir toutes les formes sensibles, ainsi l'âme est une puissance capable de recevoir toutes les formes intelligibles. Si donc vous prenez en vous-mêmes les choses sensibles en exemples des choses intelligibles, il vous sera facile de vous représenter par l'imagination les choses intelligibles. Enfin, puisque l'intelligence n'a pas en soi une forme propre, et qu'elle perçoit toujours toutes les formes ; il s'ensuit nécessairement que les formes de toutes choses sont ses formes à elle-même. Or, toutes les formes ont pour sujet la quantité, et la quantité a pour sujet la substance ; et de même que la figure est la fin de la forme de la quantité, sa limite et son enveloppe, de même la science est la fin de la forme de l'intelligence, et la limite qui la circonscrit de toutes parts (1). »

Ce passage est fécond en enseignements. Il signifie : 1° que, comme le dit Salomon, l'homme porte gravée dans son esprit l'image du monde même ; 2° que les formes du monde sont abstraites et purement intelligibles ; 3° qu'elles sont l'objet propre de l'intelligence ; 4° que l'intelligence les perçoit directement au moyen des sens ; 5° que, pour expliquer la perception sensi-

(1) *Specul. natural.*, lib. XXV, cap. VI.

ble, il n'est pas nécessaire de recourir aux images intermédiaires entre le sujet et l'objet de la perception; 6° qu'il est dans la nature de l'âme de connaître ces formes intelligibles des objets matériels qu'elle perçoit par les sens, comme il est de la nature des objets matériels et sensibles d'être perçus par l'âme intelligente, par le moyen des sens.

Avec un peu d'attention, on trouve aussi dans cette explication tout aristotélicienne un reflet de l'idéalisme transcendantal d'Aristote. Car, d'après le passage cité, les formes de la matière, qui, sans elles, n'est qu'en puissance et non en acte ou en réalité, sont aussi les formes sensibles et rationnelles de l'âme, sont l'âme même en tant que sensible et raisonnable : et de même que la matière première n'est qu'une puissance capable de recevoir toutes les formes corporelles ; ainsi l'âme, d'après ce même passage, n'est qu'une puissance capable de percevoir ces formes par les sensations et la raison.

Tel est le premier degré de la connaissance de l'âme unie à des organes sensibles.

« 2° L'âme discerne les variétés innombrables des saveurs, des odeurs, des sons, des formes, et, en toutes ces choses, elle désire (*appetit*) celles qui sont conformes à la nature de son corps; elle fuit celles qui lui sont contraires; elle s'éloigne de ces sensations dans certains temps, et elle rappelle en foule et retourne de bien des manières leurs mouvements et leurs impressions, réparant, pour ainsi dire, dans certains loisirs ou intervalles réguliers et périodiques, les images des choses qu'elle a perçues par les sens. Mais lorsqu'elle veut concevoir et comprendre les choses divines, ou la Divinité, ou elle-même, et considérer ses propres facultés ou énergies, elle s'abstrait de tous les sens de son corps, elle ne se considère qu'avec l'esprit et la raison, et ne s'élève jusqu'à Dieu que par la contemplation.

» Alors Dieu descend vers l'âme par la révélation et l'inspiration divine : car la méditation est l'investigation studieuse d'une vérité cachée, et la contemplation, la joyeuse admiration d'une vérité clairement perçue ; or, Dieu illumine l'âme par la révélation, afin qu'elle connaisse la vérité, et l'inspiration divine l'enflamme, afin qu'elle l'aime et s'y complaise. Les sens sont seulement l'instrument ou l'organe de la sensibilité et le principe de l'imagination : la sensation engendre donc l'imagination; l'imagination produit la pensée; de la pensée vient la méditation; la méditation aiguise l'esprit (*ingenium*); l'esprit excite la raison; la raison amène l'entendement ou l'intellect; celui-ci conduit à l'intelligence; l'intelligence à la contemplation; la contemplation admire la vérité elle-même, et la charité ou l'amour fait qu'elle se délecte dans la vérité et qu'elle y trouve son bonheur.

» La sensation est une passion ou affection de l'âme dans le corps, provenant de qualités qui ne sont point en elle, mais hors d'elle; l'imagination est la puissance par laquelle l'âme reconnaît les formes des choses corporelles, même pendant leur absence et sans sensation extérieure; la pensée est l'occupation de l'esprit sur une chose quelconque; la méditation est la pensée réfléchie ou continue, recherchant le mode, la cause et la raison des choses auxquelles on pense; l'esprit ou le génie est une puissance naturellement innée à l'âme, et pouvant reconnaître le vrai par elle-même; la raison est une puissance supérieure de l'âme, par laquelle elle discerne et juge toutes choses, mais surtout quand elle s'applique avec ardeur aux choses spirituelles, et qu'elle conserve en elle-même l'image de la Divinité; l'intellect est la perception des choses qui existent véritablement; l'intelligence ne s'applique qu'aux principes des choses, c'est-à-dire à Dieu, aux idées, à la matière première (ὕλη) et à la connaissance certaine et purement intellectuelle et intelligible des existences corporelles (1). »

Ces notions psychologiques sont d'une grande justesse. Notre âme et ses facultés se forment et se développent dans les sens et par les sens, et s'en distinguent cependant comme le principe pensant est distinct de l'instrument de la pensée. Toute connaissance par les sens et les sensations est impossible sans l'intervention de l'âme intelligente et raisonnable, et sans l'élément intelligible et rationnel dans le sujet et l'objet de la connaissance. On conçoit alors que les sensations, ainsi composées de spirituel et de sensible, puissent devenir pensées, conceptions, idées de l'ordre le plus élevé, en passant par divers degrés, l'imagination, le génie, l'intelligence, la raison pure, jusqu'à ce que l'âme arrive à la contemplation des purs intelligibles, savoir l'essence divine, les idées divines et éternelles, les principes et les causes, qui sont l'objet propre de la sagesse et de la philosophie.

(1) *Specul. natural.*, lib. XXV, cap. IV.

ARTICLE III.

DES FACULTÉS ET DES OPÉRATIONS INTELLECTUELLES ET RATIONNELLES.

Vincent de Beauvais insiste longuement sur l'analyse de toutes les facultés de l'âme humaine, toujours dans le but de montrer sa distinction d'avec la matière même organisée, et son incontestable supériorité sur l'âme animale. Il nous décrit, avec un grand soin, toutes ces facultés, depuis les plus humbles et les plus élémentaires, jusqu'aux plus relevées et aux plus sublimes. Il veut que nous les considérions comme des degrés par lesquels l'âme peut s'élever jusqu'aux plus hautes conceptions et jusqu'à Dieu même, principe de toute vérité, de toute bonté, de toute félicité. On voit qu'il avait lui-même disposé dans son cœur ces admirables *ascensions* de son âme vers la Divinité. Aussi, comme il s'applique à nous faire connaître à fond l'excellence de la nature humaine, ainsi que la beauté toute divine de notre âme !

« De même que le monde visible est composé de cinq éléments et de cinq régions, la terre, l'eau, l'air, l'éther et le ciel empyrée, ainsi l'âme exilée dans ce petit monde, qu'on appelle son corps, peut s'élever progressivement jusqu'à la sagesse et jusqu'à Dieu même par cinq facultés principales, les sens, l'imagination, la raison, l'entendement, l'intelligence.

» Car lorsque nous voulons nous élever des choses de l'ordre inférieur à celles du monde supérieur, la sensation vient la première, ensuite l'imagination, puis la raison, l'entendement et l'intelligence. Au suprême degré de cette ascension de l'âme, est la piété, la sagesse, Dieu même ; car la piété est la sagesse de l'homme, et la suprême sagesse est Dieu lui-même.

» La sensibilité est cette faculté de l'âme qui perçoit les formes (1) corporelles des choses corporelles ; l'imagination est cette faculté de l'âme qui perçoit les formes corporelles des choses corporelles, mais absentes. Car la sensation perçoit les formes dans la matière, et l'imagination, hors de la matière ; et cette faculté de percevoir les formes, s'exerçant sur les objets extérieurs, s'appelle sensation ; exercée dans l'intimité de l'âme, elle s'appelle imagi-

(1) Ce mot *forme* signifie tous les modes d'être en général, toutes les qualités et toutes les propriétés que l'on peut percevoir dans les objets de la connaissance.

nation. L'imagination provient donc de la sensation, et elle en subit toutes les variations et les vicissitudes.

» L'âme perçoit beaucoup de choses par les sens de son corps ; mais elle en conçoit aussi un grand nombre par l'imagination ou la puissance phantastique. Elle s'étend, se meut, s'arrête ou s'agite comme les flots de la mer, pénètre partout et embrasse tout, sans sortir d'elle-même ; mais c'est en elle-même, comme dans un espace immense, qu'elle accomplit toutes ses évolutions et ses pérégrinations ; elle ne sort pas d'elle-même pour aller vers les objets, mais elle se les représente par une sorte de puissance attractive (*tractatibus suis*).

» L'âme a, en effet, en elle une espèce d'étendue en longueur, largeur et hauteur ou profondeur ; car, par la charité, elle embrasse en elle Dieu et tous les fidèles ; par la méditation, elle comprend toutes les choses que Dieu a opérées depuis le commencement du monde pour notre salut ; par la contemplation, elle s'élève jusqu'aux choses célestes et divines.

» La raison est cette faculté qu'a l'âme de percevoir la nature des choses corporelles, leurs formes, leurs différences, leurs propriétés, leurs accidents ; elle perçoit aussi toutes les choses incorporelles, non hors des corps, si ce n'est leur substance ; car la nature des corps, par laquelle tout corps est un corps, est elle-même incorporelle, et ne saurait être un corps quelconque.

» L'intellect, ou l'entendement, est cette faculté de l'âme qui perçoit les choses invisibles (pour les sens), comme les anges, les démons, les âmes et tout esprit créé.

» L'intelligence est cette puissance de l'âme qui s'applique immédiatement à Dieu : car c'est elle qui conçoit la vérité suprême et vraiment immuable.

» Ces trois dernières facultés, la raison, l'entendement, l'intelligence, sont souvent prises pour une seule et même faculté, désignée en général par ces mots : *raison, rationalité, intelligence*, ou par ceux-ci, *faculté de connaître, puissance intellectuelle ou raisonnable* (1). »

La considération des facultés sensibles de l'âme humaine nous amène naturellement à l'étude des facultés mentales. Ces deux

(1) Vincent de Beauvais, *Specul. natural.*, lib. XXV, cap. II. Ce long passage est de Hugues de Saint-Victor, *De animâ et spiritu*, cité là même. — Voy. aussi *Specul. natural.*, lib. XXIII, cap. XXV.

sortes de facultés sont unies dans l'homme d'une manière si intime, que, toutes différentes qu'elles sont, elles paraissent confondues, et que plusieurs se sont imaginés faussement qu'elles étaient au fond tout à fait les mêmes. Si l'on ne considère, en effet, dans l'homme que son unité de nature et son identité personnelle, il sera très difficile de définir, d'une manière précise, la limite qui sépare la perception rationnelle de la perception sensible, et de faire la part de l'esprit et des sens, de la raison et de l'imagination, dans le phénomène de la connaissance humaine (1).

Cependant il ne peut venir à l'esprit de personne de confondre la pensée avec la sensation, ni l'âme raisonnable avec l'âme sensible. Par l'âme sensible, l'homme est à l'image de l'animal, dans les instincts duquel on découvre, avec peine, les vestiges obscurs et incertains de la sagesse divine ; par l'âme raisonnable, l'homme est fait à l'image et ressemblance de Dieu, image vivante de sa puissance, de sa sagesse et de sa bonté.

L'homme, par son âme, ressemble d'autant plus au Père, qu'elle a plus d'être et de perfection ; d'autant plus au Fils, qu'elle a plus de raison et qu'elle se connaît mieux elle-même ; d'autant plus au Saint-Esprit, qu'elle s'aime davantage, elle, Dieu et toutes choses, d'une manière conforme à l'ordre raisonnable et à l'excellence hiérarchique des êtres qu'elle doit aimer. Nous avons développé ailleurs cette image de Dieu et de la Trinité dans l'âme humaine (2).

Il n'en est donc pas de la connaissance par la raison et l'âme raisonnable comme de la connaissance par les sens seuls, ou par l'imagination seule. Il n'en est pas non plus de l'imagination, simple représentation des objets sensibles ou de leurs images (*imaginatio*, φαντασία), comme de l'imagination considérée comme faculté de concevoir, d'imaginer, d'inventer des idées ou de se représenter les objets par leurs idées (*excogitatio, vis excogitativa seu imaginativa*).

En effet, par les sens et l'imagination phantastique, par la repré-

(1) *Specul. natural.*, lib. XXVII, cap. I, II, XXII : De viribus animæ quas habet quoad se... De confusione et varietate virium animæ... Qualiter duæ partes rationis (superior et inferior, intellectus et sensationes) pertinent ad scientiam et sapientiam... Quomodo ex ipso intuitu veritatis in mente formatur imago Trinitatis...

(2) Voy. *Preuves de la spiritualité de l'âme; images de la Divinité et de la Trinité dans l'âme*, dans ce volume.

sentation des objets au moyen de leurs images ou de leurs apparences sensibles, l'homme n'a que des sensations et ne perçoit que des objets et des phénomènes physiques qui affectent sa propre existence : jusque-là il ne diffère pas de l'animal. Par la raison, l'homme perçoit les idées divines et éternelles, les vérités nécessaires et absolues, qui ne tombent pas sous les sens ; et il connaît les objets sensibles dans leurs rapports avec leur idée intelligible, leurs lois, leurs causes, leurs principes, qui échappent aussi aux perceptions des sens.

Les notions rationnelles, nécessaires, universelles, éternelles, sont l'objet propre de l'intelligence, le principe du bien penser et du bien agir, la règle de nos jugements et de nos déterminations, la lumière que nous devons porter dans nos investigations philosophiques et dans toute notre conduite.

Si nous suivons les lumières de cette partie supérieure de notre âme, nous allons à la sagesse, à la perfection, au bonheur : si nous suivons les suggestions qui nous viennent de ses facultés inférieures, de ses facultés organiques, par lesquelles on s'attache aux choses sensibles, aux illusions de l'imagination, objets de disputes et de vaines opinions parmi les hommes : c'est alors que nous inclinons vers le mal, la corruption, le vice ; en termes philosophiques, vers l'ignorance et la science des apparences, vers l'amour des faux biens, qui n'engendrent que la dégradation et la mort (1).

A mesure que nous avançons dans cette analyse des facultés de l'âme humaine, nous nous confirmons dans la conviction de la prééminence de la raison et de sa distinction d'avec la sensation : résultat important et difficile à obtenir, quand ce n'est pas déjà un sentiment intime et profond, donné par la nature ou par l'éducation.

En effet, à cause de l'intime union de l'âme et du corps, la

(1) *Specul. natural.*, lib. XXVII, cap. IV-XXXI : De verbo mentis, id est, cogitatione... De verbi nostri ad Patris Verbum similitudine... De cogitativâ et excogitativâ virtute... Quod excogitativa et imaginativa virtus differt ab imaginatione... De memoriâ Dei naturaliter infixâ menti humanæ... De judicio mentis secundum veritatis regulam... De ratione... De duplici rationis portione... Rationis est judicare de istis corporalibus secundum rationes incorporales et sempiternas... Saint Aug., *De Trinit.*, lib. II : Qualiter ratio per inferiorem suî partem inclinat ad culpam...

perfection des sens et des organes contribue singulièrement à la perfection de la raison et de l'intelligence : cependant penser n'est pas la même chose que sentir; il ne faut pas confondre la raison avec la sensation; il n'y a pas une solidarité absolue entre les développements de l'une et le perfectionnement de l'autre. Car, si la raison de l'homme ne s'exerçait que par les sens et leurs organes, il ne connaîtrait que les choses sensibles et matérielles, avec leurs caractères de contingence, de variabilité, de particularité, d'imperfection et de limite; il ne voudrait et ne pourrait faire que ce à quoi l'inclinent ses sens, les instincts et les appétits qui leur sont propres.

Or, il est d'expérience qu'outre les objets sensibles, l'homme connaît les règles absolues du vrai, du bon, du beau, du parfait; les idées divines et éternelles, qui sont la lumière de la raison et de l'intelligence; les vérités nécessaires et immuables, qui sont la forme de nos connaissances et de nos jugements; les formes idéales et intellectuelles des choses physiques elles-mêmes, sans lesquelles nous ne pourrions pas les connaître intelligiblement ni en avoir la science.

Il est également certain que l'homme ne fait pas invariablement tout ce à quoi l'inclinent ses sens et ses instincts; qu'il les commande, qu'il les dirige, qu'il les réprime, qu'il leur résiste, au nom de la raison et de la conscience, ou du moins par calcul ou par un sentiment de justice ou d'honnêteté naturelle.

Les idées abstraites, qui sont l'objet propre de la raison et de l'intelligence, sont de trois sortes :

1° Les idées abstraites *métaphysiques*, purement mentales et idéales, purs produits de la raison pure, indépendantes de toute condition de temps, d'espace, de matière et de forme sensible : telles sont toutes les notions de pure raison, les axiômes des sciences, les vérités-principes évidentes par elles-mêmes, les idées divines et éternelles de vrai, de bon, de beau, de saint, de juste, l'idée de Dieu et l'idée de l'âme, etc., etc.

2° Les idées abstraites *mathématiques*, indépendantes de la matière, mais non des formes imaginaires, sensibles ou matérielles; ces formes, comme ces idées, sont cependant rationnelles, éternelles, et véritablement abstraites en elles-mêmes et par elles-mêmes : telles sont le point, la ligne, la surface, le solide, le cercle, la sphère, toutes les figures géométriques, le nombre, la grandeur, les propriétés des nombres, des quantités, des figures.

leurs rapports et leurs combinaisons, les notions de temps, d'espace, de force, etc., etc.

3° Les idées abstraites *physiques*, inhérentes à la matière et aux corps, perçues par les sens et l'imagination, abstraites et conçues intelligiblement par la raison dans leur notion rationnelle et éternelle : telles sont les idées de lieu, de grandeur, de forme géométrique, d'élément, de mouvement, de chaleur, de substance matérielle, de matière et de forme, de propriétés, de qualité, de rapport, de proportion, de beau naturel ou esthétique, etc., etc...

Il y a donc des idées *abstraites*, parce qu'elles sont par elles-mêmes distinctes de toute matière, de toute sensation; des idées *abstraites* de la matière et des sens, mais non de toute forme matérielle et sensible, représentée au moins par l'imagination; des idées *abstraites* de la matière et des formes matérielles, non réellement, puisque ce sont des idées physiques, mais par la puissance abstractive de l'imagination et de la raison, quand elles veulent les considérer intellectuellement. Les idées peuvent donc être *abstraites* dans plusieurs sens bien différents.

C'est pour n'avoir pas fait attention à toutes ces différences et à la nature intime de toutes ces idées, que les sensualistes et les matérialistes se sont imaginés faussement que toutes les idées abstraites venaient des sens par voie de généralisation et d'abstraction, et que toutes nos idées et nos connaissances n'étaient originairement que des sensations et des images, un pur produit de notre entendement considéré comme l'ensemble de toutes nos facultés vitales et sensibles. Or, il est évident, par tout ce qui vient d'être dit : 1° qu'il y a des idées abstraites, indépendantes de toutes formes sensibles et de toute généralisation opérée sur les notions particulières; 2° que notre esprit ne pourrait même pas généraliser et abstraire, s'il n'avait pas par lui-même, et indépendamment des sensations, les idées abstraites, les formes mêmes de l'abstraction et de la généralisation (1).

(1) *Specul. natural.*, lib. XXVII, cap. XXVI...: De diversis acceptionibus et officiis rationis... De virtute intellectivâ... De duplici ejus essentiâ, intellectus et sensus. De differentiâ et convenientiâ intellectûs et sensûs... Qualiter à sensu juvatur intellectus... De organo vis intellectivæ... De multiplici objecto ejusdem et formarum abstractione... De ordine abstractionis formæ corporalis... Quis sit verissimus modus abstractionis... De differentiis apprehensionis secundùm differentiam abstractionis...

Quiconque considèrera attentivement comment les idées sont dans le principe pensant; comment elles se distinguent des sensations, des objets sensibles et de leurs formes imaginaires; comment, par elles, le principe vivant, sentant, pensant, qui est en nous, s'élève au-dessus des sens, des sensations, des biens matériels et de tous les objets sensibles; comment enfin, par la science et la conception des idées, l'âme se rapproche de Dieu, son créateur, l'Être infiniment parfait, et devient une sorte d'esprit divin, par sa partie la plus sublime, *mens divinior :* quiconque, dis-je, considèrera toutes ces choses, s'estimera davantage lui-même; il recouvrera, s'il l'a perdu, le sentiment et le souvenir de sa noble origine; il ne s'assimilera pas, dans ses pensées, ses sentiments, sa conduite, aux animaux sans raison, bornés à la vie des sens; il aura toujours présentes à son esprit la suréminente dignité de son âme, sa spiritualité, son excellence, son immortalité, son assimilation à Dieu, en s'efforçant de l'imiter autant que possible.

Si l'homme était bien convaincu de toutes ces pensées, dit un ancien philosophe, jamais il ne ferait rien qui fût indigne de lui; il serait maître de ses sens, de ses appétits, de ses instincts; il ne se laisserait pas dominer par ses affections et ses passions; il ferait toujours ce qui est conforme à la vérité et au bien. Car la raison et l'intelligence ne sont point séparées de la substance de l'âme, sont l'âme même considérée comme principe de la vie organique et de la vie de l'esprit. Une conduite raisonnable et une conduite vertueuse ont toujours été regardées comme une seule et même chose, ou du moins comme étant la conséquence l'une de l'autre. C'est pourquoi la raison, prise en général, n'est pas une faculté particulière ni une faculté attachée à un organe particulier; non : elle n'est pas non plus l'acte, ni le complément, ni l'entéléchie d'aucune partie du corps; mais elle anime, éclaire et dirige toutes les facultés, soit du corps, soit de l'âme; elle les perfectionne toutes.

Donc le premier soin de l'homme doit être de cultiver la raison, les idées, la sagesse, la science, la sainteté, la justice, la vertu; puisque c'est par elles qu'il se rapproche de l'infinie perfection, c'est-à-dire de Dieu même.

De là les facultés secondaires de l'âme et leurs opérations variées à l'infini : l'attention, la spéculation, la réflexion, la comparaison, l'association des idées, le jugement, le raisonnement, l'invention, etc., etc. De là aussi les opérations du cœur, de la volonté, du libre arbitre, de toutes les facultés actives et passives de l'âme humaine. Ces facultés et ces opérations de la raison et de la volonté, se combinant avec le réceptible, l'irascible et le concupiscible, donnent lieu à une multitude d'autres puissances et opérations de l'âme plus ou moins complexes, et qui sont bonnes ou mauvaises, selon qu'elles sont réglées ou non réglées d'une manière conforme aux lois éternelles de l'ordre et de la raison (1).

C'est Vincent de Beauvais qui rattache à la raison toutes les facultés mentales, la volonté, la liberté, la conscience, le jugement, la mémoire, l'intelligence, l'esprit de recherche et d'invention, l'exercice et le gouvernement de toutes nos facultés. Toutes découlent, en effet, de la raison, la supposent, sont dirigées par elle ou doivent être soumises à ses lois; car Dieu a remis entre les mains de l'homme la plénitude de la raison et de son conseil; il lui a donné la faculté de faire ou de ne pas faire; il l'a rendu maître de ses destinées.

Toutefois, que l'homme ne s'enorgueillisse pas de ces magnifiques prérogatives; car, de même qu'il n'a pu se donner l'existence, il n'a pu se donner la raison, la volonté, la liberté, ni ses autres facultés essentielles; il les a reçues originairement de Dieu, avec l'être et la vie. Bien plus, comme cause première et universelle, Dieu est encore la source primordiale et le premier principe de nos idées, de nos bons mouvements, de toutes nos volontés vertueuses et légitimes. Ce qu'il ne faut point entendre dans ce sens panthéiste que Dieu est tout, pense tout, fait tout en nous.

Car, de même que Dieu est la cause de tous les êtres, sans être pour cela leur être tout entier; ainsi il est le principe de toute lumière intellectuelle et intelligible, sans être pour cela l'intellect universel, unique, comme l'enseignait Averrhoès, philosophe arabe; doctrine que Vincent de Beauvais repoussait formellement.

De même donc que l'homme a une existence et une intelligence distinctes de celles de Dieu, il a aussi une volonté et une liberté qui lui appartiennent en propre, et qui se distinguent de

(1) *Specul. natural.*, lib. XXVII, cap. XX... XXVI... LXXXII... : De diversis acceptionibus et officiis rationis... De viribus motivis rationabilibus, et primo de voluntate.

l'intelligence et de la volonté divines. L'homme est donc libre; il a son libre arbitre, et Dieu, en le créant, en lui donnant des lois, en le soumettant aux lois générales de la création, en l'aidant à accomplir ses destinées, ne lui ôte pas sa liberté, ni sa volonté propre, ni sa raison personnelle, ni son existence individuelle (1).

Vincent de Beauvais se contente d'établir ces doctrines. Quant aux objections auxquelles elles ont donné lieu, et qui ont été victorieusement réfutées par saint Augustin et saint Anselme, Vincent de Beauvais se borne à citer de longs extraits de ces deux philosophes, docteurs de l'Église. Il ne nous paraît pas utile de reproduire ici ces citations (2).

ARTICLE IV.

DE LA VEILLE ET DU SOMMEIL; DES RÊVES ET DES SONGES; DU SOMNAMBULISME ET DES VISIONS.

(Appendice.)

Toutes nos facultés mentales et organiques sont sujettes à des alternatives et à des vicissitudes : les unes régulières et naturelles, comme la veille et le sommeil; les autres irrégulières et accidentelles, comme le somnambulisme et certaines maladies nerveuses; d'autres, enfin, sont extraordinaires et surnaturelles, comme le prophétisme, les visions, les révélations, les illuminations divines. Les anciens philosophes ne connaissaient pas le sommeil magnétique, ni le somnambulisme et la seconde vue; nous n'avons rien trouvé dans les anciens qui ressemblât à cet ordre de phénomènes, malgré les efforts de quelques-uns de nos modernes thaumaturges, pour ramener à l'électro-magnétisme physiologique toutes les pratiques magiques et théurgiques des anciens, sans en excepter les miracles et les prophéties.

Pour expliquer ces divers phénomènes, nous n'avons guère que

(1) *Specul. natural.*, lib. XXVII, cap. XCI-CIII : Quod liberum arbitrium sit in nobis... Qualiter in eo concurrunt judicium rationis et motus voluntatis... Quod voluntas Dei non tollit, sed juvat libertatem arbitrii.....

(2) Nous avons reproduit, dans le *Programme d'un cours de philosophie*, toute la doctrine de saint Anselme : on y trouve ses ingénieuses conciliations entre la grâce et le libre arbitre, entre la prédestination et la liberté.

des conjectures et des soupçons sur un ordre de choses supérieur, et des connaissances tout à fait superficielles sur les phénomènes eux-mêmes. Cependant, on en conviendra sans peine, il faudrait, avant tout, bien connaître le corps et l'âme, leurs facultés et leurs opérations, leurs lois et les rapports qui les unissent, avant d'essayer d'en donner l'explication philosophique. Vincent de Beauvais ne se dissimulait pas ces difficultés; c'est pourquoi, sur ce sujet obscur, comme sur plusieurs autres, il se borne à décrire aussi exactement que possible les phénomènes qui y ont rapport, à citer les opinions des philosophes, et surtout d'Aristote et des philosophes arabes, sur le sommeil et la veille, les rêves et les songes, et à rapporter les explications que donnaient les théologiens sur les rapports surnaturels ou extraordinaires de l'âme avec Dieu et les anges.

L'expérience et l'observation, qui sont le point de départ de toute investigation scientifique, avaient conduit les anciens à plusieurs résultats que l'on peut résumer ainsi :

La veille est cet état de l'âme ayant intelligence et conscience de soi, et où elle jouit du plein exercice de ses facultés, soit physiologiques, soit psychologiques. Le sommeil est l'absence de cette disposition dans laquelle l'âme est maîtresse d'elle-même et de toutes ses facultés. Pour expliquer ces deux états, les philosophes péripatéticiens insistaient beaucoup sur ces idées : le sommeil est le repliement de l'âme à l'intérieur, sur elle-même; la veille est le mouvement de l'âme vers les objets extérieurs; la veille et le sommeil sont des passions de l'âme et des sens, plutôt que des opérations; l'âme ne dort pas, elle veille, elle pense, elle agit pendant le sommeil; les causes ordinaires du sommeil sont la lassitude, la sollicitude, la langueur, la faiblesse des organes et leur désobéissance aux volontés de l'âme; les vapeurs, les parfums, la faim, la soif, la saturité, la maladie, le premier âge, l'excès de chaleur ou de froid; le travail, l'épuisement des forces, les digestions difficiles, certains aliments et certaines boissons.

Ces causes de sommeil peuvent aussi produire des insomnies. Certaines affections mentales, comme l'excès de joie ou de tristesse, une grande douleur ou un plaisir intense, l'insouciance et les soucis peuvent également causer le sommeil ou l'insomnie, selon les circonstances.

Les anciens philosophes cités par Vincent de Beauvais n'ont pas assez remarqué cette propriété qu'a le sommeil, de réparer nos forces; ce qui l'a fait appeler par les poètes *sommeil réparateur*. Les alternatives régulières de la veille, qui exerce les forces vitales, et du sommeil, qui les répare, voilà la loi, la vraie cause de la veille et du sommeil. Toutes les autres causes n'interviennent que comme circonstances plus ou moins accidentelles, comme modificateurs plus ou moins puissants de ces deux fonctions ou états organiques, ainsi que des états de l'âme qui leur correspondent. Voilà ce que l'on peut dire, en général, de plus certain sur ces matières. Dès qu'on sort de là, les explications des philosophes ne nous offrent plus que des opinions arbitraires, contradictoires, dénuées de fondement; c'est pourquoi, jusqu'à présent, l'esprit humain ne s'en est jamais contenté. Mais ces difficultés ne doivent pas nous détourner de nos recherches.

Il faut en dire autant sur les rêves, les songes et le somnambulisme : nous désignons, sous cette dernière expression, toutes les actions propres à l'état de veille, et que l'on peut faire pendant le sommeil, comme si l'on ne dormait pas. Ce qu'il y a de plus certain et de plus raisonnable en cette matière, c'est que l'âme, principe vital interne, dont la vie est l'essence, ne cesse pas de vivre, de sentir, d'animer le corps, de se mouvoir, de penser et d'agir : dans l'accomplissement de ces fonctions pendant le sommeil, elle suit les impulsions de sa nature, de ses habitudes, des circonstances ou des influences actuelles qu'elle subit de toutes parts; enfin elle se modifie, elle et ses actes, d'après les dispositions actuelles ou antérieures de son organisme, dont elle conserve encore le ressentiment.

Quant aux explications ultérieures et plus approfondies de ces fonctions et de ces phénomènes, que les philosophes prétendaient tirer de la physiologie et de la psychologie, Vincent de Beauvais les cite comme utiles à notre instruction et au progrès des sciences; mais il les regarde comme simplement conjecturales, c'est-à-dire comme peu certaines et peu évidentes.

Il traite de la même manière les révélations ou les pressentiments des choses cachées et de l'avenir; toutes les connaissances extraordinaires qui peuvent nous arriver en songe, et même les visions et les illuminations surnaturelles de l'âme par l'extase et la révélation proprement dite, ou par des rapports immédiats avec le monde supérieur.

Après avoir cité les opinions des philosophes et des théologiens sur ces phénomènes, Vincent de Beauvais ne craint pas d'affirmer, en général, que toutes ces connaissances et ces dispositions de l'âme humaine, qui lui surviennent pendant le sommeil ou pendant la veille, peuvent être respectivement attribuées à des causes différentes, selon les circonstances : 1° à la perspicacité naturelle de l'esprit, qui s'exerce dans tous les états; 2° à l'influence anticipée des causes qui produiront ce qui doit arriver ; 3° aux préoccupations les plus habituelles de notre esprit et de notre cœur; 4° à nos dispositions morales ou physiques; 5° à un bienfait spécial de l'ange gardien ou de la Divinité elle-même; 6° aux suggestions des esprits mauvais qui se mêlent à toute notre existence pour nous nuire ou nous pervertir; 7° enfin à une volonté spéciale de la divine Providence, dans certaines époques extraordinaires, lorsqu'elle se prépare à répandre sur le genre humain quelque grand bienfait, comme cela est arrivé pour les juifs et pour les chrétiens.

Mais, à raison de la diversité des causes qui peuvent agir secrètement sur l'esprit et sur le corps, et modifier si profondément les divers états de l'âme, Vincent de Beauvais veut que l'on applique ici la règle de conduite tracée par saint Paul pour le discernement des esprits : *discretio spirituum.* Voyez donc quel esprit vous anime : si c'est l'esprit de Dieu ou l'esprit du monde, un esprit angélique ou un esprit diabolique, l'esprit de vérité et de vertu, ou l'esprit d'erreur et de perversité. Notre philosophe donne ensuite plusieurs règles particulières pour discerner les influences bonnes et surnaturelles, d'avec les vaines imaginations et les influences mauvaises.

Mais de quelle manière Dieu agit-il sur l'esprit des prophètes par la révélation ; sur toutes les âmes, par l'extase et les grâces ordinaires; sur tous les chrétiens, en leur conférant les divers dons surnaturels? Selon Vincent de Beauvais, Dieu n'agit pas toujours de la même manière, mais de plusieurs manières différentes et plus ou moins mystérieuses, selon le mode et le degré d'intimité des communications de notre âme avec la Divinité. Car Dieu en favorise qui il veut, de la manière qui lui plaît; puisqu'il est le maître de ses dons, dont les formes sont infiniment variées : *multiformis gratia Dei : multæ operationes spirituum; varia genera linguarum; unus autem spiritus* (1). Toutefois il ne paraît pas à notre philosophe que l'âme, unie au corps, puisse jouir,

(1) Saint Paul, *Corinth.*

même un seul instant, par extase, par abstraction ou par ravissement, de la vision intuitive (1).

Vincent de Beauvais traite longuement des rapports providentiels, mystérieux, secrets de Dieu avec les âmes humaines, par sa grâce, la prière, les sacrements, les illuminations de leur raison, dans le livre XXIX du *Speculum naturale*. Ce livre est à voir et à étudier : mais nous ne pourrions ramener tout ce qui s'y trouve, sur ces divers sujets, à des principes généraux, ni aux modestes limites d'un abrégé analytique.

(1) *Specul. natural.*, lib. XXVI, cap. I-CXI.

CHAPITRE XVIII.

HISTOIRE DE L'ORIGINE ET DE LA CRÉATION DE L'HOMME. — SA CHUTE ET SES EFFETS. — DU PÉCHÉ ORIGINEL.

S'adressant à des chrétiens, Vincent de Beauvais supposait bien connues de tous l'histoire de l'origine de l'homme et de son état primitif, ainsi que l'histoire entière du genre humain, dans son état actuel de dégradation et de pénible réhabilitation. Cette connaissance était nécessaire pour bien comprendre la conduite de la divine Providence à notre égard.

En effet, la raison n'a jamais pu s'accommoder de cette idée, que Dieu, Père-Créateur, ait créé l'homme dans son état actuel de souffrance, de misère et d'abjection, tant dans l'ordre moral que dans l'ordre physique. Elle comprend tout aussi difficilement la régénération de l'homme et sa réhabilitation par l'humilité, la mortification, la souffrance, l'abnégation de soi-même et le sacrifice. Quant à la solidarité du péché originel, la mort de tous par nos premiers parents, la régénération de tous par Jésus-Christ, la réversibilité des mérites et la communion des saints, la raison est plus disposée à méconnaître ces dogmes qu'à les admettre.

Aussi ces diverses croyances anthropologiques, comme les dogmes purement théologiques, ne se sont-elles établies et conservées, parmi les hommes, que par voie de révélation et de tradition : on les trouve chez tous les peuples civilisés qui ont une religion et une théologie tant soit peu sérieuses.

De là l'importance que Vincent de Beauvais, contrairement aux dispositions générales de ses contemporains, attachait aux études historiques et aux traditions religieuses, aux sciences et à la philosophie.

Outre son *Speculum historiale,* qui forme un tiers du *Speculum majus*, notre philosophe consacre tout le livre XXX, quatre-vingt-quinze chapitres, à la géographie, à la chronologie, à l'histoire. Tout son grand ouvrage, comme nous l'avons déjà dit, n'est lui-même qu'un suprême effort pour rattacher son siècle à toutes les traditions chrétiennes, morales, philosophiques et scientifiques. Plusieurs de ses contemporains nous ont laissé des travaux d'un plus grand mérite sur la théologie, la philosophie et la morale; mais il les surpassa tous par l'importance des matériaux qu'il rassembla sur l'histoire et les sciences.

Vincent de Beauvais ne traite donc pas l'histoire uniquement au point de vue chronologique et géographique, où l'on ne trouve que des dates, des noms propres et des événements enregistrés dans l'ordre de leur apparition dans le temps et l'espace : mais il y joint constamment le point de vue rationnel, l'exposition raisonnée des faits, l'instruction que nous pouvons retirer de l'histoire pour notre utilité particulière, l'histoire de l'esprit humain et des pensées humaines, sous le rapport de la religion, des sciences et de la civilisation : en un mot, l'histoire est pour Vincent de Beauvais une sorte d'anthropologie contenant l'histoire naturelle de l'homme sous les deux points de vue de la divine Providence et de la philosophie de l'histoire.

Commençons par l'histoire de l'origine et de la création de l'homme.

Au commencement Dieu créa le ciel et la terre et tout ce qu'ils contiennent; il donna à la terre la puissance de produire toute espèce de végétaux : il créa ensuite l'homme et la femme à son image et ressemblance, et leur dit : Croissez et multipliez. Dieu considéra alors son œuvre qu'il venait de faire, et il trouva que tout était bien, très bien. Les perfections infinies de Dieu, sa sagesse, sa bonté, sa puissance, devaient être profondément empreintes dans le monde créé et dans toutes les créatures : chacune devait manifester les vestiges de la Divinité; mais l'ange et l'homme avaient seuls été faits à son image et ressemblance.

Ces créatures, par l'amour desquelles l'homme se perdit à l'origine et se perd encore chaque jour, contiennent donc tout ce qu'il faut pour nous élever à la considération et à l'amour des choses du monde supérieur, divin et surnaturel; car étant déchus des biens invisibles dans les choses visibles, nous ne pouvons nous y élever de nouveau qu'en nous appuyant ou en nous aidant de ces mêmes choses visibles, dont l'amour désordonné nous a séduits.

« Donc, dit saint Augustin, pour ne parler ici que des moindres œuvres de Dieu, de ses œuvres terrestres, faibles, mortelles, je suis vivement ému d'amour et de louange pour mon Créateur, qui est si grand dans ses grandes œuvres, qu'il ne saurait paraître moins grand dans les petites. Car l'art divin, par qui les choses célestes et terrestres ont l'existence, est toujours semblable et identique à lui-même dans tous ses ouvrages, malgré leurs différences. L'art divin ne saurait, en effet, avoir créé l'univers dans chaque chose, mais créant chaque chose pour le bien et pour l'harmonie de l'univers, il se communique lui-même tout entier à chaque chose comme à toutes ensemble, les créant et les disposant d'une manière convenable aux temps et aux lieux, donnant à toutes en général et à chacune en particulier tout ce qui leur convient.

» Considérez, en effet, dans ce monde, qui nous paraît être au dernier degré de la création, les animaux qui volent, qui nagent, qui marchent ou qui rampent : leur vie n'est qu'une vapeur d'un moment; et cependant ils contribuent au bien et à la beauté de l'ensemble, et tout est bien dans les plus petits comme dans les plus grands. Voyez leur admirable instinct de conservation : il n'y en a pas un dont l'âme n'aime pas le corps; dans tous, au contraire, elle nourrit, elle entretient, elle dirige ce corps et lui imprime tous les mouvements vitaux, et lui fait, dans sa petitesse, une sorte de petit univers, où tout contribue à protéger l'intégrité de sa nature.

» Quant à l'âme raisonnable, cette loi de conservation paraît différente : car elle châtie son corps et le réduit en servitude, de peur que l'amour immodéré des choses sensibles ne soit un obstacle à l'acquisition de la sagesse et des biens de l'ordre supérieur. Donc, châtier cette chair pour la soumettre à l'esprit, et la faire servir à acquérir la science, la vertu et la vie éternelle, en paraissant la haïr, on l'aime véritablement. Car cette chair est elle-même, par son admirable contexture, ses sens, ses facultés, ses fonctions, son unité organique, sa forme et sa beauté, une des preuves les plus convaincantes de la sagesse infinie, qui a tout créé en nombre, poids et mesure.

» Si donc votre cœur n'est point enflé d'orgueil et d'une vaine science, ni corrompu par les plaisirs et l'amour des choses sensibles, cette chair vous aidera elle-même à contempler les choses du monde invisible, à vous élever, de cette création visible et infime, à la connaissance et à l'amour de celui de qui émanent toute vérité, toute bonté, tout ordre, toute beauté dans cet univers (1). »

(1) Saint Augustin, lib. *Contrà Faustum*, cité par Vincent de Beau-

Il y a encore une foule d'autres merveilles dans la nature, les arts, les sciences, le ciel et la terre, qui sont célébrées par les poètes, les philosophes et les Pères de l'Église en traitant de l'œuvre des six jours. Si toutes ces merveilles excitent notre admiration, notre amour, au point de captiver toutes nos affections, nos pensées, nos adorations et nos hommages, que sera-ce de l'auteur même de toutes ces merveilles? Ne serait-ce pas une insigne folie d'attribuer la divinité, la force, la beauté, aux différentes parties de l'univers, au soleil, à la lune, aux étoiles, aux planètes, aux éléments, au feu, à l'air, et de ne pas comprendre que l'auteur de toutes ces choses doit être infiniment plus fort, plus beau, plus divin, plus digne de notre admiration et de notre amour (1)?

Mais, de toutes les créatures de Dieu, celle qu'il nous importe le plus de connaître, c'est l'homme, c'est nous-mêmes; celle qui est la plus capable de nous élever jusqu'à Dieu et de nous le faire connaître et aimer, c'est encore l'homme, c'est encore nous-mêmes; celle qui est la plus excellente et la plus parfaite, sous tous les rapports, c'est encore l'homme, c'est encore nous-mêmes.

En effet, tandis que les autres créatures ne sont que les vestiges de Dieu et ne remplissent dans le monde qu'une fonction particulière et transitoire; l'homme est fait à l'image et ressemblance de Dieu, et Dieu a, en outre, gravé dans son esprit l'image du monde même; en sorte que son existence est véritablement représentative de Dieu et de l'univers, et que c'est avec raison qu'il a été appelé le microcosme, le mégacosme, la créature universelle, un Dieu terrestre, le ministre de Dieu sur la terre, le roi et le pon-

vais, *Specul. natural.*, lib. XXX, cap. II. On voit ici clairement un développement de ces paroles de saint Paul, *Roman.*, I : Invisibilia enim Dei, à creaturâ mundi per ea quæ facta sunt, intellecta conspiciuntur, sempiterna quoque ejus virtus et divinitas.

(1) « Vani autem sunt omnes homines in quibus non subest scientia Dei, et de his quæ videntur bona, non potuerunt intelligere eum qui est, neque operibus attendentes, agnoverunt quis esset artifex; sed aut ignem, aut spiritum, aut citatum aërem, aut gyrum stellarum, aut nimiam aquam, aut solem et lunam, rectores orbis terrarum deos putaverunt. Quorum si specie delectati, deos putaverunt, sciant quantò his dominator eorum speciosior est; speciei enim generator hæc omnia constituit. Aut si virtutem et opera eorum mirati sunt, intelligant ab illis, quoniam qui hæc fecit fortior est illis; à magnitudine enim creaturæ cognoscibiliter poterit creator horum videri..... » *Sapient.*, XIII, I...

tife de toute cette partie de la création inférieure et terrestre, qui a été faite uniquement pour lui.

De là ce conseil de Dieu avec lui-même quand il veut former l'homme. Une seule parole, une seule pensée lui suffit pour créer le ciel et la terre avec tout ce qu'ils contiennent : *Dixit, et facta sunt; ipse mandavit, et creata sunt.* Mais quand il s'agit de créer l'homme : « Faisons, dit-il, l'homme à notre image et ressemblance, et qu'il ait pouvoir sur toute créature; qu'il impose à toutes leurs noms, et que toutes craignent et révèrent sa puissance... »

Dans cette création de l'homme, remarquons d'abord trois circonstances principales : 1° l'union de l'âme et du corps, deux substances d'une nature et d'une origine entièrement différentes; 2° la création de la femme d'une des côtes d'Adam, pour être sa compagne; 3° l'origine de tout le genre humain de ce couple primitif, l'unité originaire et permanente de la race humaine, et conséquemment l'égalité et la fraternité de tous les hommes.

De la distinction essentielle de l'âme et du corps résultent la supériorité incontestable de l'homme sur l'animal, la vraie définition de l'homme et de son âme, la notion et le sentiment de la dignité humaine, le pressentiment et la connaissance de nos destinées éternelles.

Qu'est-ce, en effet, que l'homme, d'après nos livres saints? C'est une créature raisonnable, composée d'un corps et d'une âme intimement unis. Qu'est-ce que l'âme? C'est un esprit créé à l'image et ressemblance de Dieu, et capable, comme lui, de se déterminer librement. Quelle est la fin de l'homme : pourquoi a-t-il été créé et mis au monde? C'est pour connaître Dieu, l'aimer, observer sa loi, le servir, et, par ce moyen, obtenir la vie éternelle.

La fin de l'homme est donc de faire tout ce que Dieu fait... La forme de son existence ou son mode d'être essentiel est le même que celui de Dieu... Sa dignité et son excellence consistent en cette ressemblance avec Dieu, par son âme, et à être, par son âme et son corps unis en l'unité de nature humaine, le représentant de Dieu sur la terre, et le médiateur entre le monde supérieur et divin des purs esprits et le monde inférieur, qui se compose des divers règnes de la nature.

L'union de l'âme et du corps a toujours été et sera probablement pendant longtemps un mystère insondable, parce que nous n'avons pas une connaissance adéquate des substances, que nous ne comprenons pas et que nous concevons difficilement ce que c'est qu'un esprit, un corps, une substance ou une essence quelconque.

Il en est de même de l'union de l'homme et de la femme, exprimée d'une manière si énergique par l'extraction de la femme du côté d'Adam, pendant un sommeil divin, et par l'enseignement de Jésus-Christ, lorsqu'il ramena le mariage à son unité primitive : *Qui fecit hominem ab initio, masculum et feminam fecit eos, et dixit : Propter hoc dimittet homo patrem et matrem, et adhærebit uxori suæ, et erunt duo in carne unâ; itaque jàm non sunt duo, sed una caro. Quod ergo Deus conjunxit, homo non separet* (1). Tout ce que nous pouvons dire de cette union, c'est, avec saint Paul, que c'est un grand mystère en Jésus-Christ et dans l'Église.

Le récit de la création nous démontre donc l'unité primordiale et naturelle du mariage, en vertu de l'institution divine, et ainsi fut posé, pour l'état d'innocence et l'état de chute, le fondement de la famille sur le principe de l'égale dignité du père et de la mère, tous les deux créatures humaines faites à l'image de Dieu. Ils ne sont pas deux, mais un et une seule chair : *Non erunt duo, sed una caro;* à plus forte raison, ne doivent-ils faire qu'un cœur et qu'une âme.

Comment exprimer plus énergiquement la réciprocité des devoirs de l'homme et de la femme, de l'amour, du dévoûment, de l'estime et de la fidélité qu'ils se doivent? Dans ce système d'unité dont nous parlons, les offenses de l'un ou de l'autre envers son conjoint retombent sur son auteur : un homme qui méprise, maltraite ou asservit sa femme, se manque à lui-même; une femme qui ne respecte pas son mari, qui ne l'aime pas, qui n'a pas pour lui toutes sortes d'égards, se déshonore elle-même et est indigne du titre d'épouse et de mère; car elle n'est rien que par son époux.

Les hommes ont changé ou interverti cet ordre de choses sous divers prétextes, et tous ont souffert de ces atteintes portées à la loi divine et naturelle, le père, la mère, les enfants, la famille, la société civile et politique. Jésus-Christ a restauré le mariage, en le ramenant à son institution primitive et divine; et, quoi que l'on fasse ou que l'on dise, la forme chrétienne et catholique de la fa-

(1) Saint Mathieu, XIX.

mille prévaudra partout; tous seront forcés d'y recourir, car il est impossible de concilier d'une manière plus admirable l'autorité du mari avec la dignité de la femme, le principe hiérarchique avec le principe de liberté et d'égalité, la sévérité austère des mœurs, de la loi et des devoirs, avec la confiance, la conscience, le respect et les égards mutuels.

L'homme, disons-nous, est la tête ou le chef de la femme : *vir caput est mulieris ;* à lui la raison, l'autorité et le commandement; mais, par la loi des corrélations, il résulte de cette expression que la femme est le cœur de l'homme, sa partie affective; à elle les sentiments délicats, l'amour dévoué, la modération, les consolations, les adoucissements, les affections vives et légitimes. Or, la tête et le cœur, la raison et le sentiment sont également nécessaires à l'homme. De plus, de même que l'amour et le sentiment doivent être réglés par la raison, le cœur est aussi la source et le principe de plus hautes et de plus nobles pensées...

Nous disons aussi que la femme est la *compagne* de l'homme, et qu'elle lui est semblable par nature; mais nous ne disons pas qu'elle puisse être hiérarchiquement son maître, ni son égale. Pour la même raison, elle ne peut être ni sa servante, ni son esclave; car alors elle cesserait d'être sa compagne, l'os de ses os, la chair de sa chair, une seule et même chair avec lui. C'est ce que signifie ce sommeil divin et mystérieux, pendant lequel Dieu tira Ève du côté d'Adam (1).

Enfin, l'unité originaire et naturelle du genre humain, les principes de justice et d'égalité qui doivent unir tous les hommes, l'union et la concorde qui doivent régner entre eux, sont encore des enseignements que Dieu a voulu nous donner dans le récit de la Genèse. Ces principes ont été méconnus par le système des castes, en Orient; par le système des diverses races humaines, admis chez les philosophes de la Grèce; par tous les peuples idolâtriques où l'esclavage était en vigueur. Ils n'ont pu être proclamés et reconnus de nouveau que par la religion chrétienne; elle seule les maintient dans leur intégrité, puisque, hors du chris-

(1) *Specul. natural.*, lib. XXX : Mulier non est facta de capite vel pedibus viri, sed de latere, ut per hoc detur intelligi quod nec domina debet esse, nec ancilla, sed socia... Cap. XIV. Sur le mariage et la virginité, avant et après la chute de nos premiers parents, voyez *ibid.*, chap. XXX.....: De præcepto quod datum est ad sui generis multiplicationem.....

tianisme, vous ne rencontrez généralement que la barbarie, ou les antiques systèmes de religion et de civilisation, dans lesquels le droit du plus fort, l'esclavage, la distinction des races, l'asservissement et la dégradation de la femme sont encore en vigueur.

Ce qui peut paraître étonnant, c'est qu'au sein des nations chrétiennes aient pu surgir des philosophes qui ont attaqué, soit le récit de la Genèse sur l'origine de l'homme et son instruction par Dieu même, soit l'unité originaire et naturelle du genre humain, soit, enfin, le droit naturel et divin de la justice et de la fraternité universelles, pour y substituer le droit de la force ou la diversité des races humaines, doctrines qui ont toujours servi de base à l'esclavage, au système des castes, à l'oppression de l'homme par l'homme.

On se souvient que l'incrédulité et le philosophisme des XVIIe et XVIIIe siècles soutenaient assez généralement : 1° l'origine spontanée de l'homme et de l'animal du sein de la terre, chauffée aux rayons du soleil, c'est-à-dire l'autochtonie de l'homme et de l'animal, chacun selon ses espèces et ses variétés ; 2° la diversité de races et de natures, même parmi les hommes, basée, disait-on, sur cette diversité d'origine, sur les couleurs, les crânes, la conformation générale, les aptitudes ; 3° la transformation graduelle et progressive des animaux d'espèces inférieures en espèces supérieures, jusqu'à ce qu'elles deviennent toutes singe et homme, l'homme sauvage et l'homme civilisé, etc., etc. Ces assertions étaient, disait-on, basées sur les sciences.

Or, Blumenbach a démontré l'unité du genre humain, malgré ses variétés et la différence des crânes ; Cuvier a établi l'immuabilité des types spécifiques ; Flourens a fait voir que le pigmentum de la race nègre est quelque chose d'accidentel, qui se forme en peu de temps chez nos soldats bronzés au soleil d'Afrique ; enfin, le sens commun proclame cette expérience constante, qu'un animal ne peut engendrer qu'un être semblable à soi.

Si donc nous n'avions que les philosophes et les savants pour nous fixer sur ce sujet, c'en serait fait de l'unité de la race humaine, de l'égalité, de la liberté et de la fraternité parmi les hommes...

Ainsi, sans la religion chrétienne, la raison comme la superstition, la science comme la barbarie paraissent dans l'impuissance d'établir le dogme de la dignité humaine, de la justice et de l'égalité, de la fraternité et de la charité universelles (1).

La seule religion chrétienne paraît avoir eu assez d'autorité et de certitude pour pouvoir accréditer et maintenir parmi les hommes ces croyances, qui contiennent la charte de l'humanité; elle seule nous apprend à dire à Dieu, dans nos prières : ***Père, Père, abba Pater;*** elle seule a pour symbole le ***Père, créateur du ciel et de la terre;*** elle seule nous apprend à le prier, en lui disant : ***Notre Père qui êtes aux cieux;*** Dieu bon, abaissez les regards de votre puissance et de votre bonté sur nous, qui sommes vos enfants : ***Videte qualem charitatem donavit nobis Pater, ut filii Dei nominemur et simus.***

L'état primitif d'Adam et d'Eve, dans le paradis terrestre, était un état d'innocence, de justice, de sainteté, de connaissance parfaite et de bonheur. Ils ne rougissaient pas de leur nudité, parce qu'ils n'éprouvaient aucun mouvement désordonné dans leurs sens, leurs appétits étant parfaitement soumis à la volonté, la volonté à la raison, la raison et la volonté à Dieu. Ils étaient justes, c'est-à-dire qu'ils n'exerçaient leurs facultés et ne jouissaient des divers biens de l'existence que dans les limites de l'ordre, de la convenance et de la juste mesure, tracées par la loi divine. De là résultait leur sainteté, cette vertu complexe et universelle qui consiste à ne pas faire le mal et à faire le bien, à imiter en toutes choses le Dieu trois fois saint, qui nous a créés à son image et ressemblance.

Une connaissance parfaite de Dieu, de l'univers et de l'homme, a toujours été regardée comme un apanage de la condition de nos premiers parents avant leur chute. Leur intelligence embrassait tout ce qu'il leur était nécessaire ou utile de savoir, comme leurs désirs s'étendaient à tout ce qui est juste et avantageux, dans une juste mesure. Tous ceux qui admettent cette tradition d'un état primitif de l'homme plus parfait et plus heureux, s'ac-

(1) *Specul. natural.*, lib. XXX, cap. I-XVII, passim : De formatione hominis... De adjutorio homini faciendo... De formatione mulieris ex costâ viri... Cur Deus mulierem et omnes homines ex uno Adam voluit procedere... De errore philosophorum circà conditionem generis humani... Epilogus de humani corporis et animæ conjunctione... De translatione Adæ in paradiso... Qualiter extrà conjugium prohibita est omnis luxuriæ species.

cordent à dire que l'homme, dans cet état, connaissait Dieu, l'univers, sa propre nature, son origine, son état actuel, son avenir, toutes choses enfin, d'une connaissance plus complète, plus étendue, plus intuitive et plus profonde que celle que nous en avons maintenant.

Les théologiens chrétiens disent en général que, dans leur état primitif, nos premiers parents avaient sur Dieu, l'univers et l'homme des connaissances supérieures à celles que nous avons maintenant par la foi; et ils les désignent sous divers noms : intuition, contemplation, science surnaturelle, science compétente, c'est-à-dire appropriée à l'état de perfection dans lequel ils avaient été créés (1).

A cet état d'innocence, de justice, de sainteté et de science parfaites se rattachaient naturellement la paix, la vertu, le bonheur. Voici comment s'explique saint Augustin sur ces conditions d'existence de nos premiers parents.

« Que pouvaient craindre nos premiers parents, et d'où pouvait leur venir la douleur, puisque la mort n'était pas à redouter, ni la maladie, ni aucune infirmité corporelle, qu'ils ne manquaient de rien en tout ce que leur volonté bien ordonnée pouvait désirer ou acquérir, et qu'il n'y avait rien au monde qui pût nuire à l'homme dans son corps ou dans son âme, et troubler son bonheur? Leur amour pour Dieu était sans trouble, ainsi que l'amour qu'ils

(1) « Triplici cognitione primum hominem eruditum constat : cognitione scilicet Creatoris sui, cognitione suî, cognitione illius quod secum factum fuerat... Rerum enim visibilium omnium quæ cum homine et propter hominem factæ sunt, perfectam cognitionem hominem accepisse nullibi dubium esse decet, quantum videlicet ad animæ eruditionem, sive ad corporalis usûs necessitatem pertinere videbatur. Quæ enim propter illum creata erant, ab illo regenda et disponenda erant; et idcircò horum omnium Deus illi et scientiam tribuit et providentiam reliquit. Qui, si pro vitâ temporali conservandâ tàm magnam scientiam accepit, pro vitâ æternâ adipiscendâ excellentiorem et abundantiorem in cœlestibus cognitionem habere debuit. Cognovit ergò Creatorem suum, non eà cognitione quà Deus modo à credentibus absens fide quæritur, sed eà quâ tunc per præsentiam contemplationis scienti manifestus cernebatur : non tamen illâ excellenter sicut posteà cognoscere debuisset, si perstitisset. Porrò conditionem et ordinem et debitum suum supra se sive sub se, non ignorare, intelligere qualis factus esset et qualiter incedere deberet, quid agere, quid cavere, hoc totum erat semetipsum agnoscere. » Hugues de Saint-Victor, cité *Specul. naturale*, lib. XXX, cap. XIX.

avaient l'un pour l'autre comme époux ; ils vivaient dans une société sincère et parfaitement sûre d'amour et de confiance; et de ce double amour résultaient une grande joie et un grand bonheur, puisque rien ne leur manquait de ce qu'ils pouvaient aimer ou être pour eux le principe d'ineffables jouissances. La concupiscence même ne les contristait pas ; car la fuite du péché leur était naturelle, et ils l'évitaient tranquillement ; et s'ils avaient toujours agi ainsi aucun mal ne pouvait venir d'ailleurs troubler leur bonheur et les affliger. Combien ils étaient heureux, étant ainsi exempts de troubles dans leur âme et toutes leurs facultés, et n'étant sujets à aucune infirmité, à aucune incommodité dans leur corps.

» Tel aurait été le bonheur du genre humain tout entier, la société universelle du genre humain, si ni elle, ni nos premiers parents, si aucun homme issu de notre race n'avait commis, ou ne commettait encore le mal, dont les suites funestes passent aux descendants, et sont la cause de notre condamnation.

» L'homme vivait donc selon Dieu dans un paradis terrestre et dans un paradis spirituel. Car le paradis terrestre n'existait pas seulement pour les biens du corps, pour que l'homme pût jouir par ses sens extérieurs ; le paradis spirituel n'était pas fait seulement pour les biens de l'âme, pour que l'homme pût jouir par ses facultés intimes; on ne peut pas dire non plus que le paradis spirituel existait pour que l'homme fût heureux dans son âme sans l'être dans son corps : mais on doit dire que le paradis spirituel, principe du bonheur de l'âme, et le paradis terrestre, principe du bonheur du corps, avaient été faits l'un pour l'autre et celui-ci pour celui-là (1). »

« On voit par là que le premier homme a été, dès son origine et sa création, comme revêtu de quatre vertus, d'où dépendaient l'intégrité de sa nature, son bonheur et son salut. Car, que pouvait-il manquer à celui que protégeait la bonté divine, que la vérité instruisait, que la justice gouvernait, que la paix comblait de toutes sortes de biens (2)? »

Nous voyons par là qu'Adam et Eve, avant leur chute, étaient doués de toutes sortes de qualités, de facultés, de grâces et de

(1) Saint Augustin, *De Civit. Dei*, lib. XIV, cité dans le *Specul. naturale*, lib. XXX, cap. XVIII.

(2) Saint Bernard, *Sermo de Adventu*, cité dans le *Specul. naturale*, lib. XXX, cap. XVIII.

vertus dans leur âme, dans leur corps, dans leur esprit, leur cœur et leur volonté, pour la vie présente et pour les destinées éternelles. Il serait trop long de les énumérer ici : qu'il suffise d'avoir mentionné les principales, pour se faire quelque idée de l'état primitif et normal de l'homme par rapport à Dieu et à la vraie sagesse (1).

Dieu avait donné à l'homme plusieurs moyens efficaces de persévérer dans cet état, sans toutefois porter atteinte à sa liberté, en lui laissant au contraire le libre usage de ses facultés, afin qu'il pût agir à l'instar de Dieu, autant qu'il est possible à une créature, comme cause véritable, indépendante, autocratique. Voilà pourquoi tous les moyens de persévérance dans cet état aboutissent aux trois suivants : la grâce de Dieu, la loi divine, le travail de l'homme : non pas le travail accompagné d'effort, de peine et de souffrance, mais le travail spontané, et qui n'était que le développement naturel et heureux de l'activité intelligente, volontaire et libre dont l'homme était doué. Ce n'est que dans les conditions de cet état primitif de l'homme que le travail pouvait être véritablement agréable et attrayant (2).

Cet état de perfection et de bonheur ne pouvait durer qu'autant que nos premiers parents demeureraient fidèles aux lois et aux conditions propres à cet état ; car tous les êtres sont soumis à certaines lois et à certaines conditions dont dépend leur existence ; l'être absolu seul n'a ni loi ni condition d'existence : voilà pourquoi l'on dit qu'il est à lui-même sa propre loi. Les autres êtres, n'existant que par sa sagesse, sa volonté, sa puissance, reçoivent nécessairement de lui les lois et les conditions d'existence qui leur sont propres.

Dieu est donc l'auteur des lois générales de la nature et des lois particulières aux différentes sortes d'êtres : il est donc le premier législateur qui ait donné une loi aux hommes, dans la personne de nos premiers parents. De là l'universalité de certaines lois re-

(1) Sur ces vertus et grâces, voy. *Specul. natural.*, lib. XXX, cap. XX.

(2) *Specul. natural.*, lib. XXX, cap. XVII-XXX : De statu primorum parentum antè peccatum... De multiplici eorum cognitione... De naturali eorum virtute... De variis bonis eisdem ab initio præparatis... De appetitu justi et commodi... De multiplici custodiâ eis datâ... De immortalitate ipsorum... Quod eis Providentia carnis (cura corporis) et exercitium operis oblectamento essent... De multiplici præcepto divinitùs illis dato...

ligieuses et morales, dont l'origine se confond avec les premières origines du genre humain.

De l'accomplissement de la loi divine dépendaient la perfection et le bonheur de nos premiers parents; comme aujourd'hui encore, la perfection et le bonheur des hommes dépendent de l'obéissance à cette même loi. Cette loi commandait l'amour de Dieu et du prochain; c'était en même temps une loi naturelle et une loi disciplinaire. Comme loi naturelle, l'existence, la perfection et le bonheur de l'homme en dépendaient. La partie disciplinaire de cette loi attestait le haut domaine de Dieu sur toutes les créatures; car c'est par une loi de ce genre que nos premiers parents ont été soumis à l'épreuve; d'ailleurs, il devait y avoir aussi des lois de progrès et de perfectionnement dont l'obligation pouvait être plus ou moins rigoureuse de la part de Dieu, et dont l'accomplissement, recommandé en général, était plus ou moins laissé au libre arbitre de l'homme, ou destiné à éprouver sa fidélité et son amour.

« Dieu, dit l'Écriture, créa l'homme de terre, et il le fit à son image et ressemblance. Il le fait retourner dans la terre, et cependant il l'a revêtu de puissance comme lui (pour être immortel). Il lui a donné un nombre de jours et un temps (déterminé), et il lui a donné tout pouvoir sur toutes les choses qui sont sur la terre. Il a imprimé la crainte de l'homme à toute chair, et l'homme a exercé sa domination sur les animaux et les oiseaux.

» De la substance de l'homme, Dieu lui a fait un aide qui lui était semblable, savoir, la femme, et il leur a donné le conseil et le langage, les yeux et les oreilles, un cœur et la faculté de penser, l'intelligence et les sciences. Il créa en eux la science de l'esprit, il remplit leur cœur de sentiments, et il leur montra les biens et les maux. Il posa son regard sur leur cœur, pour leur montrer la magnificence de ses œuvres. Il leur donna encore l'instruction disciplinaire, et il leur transmit sa loi comme un héritage de vie. Il fit avec eux une alliance éternelle, et il leur montra sa justice et ses jugements. Et leurs yeux virent les magnificences de la majesté divine, et leurs oreilles entendirent sa voix adorable, et il leur dit : « Abstenez-vous avec soin de tout mal. » Et il ordonna à chacun de prendre soin de son prochain. Et les voies des hommes sont devant Dieu et ne sont point cachées à ses yeux (1). »

(1) *Ecclesiastic.*, XVII, I-XIII. *Specul. natural.*, lib. XXX,

Mais nos premiers parents ne furent pas fidèles à cette loi de vie; tout le monde connaît l'histoire de leur tentation et de leur désobéissance : constatons seulement la gravité de leur faute et les conséquences qui en résultèrent.

Quel que soit le sens, allégorique ou naturel, que l'on attache au récit de la Genèse, la gravité de la faute de nos premiers parents est tout à fait évidente, ainsi que la justice du châtiment qu'ils ont encouru.

En effet, si l'on prend à la lettre le récit de la Genèse, nous devons reconnaître, dans la défense du fruit défendu, au moins une loi disciplinaire à laquelle Dieu attachait une grande importance :

1° Dieu avait tout donné à Adam et Ève, dans le paradis terrestre; il leur avait donné puissance sur toutes choses : n'était-il pas convenable qu'il fît un commandement restrictif, pour qu'il ne leur vînt pas en pensée qu'ils étaient, par rapport à lui, dans une complète indépendance ?

2° L'arbre dont Dieu défendit de manger était l'arbre de la science du bien et du mal, ce qui veut dire, probablement, que cet arbre avait la propriété dangereuse de donner la science expérimentale du mal, en jetant le désordre dans tous nos sens; il y a encore des plantes qui ont cette funeste propriété.

3° Nous voyons, effectivement, que la femme, séduite par le serpent infernal, succomba la première, par un triple mouvement de convoitise; car, dit la Genèse, elle vit que le fruit était bon à manger, agréable aux yeux et délectable dans son aspect général.

4° Ève mangea donc du fruit défendu, et en donna à son mari, qui en mangea aussi; et leurs yeux furent ouverts, et ils reconnurent qu'ils étaient nus : le désordre de leurs sens leur donna honte d'eux-mêmes; ils se firent des ceintures de feuilles de vigne, pour cacher leur honte et leur nudité.

Outre les mouvements de concupiscence sensuelle et la désobéissance à un ordre très formel de Dieu, il y avait encore, dans la conduite de nos premiers parents, plusieurs circonstances qui aggravaient leur faute.

D'abord, ils raisonnent avec le serpent sur la défense que Dieu leur avait faite : « Pourquoi, dit le serpent, Dieu vous a-t-il défendu de manger de ce fruit? » Ensuite, ils croient plutôt au serpent qu'à

cap. XXVIII... : De multiplici præcepto divinitùs dato primis parentibus...

Dieu lui-même sur la légitimité, le motif et les résultats de cette défense. « Non, leur dit le serpent, vous ne mourrez point, si vous mangez de ce fruit : Dieu vous l'a défendu, parce qu'il savait qu'au jour où vous en mangeriez, vos yeux s'ouvriraient, et que vous seriez comme des dieux, sachant le bien et le mal. »

Nos premiers parents s'imaginaient donc faussement que toutes ces promesses mensongères allaient se réaliser ; ils suspectaient la défense divine, son motif et les effets de sa violation ; ils préférèrent ce qu'ils croyaient faussement être leur bien, à l'honneur de Dieu et aux devoirs qu'ils devaient remplir ; ils cessèrent de croire aux châtiments dont Dieu les avait menacés, s'ils désobéissaient à son commandement.

Dans l'interrogatoire que Dieu fit subir à nos premiers parents, dans le jugement et la sentence qu'il prononça contre eux, il a voulu convaincre les coupables, les mettre dans le cas de se défendre, de se justifier ou de s'excuser, les amener à confesser ou avouer leur faute, c'est-à-dire à en convenir, leur infliger une pénitence médicinale, qui fût ou qui pût être suivie d'amendement et de repentir, et poser ainsi les bases de la jurisprudence suivie au tribunal de la pénitence, et qui devrait être adoptée par tous les autres tribunaux, civils ou ecclésiastiques (1).

Les conséquences naturelles et la punition divine de la faute commise par nos premiers parents nous sont clairement indiquées par tout ce qui a été dit jusqu'à présent. Elles se résument dans quelques mots dont tout le monde comprend aisément le sens, ce sont : la perte de beaucoup de dons surnaturels et gratuits ; la lésion de tous les dons naturels de l'âme et du corps ; l'affaiblissement de la raison, de la volonté, de la liberté ; la prédominance des appétits, des besoins et des instincts ; la lésion du libre arbitre en particulier et de toutes les facultés qui s'y rattachent ; l'expulsion du paradis terrestre et la privation de tous les biens attachés à ce séjour bienheureux ; ce sont, enfin, l'ignorance, la concupiscence, la douleur, toutes les afflictions temporelles, toutes les misères de la vie, la mort temporelle et éternelle, la décadence et

(1) *Specul. natural.*, lib. XXX, cap. LXIV... : De præcepto disciplinæ homini dato ad probationem obedientiæ... De transgressione viri et mulieris... Qualiter se nudos esse cognoverunt... De interrogationibus et excusationibus viri et mulieris... Qualiter peccatum eorum punitum est multis modis, gratuitorum spoliatione, naturalium læsione...

la dégradation de notre nature; et enfin, la transmission de tous ces maux à tous les descendants d'Adam et d'Ève.

Toutes ces conséquences auraient besoin d'explications particulières, que nous sommes obligé d'omettre ici. On conçoit, en général, 1° que la loi divine avait été imposée à nos premiers parents, sous la double sanction des châtiments et des récompenses; 2° que cette loi étant divine et naturelle, c'est-à-dire conforme ou nécessaire à notre bien et à l'intégrité de notre nature, la violer, c'était se nuire à soi-même et se dégrader; 3° que la nature humaine étant viciée en Adam et Ève, par le mauvais usage de leurs facultés, ils ne pouvaient transmettre à leur postérité qu'une nature également viciée et dépouillée de toutes les prérogatives dont Dieu l'avait douée en la créant: c'est ce que l'on appelle le péché originel, que nous avons contracté en Adam, et qui est plutôt une dégradation de notre nature qu'un péché proprement dit (1).

Voilà bien des mystères; mais ce sont des faits historiques; il ne s'agit que d'établir l'autorité des écrivains sacrés qui nous les ont transmis. Ces faits, une fois reconnus, servent à expliquer bien des choses qui restent inexplicables sans le récit de la Bible.

Par exemple, chez tous les peuples du monde, on a toujours été frappé de la naissance faible et misérable de l'homme, des malheurs et des souffrances de son existence actuelle, de la honte et de la pudeur inhérentes à tout ce qui concerne la génération humaine, bien qu'aux yeux de la raison et de la religion, l'acte générateur puisse être parfaitement légitime et même méritoire. La pudeur ou la honte qui s'attache à notre faculté génératrice, fruit de notre chute originelle, vient de l'extrême difficulté de la contenir dans les bornes de la raison et de la sainteté; il y a là un asservissement de l'âme aux sens, dont rougit tout homme sensé et raisonnable. On n'a pas été moins étonné des autres maux qui affligent l'humanité et de cet irrésistible penchant que nous avons quelquefois au mal, lors même que la raison, l'intérêt ou l'instinct de notre conservation devraient nous en détourner efficacement.

L'idée de la justice et de la bonté de Dieu, les traces de la tradition primitive, que l'on retrouve partout, et le sentiment inné de

(1) Voy. *Specul. natural.*, lib. XXX, cap. I-XCV, passim. Nous reviendrons sur ces deux états de l'homme : avant et après sa chute; l'un normal et l'autre anormal, quand nous traiterons des divers états de l'homme, relativement à la sagesse et à la morale.

l'excellence de la nature humaine, ont fait croire ou soupçonner, à un grand nombre, une faute et une dégradation des âmes, dans un état antérieur à celui où elles vivent maintenant. L'usage des eaux lustrales et d'autres cérémonies sacrées, pour purifier les enfants nouveau-nés, a été, de tout temps, très généralement répandu et pratiqué. Plusieurs philosophes ont regardé l'âme comme étant captive dans ce monde, comme y étant emprisonnée, garrottée, enchaînée de mille manières bien déplorables; et ils ont assigné pour but, à la religion et à la philosophie, la délivrance des âmes de toutes ses entraves, qui sont surtout son ignorance, ses passions, ses vices, son assujettissement aux sens.

C'est pour atténuer les funestes effets du péché originel et de ses conséquences, dans la transmission même de l'existence, que Dieu a établi le sacrement de mariage, dont les principaux biens sont la grâce, la fidélité, les enfants... Toutefois, la virginité et le célibat sont préférables au mariage, dans la condition actuelle de l'homme; l'admiration, le respect et la vénération, une sorte d'auréole morale, sacrée, divine, ont toujours environné ceux qui renonçaient au mariage par des motifs de religion, de conscience ou de dévoûment. Ils sont plus que les autres dans de bonnes conditions pour exercer la paternité spirituelle, et pour cultiver la philosophie. Celui qui a une femme, dit un ancien, son cœur est partagé; on ne peut être tout entier à une femme et à la philosophie (1).

Cependant, comme le mariage, malgré ses imperfections, est une loi, une nécessité, une institution sainte, Vincent de Beauvais consacre tout un livre (2) à la génération humaine, à la conception et à la naissance de l'homme; à la gestation, à l'enfantement, à l'allaitement, à l'éducation physique et morale. Toutes ces questions délicates sont traitées par notre philosophe au triple point de vue de la physiologie, de la morale et de l'hygiène.

Les caractères distinctifs de l'homme et de la femme sont aussi très bien décrits, sous le rapport de leur organisation, de leur destination et des dispositions physiques, morales et intellectuelles qui leur sont propres.

(1) *Specul. natural.*, lib. XXX, cap. XXX-LVII : Qualiter conjugium dicatur in præceptis naturæ... De tribus matrimonii bonis... Quod nunc virginitas præfertur matrimonio... De virginitatis prærogativis... De nuptiarum incommodis...

(2) C'est le livre XXXI, cap. I-CXXXII, du *Specul. natural.*

On trouve enfin, dans ce livre, une foule d'observations justes et ingénieuses sur les divers âges de la vie, sur les maladies, sur l'usage de la médecine, sur la mort et les pressentiments que l'on peut en avoir, sur les monstres fabuleux et historiques. Les différents âges sont aussi très bien dépeints sous les divers points de vue qui les distinguent.

Tout ce livre contient donc une infinité d'idées sur les rapports du physique et du moral auxquelles nous devons regretter de ne pouvoir donner place dans ce précis.

CONCLUSION.

Quoique nos Études sur Vincent de Beauvais ne soient pas complétement imprimées, nous croyons pouvoir poser dès à présent les conclusions suivantes :

1° Bien loin d'être opposée à la philosophie, aux arts, aux sciences et à la civilisation, l'Église catholique, dans son enseignement, son esprit, son histoire, leur a toujours été très favorable.

2° Le moyen-âge, et particulièrement Vincent de Beauvais, peuvent être donnés en preuve de cette faveur accordée par l'Église aux progrès des lumières sous ces différents rapports.

3° Vincent de Beauvais, théologien, philosophe encyclopédiste, a en effet reconnu les vraies sources de la connaissance, savoir : 1° la Providence divine et la révélation ; 2° la raison et ses notions premières ; 3° les traditions religieuses et scientifiques.

4° Ses travaux embrassaient tout ce que l'on pouvait savoir sur Dieu, l'univers et l'homme, sur le monde supérieur et sur le monde inférieur, sur les sciences physiques, les arts libéraux, la théologie et la philosophie.

5° A tous ces enseignements, notre philosophe rattachait ce qui concerne l'état actuel de l'homme, sa rédemption, la morale chrétienne, l'éducation, l'étude de la sagesse ou de la philosophie.

6° Ces mots, sagesse et philosophie, pris dans leur acception véritable, dans leur acception universelle, comprenaient tout ce que les hommes doivent connaître, aimer et faire pour arriver à la perfection et au bonheur; car Vincent de Beauvais les définissait avec les anciens : la science des choses divines, humaines et naturelles, de leurs causes, de leurs principes, de leurs lois, de leurs rapports; une science divine, la science des sciences, la plus excellente, la plus utile, la plus agréable de toutes les sciences.

« Sapientia bonorum omnium mater est; infinitus enim thesaurus est hominibus, quo qui usi sunt participes facti sunt amicitiæ Dei, propter disciplinæ dona commendati. » (*Sapientia*, cap. VII.)

TABLEAU SYNOPTIQUE

EN QUELQUES PROPOSITIONS

DES MATIÈRES CONTENUES DANS CET OUVRAGE.

I. L'histoire de l'Église montre qu'elle a toujours été favorable à la propagation des lumières et de l'instruction, à la culture de la philosophie, des beaux-arts et des sciences, comme à l'étude de la morale, de la religion et de la théologie.

II. D'après l'enseignement constant des Pères de l'Église et des théologiens du moyen-âge, les belles-lettres, la philosophie, les sciences et les arts profanes sont utiles et nécessaires à la théologie ou science sacrée, comme ornements, comme auxiliaires, comme méthodes.

III. C'est donc à tort que l'on attribue à l'Église de ne vouloir qu'une foi aveugle, sans aucun jugement, ni examen, ni conception de la raison ; de favoriser l'ignorance et l'obscurantisme systématique, et d'avoir proscrit la philosophie, les belles-lettres, les arts et les sciences, parmi les chrétiens, surtout au moyen-âge.

IV. C'est encore à tort que l'on attribue aux protestants et aux philosophes la renaissance, puisqu'elle fut préparée par les travaux du moyen-âge, qu'elle commença au XIIIe siècle, et que ce beau mouvement intellectuel fut principalement accompli par des catholiques et des chrétiens.

V. Nous pouvons prendre Vincent de Beauvais comme spécimen des études théologiques, philosophiques et scientifiques au moyen-âge ; sa vie, ses travaux, ses contemporains, les institutions scientifiques du XIIIe siècle, les progrès intellectuels qui commencèrent alors pour ne plus s'arrêter.

VI. Idée générale du *Speculum majus*, ouvrage encyclopédique, témoin irrécusable de la grande culture intellectuelle et scientifique du moyen-âge ; ouvrage admiré, avec raison, de tous ceux qui l'ont connu, comme étant la statistique la plus complète et la plus exacte des sciences et des beaux-arts jusqu'à cette époque.

VII. Pour répondre à ses critiques, Vincent de Beauvais fait l'apologie des belles-lettres, de la philosophie, des arts libéraux et des sciences, et proclame leur nécessité et leur utilité pour la théologie, la morale, la prédication et la défense de la foi chrétienne, et pour aider l'œuvre de la grâce et de la religion, dans la régénération du genre humain.

VIII. Vincent de Beauvais admet pour premier principe de la connaissance vraie et certaine : 1° la révélation primitive, les révélations subséquentes, la Providence ; 2° les traditions religieuses, philosophiques, scientifiques et pratiques ; 3° la raison naturelle et la philosophie, les notions premières et fondamentales de l'esprit humain et des sciences.

IX. Vincent de Beauvais suit pas à pas l'enseignement théologico-philosophique des Pères de l'Église et des autres écrivains ecclésiastiques dans tout ce qu'il dit sur Dieu, son existence, ses principaux attributs : preuves *à priori* et *à posteriori* reproduites dans nos traités classiques de théologie et de philosophie.

X. Vincent de Beauvais reproduit également les preuves théologico-philosophiques de la Trinité, de ses manifestations dans la création, dans le monde, dans tous les êtres, dans l'âme humaine : rapports des trois personnes de la Trinité avec la création, l'ordre et la conservation du monde.

XI. De la Providence. Le panthéisme, le dualisme, l'athéisme et le matérialisme sont inconciliables avec la Providence. La Providence est l'action continue et universelle de la puissance, de la sagesse et de la bonté de Dieu dans l'univers ; elle embrasse tout, et rien ne peut se soustraire à son empire : l'existence du mal ne peut pas être opposée à la Providence ; explication sur son origine et sa nature.

XII. Les anges sont les premiers ministres de la divine Providence.

1° Leur nature spirituelle et leurs propriétés; 2° leur hiérarchie en neuf chœurs; 3° leurs fonctions à l'égard des hommes et des autres créatures; 4° excellence de la démonologie chrétienne sur la démonologie des autres peuples, en ce qui regarde les bons et les mauvais anges.

XIII. Dieu et la création. Vincent de Beauvais distingue, avec Platon et saint Augustin, le monde supérieur, divin, invisible, et le monde inférieur, matériel et visible : le premier est l'éternel exemplaire du second, et Dieu seul est l'auteur de tous les deux, ayant créé le monde sans matière préexistante, sans un modèle vu hors de soi, sans prendre de sa propre substance pour former les êtres.

XIV. Les anciens ont pu connaître le vrai Dieu, ses principaux attributs naturels et personnels, sa providence : ce qui n'exclut pas la nécessité de la révélation primitive comme principe primordial de toute sagesse parmi les hommes, ni la nécessité de la révélation chrétienne, pour corriger l'ignorance et les erreurs où étaient tombés les hommes sur la nature divine, leurs devoirs et leurs destinées.

XV. La philosophie naturelle, ou science de la nature, comprend la cosmogonie, la vraie notion de la matière primitive et chaotique, les éléments, leurs propriétés et leurs transformations. La notion de *matière* et de *forme* démontre, contre Aristote même, la nécessité d'un Créateur de la matière. A proprement parler, il n'y a pas plusieurs éléments, mais homogénéité de la matière; ils ne se transforment pas les uns dans les autres, mais il y a de tout en tout.

XVI. La cosmogonie de Vincent de Beauvais rejette le système atomique d'Epicure, l'éternité du monde ou de la matière, admise par les anciens. Les principes des choses sont à des titres différents : Dieu, la lumière et le feu, la matière première, les éléments, les principes actif et passif, les grands agents de la nature, la privation, les formes de l'existence.

XVII. La cosmographie contient la description générale de l'univers en cinq sphéroïdes concentriques, dont la position est déterminée par la nature de l'élément qui compose chacun d'eux ou qui y domine : la terre est au centre, enveloppée d'une ceinture humide et suspendue dans l'espace : sa grosseur, sa forme, sa force d'attraction centrale; influence des astres sur le globe terrestre, sur les végétaux, les animaux et l'homme.

XVIII. La philosophie physique de Vincent de Beauvais comprend surtout l'histoire naturelle et ses diverses parties... Ce qui est à remarquer en outre, c'est la doctrine de l'âme végétale, de l'âme animale, de l'âme humaine; puis la description de l'organisation des diverses parties et des fonctions physiologiques des divers organes, dans les végétaux, les animaux et l'homme.

XIX. L'anthropologie comprend toutes les sciences, comme l'homme comprend le monde entier. Preuves de la spiritualité de l'âme et de son immortalité, tirées de la théologie et de la philosophie, des propriétés de l'âme et de ses facultés, de sa ressemblance avec Dieu, de ses lois, de ses opérations et de sa destinée. Image vivante de la Trinité dans l'âme.

XX. Ces preuves de la spiritualité de l'âme se complètent naturellement par la description de toutes nos facultés physiologiques et psychologiques : puissances de l'âme végétale; puissances de l'âme animale; puissances de l'âme humaine. Appendice : du sommeil et de la veille; des rêves et du somnambulisme; des songes et des visions.

XXI. Origine de l'homme et sa création par Dieu ; sa chute, ses effets, le péché originel ; unité de la race humaine ; constitution de la famille; du mariage et de la virginité ; moyens donnés à l'homme pour se régénérer : science physiologique et psychologique, selon les âges, les sexes et les tempéraments; rapports du physique et du moral; dispositions et destinées particulières de l'homme et de la femme.

XXII. L'origine première de la théologie et de la philosophie, des arts, des sciences et de la civilisation, remonte, comme celle de l'homme, jusqu'à Dieu-Créateur, qui a dû donner à l'homme, en le créant, toutes ses facultés essentielles.

XXIII. Quant au principe immédiat de la connaissance vraie et certaine, il revient en partie à Dieu, à la tradition et à la raison individuelles.

XXIV. Considérée psychologiquement ou subjectivement dans chaque homme, la connaissance a pour principes, ou pour causes, ou pour origine les sens et le sentiment, la raison et l'imagination, les sensations, les idées, les notions générales, qui fournissent à l'âme les premiers éléments de toute connaissance.

XXV. L'âme et le corps sont intimement unis en l'unité de la nature humaine; le mode et la forme de cette union sont absolument inconnus : ce mystère se reproduit dans l'union de la sensation et des idées, de Dieu et de l'univers, des forces et de la matière; c'est une extension du mystère de la coexistence de l'infini et du fini.

XXVI. L'état actuel du genre humain relativement à la sagesse, à sa loi morale et à sa destinée, n'est pas son état normal et primitif, mais un état de faiblesse, d'ignorance et d'impuissance plus ou moins complètes : ce qui est démontré par toutes les religions, les législations, et la nécessité généralement reconnue de l'éducation et de l'instruction.

XXVII. Parmi les moyens donnés à l'homme pour se réhabiliter, il faut reconnaître sans aucun doute la sagesse et la philosophie, d'après le témoignage même de nos livres saints, avec lesquels s'accordent les analogies et l'évidence, l'enseignement des Pères de l'Église et de la tradition.

XXVIII. L'autre moyen de régénérer l'homme et de le mettre sur la voie de la vraie sagesse, c'est l'éducation et l'instruction, que Vincent de Beauvais a traitées longuement pour en faire connaître la nécessité, les obstacles, les moyens, les conditions, les règles et la direction.

XXIX. Le troisième moyen, c'est la révélation, la grâce, l'incarnation, la prière, les sacrements, l'Église. Vincent de Beauvais traite longuement : 1° de l'incarnation du Verbe; 2° de la divinité de Jésus-Christ; 3° de la divine institution de l'Église. Son exposition est historique, dogmatique, oratoire ; il instruit et il édifie.

XXX. La morale chrétienne, selon Vincent de Beauvais, comprend :

1° les préceptes et les conseils; 2° l'ascétisme et le mysticisme; 3° la nécessité des bonnes œuvres pour le salut; 4° les devoirs de l'homme envers Dieu, envers lui-même et envers la société; 5° le droit canon et le droit civil et politique.

XXXI. Un mot résume, selon Vincent de Beauvais, tous les devoirs de l'homme, toutes ses connaissances, toutes les prérogatives de son état normal, toutes les vertus et toutes les qualités qu'il doit acquérir pour se régénérer et atteindre sa fin : ce mot, c'est la sagesse ou la philosophie. Vincent de Beauvais fait une apologie magnifique de cette divine messagère envoyée aux hommes du ciel sur la terre, pour les éclairer, les fortifier, et les régénérer.

N. B. L'autre partie de cet ouvrage est sous presse, et sera publiée prochainement en un seul volume avec la première.

Vu et lu, Paris le 21 juin 1856.

H. Maret,
Doyen de la Faculté de théologie.

Nota. La Faculté de théologie de Paris laisse au candidat la responsabilité des opinions contenues dans cette thèse.

Permis d'imprimer,

Le vice-recteur de l'Académie de Paris,
Cayx.

ERRATA.

Page 162, ligne 32, la issolution,
lisez : la dissolution.
Page 209, ligne 15-16, la raison,
lisez : notre raison défaillante.
Page 224, ligne 15, péché proprement dit,
lisez : péché volontaire.

Paris. — Imprimerie de DUBUISSON et Ce, rue Coq-Héron, 5.

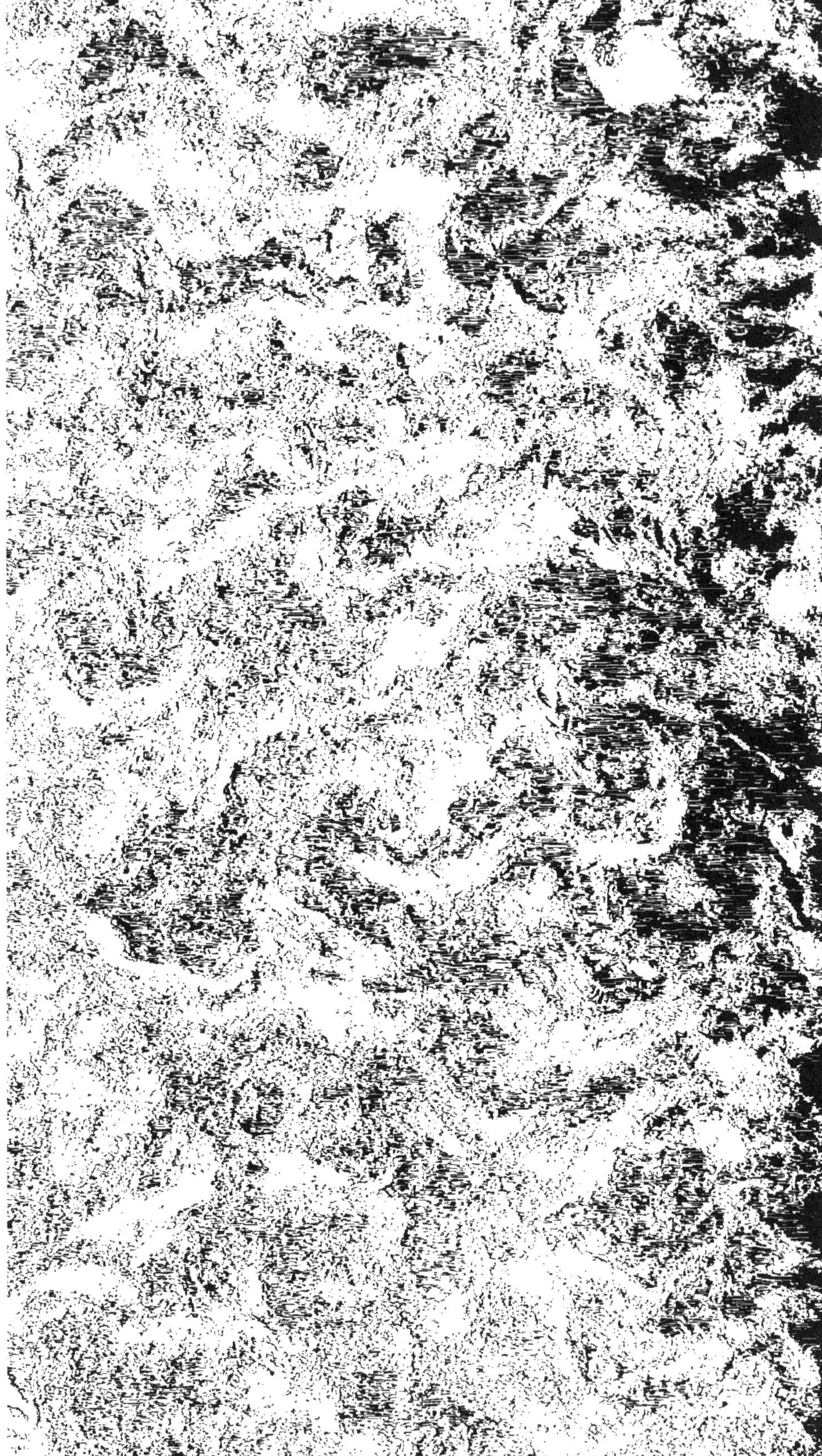

www.ingramcontent.com/pod-product-compliance
Ingram Content Group UK Ltd.
Pitfield, Milton Keynes, MK11 3LW, UK
UKHW012204240726
13966UKWH00002B/567